DIREITO, LEGISLAÇÃO E LIBERDADE

F. A. HAYEK

DIREITO, LEGISLAÇÃO E LIBERDADE

A democracia em um país verdadeiramente livre

Tradução
CARLOS SZLAK

COPYRIGHT © FARO EDITORIAL, 2023
COPYRIGHT © F. A. HAYEK 1973, 1976, 1979, 1982, 2013
FOREWORD © 2013 PAUL KELLY

Vol. 1 Rules and order first published 1973
Vol. 2 The mirage of social justice first published 1976
Vol. 3 The political order of a free people first published 1979

First published in one volume with corrections and revised preface in 1982 by Routledge and Kegan Paul Ltd.

Published 2019 by Routledge

All rights reserved

Authorised translation from the English language edition published by Routledge, a member of the Taylor & Francis Group

Todos os direitos reservados.

Avis Rara é um selo da Faro Editorial.

Nenhuma parte deste livro pode ser reproduzida sob quaisquer meios existentes sem autorização por escrito do editor.

Diretor editorial **PEDRO ALMEIDA**
Coordenação editorial **CARLA SACRATO**
Preparação **TUCA FARIA**
Revisão **BARBARA PARENTE E CRIS NEGRÃO**
Capa e diagramação **OSMANE GARCIA FILHO**
Imagem de capa **METAMORWORKS | SHUTTERSTOCK**

Dados Internacionais de Catalogação na Publicação (CIP)
Jéssica de Oliveira Molinari CRB-8/9852

Von Hayek, Friedrich A.
    Direito, legislação e liberdade : A democracia em um país verdadeiramente livre / Friedrich A. von Hayek ; tradução de Carlos Szlak. — São Paulo : Faro Editorial, 2023.
    224 p. : (Vol. 3)

    ISBN 978-65-5957-282-3
    Título original: Law, Legislation and Liberty, Volume 3: The Political Order of a Free People

    1. Liberdade 2. Democracia 3. Política econômica I. Título I
I. Szlak, Carlos

23-0664   CDD 320.01

Índice para catálogo sistemático:
1. Liberdade

1ª edição brasileira: 2023
Direitos de edição em língua portuguesa, para o Brasil, adquiridos por FARO EDITORIAL.

Avenida Andrômeda, 885 — Sala 310
Alphaville — Barueri — SP — Brasil
CEP: 06473-000
www.faroeditorial.com.br

SUMÁRIO

Apresentação — Volume III 9

VOLUME III — A DEMOCRACIA EM UM PAÍS VERDADEIRAMENTE LIVRE

CAPÍTULO 12 — OPINIÃO DA MAIORIA E A DEMOCRACIA CONTEMPORÂNEA 13
O desencanto progressivo com a democracia. 13
Poder ilimitado: o defeito fatal da forma vigente de democracia 15
O verdadeiro conteúdo do ideal democrático. 17
A debilidade de uma assembleia eletiva com poderes ilimitados 21
Coalizões de grupos de interesse e o aparato paragovernamental 26
Acordo sobre normas gerais e sobre medidas particulares 30

CAPÍTULO 13 — A DIVISÃO DOS PODERES DEMOCRÁTICOS .. 34
A perda da concepção original das funções de um legislativo. 34
As instituições representativas existentes foram moldadas
  pelas necessidades do governo, e não da atividade legislativa. 36
Organismos com poderes de direção específica não são adequados
  para a elaboração de leis. 39
O caráter dos "legislativos" atuais determinado por meio
  das suas funções governamentais 41
A legislação partidária leva à decadência da sociedade democrática 46
A superstição construtivista da soberania. 47
A divisão necessária dos poderes das assembleias representativas 50
Democracia ou demarquia?. 53

CAPÍTULO 14 — O SETOR PÚBLICO E O SETOR PRIVADO **56**
A dupla função do governo 56
Bens coletivos 58
A delimitação do setor público 62
O setor independente 64
A tributação e o tamanho do setor público 67
Segurança 69
O monopólio dos serviços pelo governo. 72
Informação e educação 76
Outras questões críticas 78

CAPÍTULO 15 — POLÍTICA GOVERNAMENTAL E O MERCADO . . **81**
As vantagens da concorrência não dependem de que seja "perfeita". 81
A concorrência como um processo de descoberta 84
Se as condições factuais da concorrência "perfeita" estão ausentes,
   não é possível fazer as empresas agirem "como se" ela existisse 86
As realizações do mercado livre 90
Concorrência e racionalidade 92
Tamanho, concentração e poder 94
Os aspectos políticos do poder econômico 96
Quando o monopólio se torna nocivo 100
O problema da legislação antimonopólio 102
A principal ameaça não é o egoísmo individual, mas sim o grupal 106
As consequências da determinação política dos rendimentos
   dos diferentes grupos 111
Grupos de interesse organizáveis e não organizáveis 114

CAPÍTULO 16 — O FRACASSO DO IDEAL DEMOCRÁTICO:
UMA RECAPITULAÇÃO **116**
O fracasso do ideal democrático 116
Uma democracia de "barganha" 117
O jogo de interesses dos grupos 118
Leis *versus* prescrições 119
Leis e governo arbitrário 120
Do tratamento desigual à arbitrariedade 121
A separação dos poderes para impedir o governo com poderes ilimitados . 122

CAPÍTULO 17 — UM MODELO DE CONSTITUIÇÃO **124**
O mau caminho tomado pelo desenvolvimento das instituições
  representativas. 124
O valor de um modelo de constituição ideal 126
Os princípios básicos 128
Os dois órgãos representativos com funções distintas. 131
Observações adicionais sobre a representação por faixas etárias 137
A assembleia governamental 139
O tribunal constitucional. 140
A estrutura geral da autoridade 142
Poderes de emergência 144
A divisão dos poderes financeiros 146

**CAPÍTULO 18 — A CONTENÇÃO DO PODER
E O DESTRONAMENTO DA POLÍTICA.** **149**
Poder limitado e ilimitado 149
Paz, liberdade e justiça: os três grandes valores negativos 151
Centralização e descentralização 153
O governo da maioria *versus* o governo das leis aprovadas pela maioria ... 155
Confusão moral e a deterioração da linguagem. 157
Procedimentos democráticos e objetivos igualitários 159
"Estado" e "sociedade". 161
Um jogo de acordo com normas nunca pode reconhecer
  justiça de tratamento 164
O paragoverno de grupos organizados e a hipertrofia do governo 165
Democracia ilimitada e centralização 167
A devolução da política interna ao governo local 168
A abolição do monopólio governamental da prestação de serviços. 169
O destronamento da política 171

EPÍLOGO — AS TRÊS FONTES DOS VALORES HUMANOS **177**
Os erros da sociobiologia 177
O processo de evolução cultural 179
A evolução das estruturas complexas automantenedoras 182
A estratificação das normas de conduta. 184
Normas costumeiras e ordem econômica. 186
A disciplina da liberdade 188

O ressurgimento dos instintos primordiais reprimidos 190
Evolução, tradição e progresso 193
A construção de uma nova moral para satisfazer os velhos instintos: Marx . . . 195
A destruição dos valores essenciais pelo erro científico: Freud 198
O mundo dá voltas 201

Notas 203

APRESENTAÇÃO — VOLUME III

Para a preservação de uma sociedade de homens livres, Hayek dedicou cada um dos três volumes de *Direito, legislação e liberdade* à compreensão de três ideias fundamentais.

A primeira ideia, tratada no primeiro volume, *Sobre regras e ordem*, é que ordem autogeradora, ou espontânea, e organização são duas coisas distintas, e que tal distinção está relacionada aos tipos de normas ou leis que predominam em cada uma delas.

A segunda ideia, abordada no segundo volume, *Os equívocos das políticas de justiça social*, é que o que atualmente se considera "justiça social" ou "justiça distributiva" só tem sentido no âmbito da segunda dessas duas formas de ordem — a organização —, mas não tem nenhum sentido na ordem espontânea chamada por Adam Smith de "Grande Sociedade" e por *Sir* Karl Popper de "Sociedade Aberta".

A terceira ideia, tratada no terceiro volume, *A democracia em um país verdadeiramente livre*, é que o modelo dominante da instituição democrática liberal, em que um mesmo organismo representativo estabelece as normas de conduta justa e dirige o governo, leva à transformação gradual da ordem espontânea de uma sociedade livre num sistema totalitário destinado a servir alguma coalizão de interesses organizados.

Neste terceiro volume, Hayek formula os princípios de justiça e economia política de uma sociedade livre. Ele não tem a intenção de tentar "organizar" a sociedade de uma maneira específica, pois sabe que a sociedade é um fenômeno bastante complexo, sendo impossível manipulá-la deliberadamente. Se o objetivo é a liberdade, é necessário criar as condições para uma ordem social baseada na liberdade.

Ainda ao longo do terceiro volume, Hayek, não deixando dúvida a respeito do seu enfoque realmente novo acerca de matérias como legislação, economia, estado, mercado, sociedade, leis, direito, ordem, partidarismo, etc., também fala do crescente desencanto com a democracia, mostrando que o defeito fatal da forma vigente dela é o poder ilimitado dos organismos governamentais representativos.

Tal poder ilimitado leva a uma democracia de "barganha" incapaz de agir conforme as concepções comuns da maioria do eleitorado. Esse gênero de democracia é obrigado a formar e manter uma maioria mediante a satisfação das reivindicações de diversos grupos de pressão, os quais só concordam com a concessão de benefícios especiais a outros grupos em troca de igual consideração aos seus próprios interesses especiais.

Dessa maneira, a concepção original do constitucionalismo representativo, baseado no ideal do estado de direito e da separação de poderes, foi substituída pela concepção do poder ilimitado da assembleia democraticamente eleita. Os representantes do povo começaram a agir nessas assembleias como se tivessem herdado as prerrogativas do regime autocrático monárquico, gerando os mesmos males que caracterizavam esse antigo regime: arbitrariedade, discricionariedade, corrupção, ineficiência, parasitismo, irresponsabilidade e limitação da liberdade individual.

Para Hayek, um governo é necessariamente fruto de criação intelectual. Se este conseguir fornecer uma estrutura benéfica para o livre desenvolvimento da sociedade, sem dar a ninguém o poder de controlar as particularidades desse desenvolvimento, poderemos ter esperanças de assistir à evolução contínua da civilização. E para evitar a destruição da nossa civilização pela asfixia do processo de interação dos indivíduos, será necessário abandonar a ilusão de que poderemos criar o futuro da humanidade, dando ao governo a incumbência de dirigir a vida das pessoas na sociedade.

Carlos Szlak

VOLUME III

A DEMOCRACIA EM UM PAÍS VERDADEIRAMENTE LIVRE

Uma constituição que garanta o máximo de liberdade formulando as leis de tal maneira que a liberdade de cada um possa coexistir com a liberdade de todos.

IMANNUEL KANT
(CRÍTICA DA RAZÃO PURA, II, I. 1)

CAPÍTULO 12

OPINIÃO DA MAIORIA E A DEMOCRACIA CONTEMPORÂNEA

Mas a grande maioria [da Assembleia Ateniense] bradou que era monstruoso que o povo fosse impedido de fazer tudo o que quisesse. (...) Então, os prítanes, acossados pelo medo, concordaram em colocar a questão em votação — todos eles, exceto Sócrates, o filho de Sofronisco; e ele disse que em nenhuma hipótese agiria exceto em conformidade com a lei.

XENOFONTE*

O desencanto progressivo com a democracia

Quando as atividades do governo moderno produzem resultados agregados que poucas pessoas desejaram ou previram, costumamos considerar uma característica inevitável da democracia. No entanto, não podemos afirmar que esses progressos correspondam como regra aos desejos de qualquer grupo identificável de pessoas. Ao que tudo indica, o processo particular que escolhemos para verificar o que chamamos de vontade do povo produz resultados que têm pouco a ver com algo merecedor do nome de "vontade comum" de qualquer parcela substancial da população.

De fato, ficamos tão acostumados a encarar como democrático apenas o conjunto particular de instituições que hoje prevalece em todas as democracias ocidentais, e em que a maioria de um organismo representativo estabelece as leis *e* orienta o governo, que consideramos essa como a única forma possível de democracia. Em consequência, não nos preocupamos em nos debruçar sobre o fato de que esse sistema não só gerou muitos resultados que ninguém aprecia, mesmo naqueles países em que de modo geral funcionou bem, mas também se mostrou impraticável na maioria dos países em que essas instituições democráticas não foram restringidas por tradições sólidas acerca das funções adequadas das assembleias representativas. Porquanto acreditamos justificadamente no ideal básico da democracia, geralmente nos sentimos no dever de defender as instituições peculiares que há muito tempo foram aceitas como a sua corporificação, e hesitamos em criticá-las porque isso poderia enfraquecer o respeito por um ideal que desejamos preservar.

No entanto, já não é mais possível ignorar o fato de que, nos últimos tempos, apesar dos elogios insinceros e até de pedidos pela ampliação desse sistema, surgiu entre as pessoas mais ponderadas uma crescente inquietação e um grave temor no concernente aos resultados que ele costuma produzir.[1] Não é em toda parte que isso assume a forma do realismo cínico característico de alguns cientistas políticos contemporâneos que consideram a democracia apenas como outra modalidade de uma luta inevitável em que se decide "quem fica com o que, quando e como".[2] Todavia, a profunda desilusão e a dúvida que imperam em relação ao futuro da democracia — provocadas pela crença de que essas evoluções do sistema que quase ninguém aprova são inevitáveis — não podem ser negadas. Esses sentimentos encontraram expressão muitos anos atrás na célebre afirmação de Joseph Schumpeter de que, embora melhor para a maioria, um sistema baseado no livre mercado é um caso perdido, ao passo que o socialismo, embora sem conseguir cumprir as suas promessas, virá inevitavelmente.[3]

Aparenta ser esse o curso normal da evolução da democracia que, após um primeiro período glorioso em que é compreendida e funciona realmente como salvaguarda da liberdade pessoal porque aceita as limitações de um *nomos* superior, ela venha mais cedo ou mais tarde a reivindicar o direito de resolver qualquer questão específica de qualquer maneira que a maioria concorde. Foi o que aconteceu com a democracia ateniense no fim do século V a.C., como revela o conhecido evento citado na epígrafe deste capítulo; e, no século seguinte, Demóstenes (e outros) se queixaria de que "as nossas leis não são melhores do que muitos decretos; mais ainda, será possível perceber que as leis que devem ser observadas na elaboração dos decretos são posteriores aos próprios decretos".[4]

Na Idade Moderna, uma evolução semelhante começou quando o Parlamento britânico reivindicou poderes soberanos, isto é, ilimitados, e em

1766 rejeitou explicitamente a ideia de que, nas suas decisões particulares, estava sujeito a observar quaisquer normas gerais que não fossem da sua própria autoria. Ainda que uma sólida tradição do estado de direito tivesse impedido por algum tempo graves abusos que o parlamento havia se arrogado, a grande calamidade do desenvolvimento moderno se revelou ao longo do tempo quando, logo após o governo representativo ter sido alcançado, todas aquelas restrições ao poder supremo que tinham sido penosamente constituídas durante a evolução da monarquia constitucional foram sucessivamente desmanteladas por serem consideradas como não mais necessárias. Que isso realmente significasse o abandono do constitucionalismo, que consiste numa limitação de todo poder por princípios permanentes de governos, já fora percebido por Aristóteles, quando ele sustentou que "onde as leis não são soberanas (...) já que a maioria é soberana, não como indivíduos, mas coletivamente (...) tal democracia não é de modo algum uma constituição";[5] e foi recentemente assinalado mais uma vez por um autor moderno que fala de "constituições que são tão democráticas que não são mais constituições propriamente ditas".[6] De fato, dizem-nos agora que "a concepção moderna de democracia é uma forma de governo em que nenhuma restrição é imposta ao organismo governante"[7] e, como vimos, alguns já chegaram à conclusão de que as constituições são remanescentes obsoletos que não têm cabimento na concepção moderna de governo.[8]

Poder ilimitado: o defeito fatal da forma vigente de democracia

A trágica ilusão foi considerar que a adoção de procedimentos democráticos possibilitava prescindir de todas as outras limitações do poder governamental. Também favoreceu a ideia de que o "controle do governo" pelo legislativo democraticamente eleito substituiria adequadamente as limitações tradicionais,[9] quando na verdade a necessidade de formar maiorias organizados a favor de um programa de ações específicas em benefício de grupos especiais introduziu uma nova fonte de arbitrariedade e parcialidade, gerando resultados incompatíveis com os princípios morais da maioria. Conforme veremos, o efeito paradoxal da posse de poderes ilimitados impossibilita que um órgão representativo faça prevalecer os princípios gerais a respeito dos quais haja concordância, porque sob tal sistema a maioria da assembleia representativa, a fim de continuar a ser maioria, *deve* fazer o que puder para comprar o apoio de diversos interesses, concedendo-lhes benefícios especiais.

Dessa maneira sucedeu que, junto com as inestimáveis instituições do governo representativo, a Grã-Bretanha também deu ao mundo o pernicioso princípio da soberania parlamentar,[10] segundo o qual a assembleia representativa não é só a autoridade máxima, mas também uma autoridade ilimitada. Às vezes, esta última é considerada consequência necessária da primeira, mas isso não é verdade. O poder da assembleia representativa pode ser limitado, não por outra "vontade" superior, mas pelo consentimento do povo, em que se fundamenta todo o poder e a coesão do estado. Se esse consentimento autoriza apenas o estabelecimento e a aplicação de normas gerais de conduta justa, e a ninguém é dado o poder de coagir, exceto para a aplicação dessas normas (ou, temporariamente, durante uma ruptura violenta da ordem por algum cataclismo), mesmo o poder constituído mais elevado pode ser limitado. De fato, a reivindicação de soberania por parte do parlamento significou a princípio apenas que ele não reconhecia nenhuma outra vontade acima da sua; só aos poucos passou a significar que poderia fazer o que quisesse — o que não decorre necessariamente do primeiro direito, porque o consentimento em que se baseia a unidade do estado e, portanto, o poder de qualquer dos seus órgãos pode apenas restringir o poder, mas não conferir poder positivo para agir. É a obediência que cria o poder, e o poder assim criado se estende apenas até onde foi estendido pelo consentimento do povo. É pelo esquecimento disso que a soberania do direito se tornou a mesma coisa que a soberania do parlamento. E enquanto a concepção de estado (reinado, soberania ou supremacia) de direito pressupõe um conceito de direito definido pelos atributos das normas, e não pela sua origem, *hoje os legislativos não são mais assim chamados porque fazem as leis, mas as leis é que são assim chamadas porque emanam dos legislativos, independentemente da forma ou do conteúdo das suas resoluções.*[11]

Caso fosse possível afirmar merecidamente que as instituições existentes produzem resultados que foram desejados ou aprovados por uma maioria, os adeptos do princípio básico da democracia teriam que aceitá-los. Porém, há fortes razões para crer que aquilo que essas instituições na realidade produzem é, numa grande medida, um resultado acidental do tipo particular de mecanismo que criamos para verificar o que consideramos ser a vontade da maioria, e não uma decisão deliberada da maioria ou de quem quer que seja. Pelo visto, sempre que as instituições democráticas deixaram de ser restringidas pela tradição do estado de direito, elas levaram não só à "democracia totalitária", mas também, no devido tempo, até mesmo a uma "ditadura plebiscitária".[12] Sem dúvida, isso deveria fazer com que entendêssemos que um bem precioso não é um determinado conjunto de instituições que podem ser copiadas com facilidade, mas sim algumas tradições menos tangíveis; e que a degeneração dessas instituições pode até ser um resultado necessário sempre que a lógica inerente do mecanismo não é controlada pela predominância das concepções gerais vigentes de justiça. Será que não é verdade que, como já foi dito, "a crença na democracia pressupõe a crença em coisas mais elevadas do que a democracia"?[13] E não há realmente nenhuma outra maneira de o povo manter um governo democrático do que entregando poder ilimitado a um grupo de representantes eleitos cujas decisões devem ser pautadas pelas exigências de um processo de barganha em que eles subornam uma quantidade suficiente de eleitores para apoiar um grupo organizado deles mesmos, suficientemente numeroso para obter mais votos que os demais?

O verdadeiro conteúdo do ideal democrático

Ainda que muitos absurdos tenham sido e ainda estejam sendo ditos sobre a democracia e os benefícios que a sua maior ampliação garantirá, estou seriamente preocupado com o rápido declínio da fé nela. Essa diminuição acentuada da estima que os espíritos críticos mantêm pela democracia deve alarmar mesmo aqueles que nunca partilharam do entusiasmo desmedido e acrítico que ela costumava inspirar até recentemente e que fazia a palavra evocar quase tudo que havia de bom na política. Como parece ser o destino da maioria das palavras que expressam um ideal político, o termo "democracia" foi usado para designar diversos tipos de coisas que têm pouco a ver com o seu significado original, e atualmente até costuma ser empregado quando o que de fato se quer dizer é "igualdade". Em rigor, refere-se a um método ou procedimento para a determinação de decisões governamentais, e não a algum benefício ou objetivo substancial de governo (como uma espécie de igualdade material), nem é um método que possa ser aplicado significativamente a organizações não governamentais (como estabelecimentos educacionais, médicos, militares ou comerciais). Esses dois maus usos privam a palavra "democracia" de qualquer significado preciso.[14]

Mas mesmo um exame completamente equilibrado e imparcial que considera a democracia como uma mera convenção que possibilita uma mudança pacífica dos detentores do poder[15] deve nos fazer entender que esse é um ideal pelo qual vale a pena lutar ao máximo, porque é a nossa única proteção (mesmo que, em sua forma atual, não seja uma proteção garantida) contra a tirania. Ainda que a democracia em si não seja a liberdade (exceto para esse coletivo indefinido, a maioria "do povo"), é uma das salvaguardas mais importantes da liberdade. Como o único método de mudança pacífica de governo já descoberto, é um desses valores supremos, embora negativos, comparável às medidas sanitárias contra as pestilências, medidas de que mal estamos cientes enquanto são eficazes, mas cuja ausência pode ser fatal.

O princípio de que a coerção deve ser permitida apenas com o propósito de assegurar a obediência às normas de conduta justa aprovadas pela maior parte da população, ou pelo menos por uma maioria, parece ser a condição essencial para a ausência do poder arbitrário e, portanto, da liberdade. Foi esse princípio que possibilitou a coexistência pacífica das pessoas numa Grande Sociedade e a mudança pacífica dos dirigentes do poder organizado. Mas apesar de que sempre que uma ação comum é necessária ela deve ser orientada pela opinião da maioria, e de que nenhum poder de coerção é legítimo a não ser que o princípio norteador seja aprovado pelo menos por uma maioria, isso não implica que o poder da maioria deve ser ilimitado — ou mesmo que deva haver uma maneira possível de verificar a chamada vontade da maioria sobre qualquer assunto concebível. Parece que criamos involuntariamente um mecanismo que possibilita reivindicar a sanção de uma suposta maioria em busca de medidas que não são de fato desejadas pela maioria e podem até ser desaprovadas por ela; e que esse mecanismo produz um conjunto de medidas que não só não são desejadas por ninguém como também não podem ser aprovadas na sua totalidade por qualquer ser racional porque são inerentemente contraditórias.

Se todo o poder coercitivo deve se basear na opinião da maioria, então também não deve ir além daquilo com que a maioria está genuinamente de acordo. Isso não significa que deve existir aprovação específica pela maioria de qualquer ação particular do governo. Numa sociedade moderna complexa, essa exigência seria claramente impossível de satisfazer no que concerne à administração corrente dos detalhes da máquina governamental, isto é, em relação a todas as decisões do dia a dia acerca de como os recursos colocados à disposição do governo devem ser empregados. No entanto, significa que o indivíduo só deve ser obrigado a obedecer às prescrições decorrentes necessariamente dos princípios gerais aprovados pela maioria, e que o poder dos representantes da maioria só deve ser ilimitado na administração dos meios específicos colocados à sua disposição.

A justificativa principal da atribuição de um poder de coerção é que este é necessário para a manutenção de uma ordem viável e que, portanto, todos têm interesse na existência desse poder. Porém, essa justificativa não vai além do necessário. Sem dúvida, não há necessidade de que ninguém, nem mesmo a maioria, deva ter poder sobre todas as ações ou coisas que acontecem na sociedade. Pode parecer pequeno o passo que vai desde a crença de que só o que é aprovado pela maioria deve ser obrigatório para todos até a crença de que tudo que a maioria aprova deve ter essa força. No entanto, trata-se da transição de uma concepção de governo para outra totalmente diferente: da concepção de que o governo possui funções limitadas e definidas, necessárias para viabilizar a formação de uma ordem espontânea, para a concepção de que os seus poderes são ilimitados; ou a transição de um sistema em que, mediante procedimentos reconhecidos, decidimos como certos assuntos comuns devem ser organizados, para um sistema em que um grupo de pessoas pode declarar qualquer coisa que quiser como assunto de interesse comum e, por esse motivo, sujeitá-lo a esses procedimentos. Ao passo que a primeira concepção se refere a decisões comuns necessárias, indispensáveis à manutenção da paz e da ordem, a segunda permite que alguns segmentos organizados da população controlem tudo, transformando-se facilmente em pretexto para a opressão.

No entanto, não faz maior sentido acreditar que uma maioria expressa o seu senso de justiça ao desejar determinada coisa do que acreditar que isso também acontece em relação ao indivíduo. No indivíduo, sabemos muito bem que o seu senso de justiça será frequentemente dominado pelo seu desejo por determinados objetos. Porém, como indivíduos, ensinaram-nos em geral a coibir desejos ilegítimos, ainda que às vezes tenhamos de ser refreados pela autoridade. Em grande medida, a civilização se baseia no fato de que os indivíduos aprenderam a refrear os seus desejos por determinados objetos e a se submeter a normas de conduta justa indiscutíveis. No entanto, as maiorias ainda não foram civilizadas dessa maneira porque não têm que obedecer a normas. O que todos nós não faríamos se estivéssemos sinceramente convencidos de que o nosso desejo em relação a uma determinada ação prova que ela é justa? O resultado não é diferente se as pessoas estão convencidas de que a concordância da maioria a respeito da superioridade de uma medida em particular prova que ela é justa. Quando as pessoas são ensinadas a acreditar que aquilo com que elas estão de acordo é necessariamente justo, logo deixam de questionar se é mesmo assim. Todavia, a crença de que tudo sobre o que a maioria está de acordo é, por definição, justo foi incutida na opinião pública por várias gerações. Deve nos surpreender que, na convicção de que o que a maioria resolve é necessariamente justo, as assembleias representativas existentes tenham deixado até de avaliar, nas situações concretas, se isso é realmente verdade?[16]

Ao passo que a concordância de muitas pessoas a respeito da justeza de uma *norma* específica possa ser de fato uma boa prova de sua justeza, ainda que não infalível, a concepção de justiça não faz nenhum sentido se definirmos como justa qualquer medida específica aprovada pela maioria — justificável apenas pela doutrina positivista de que não há provas objetivas de justiça (aliás, de injustiça — ver o Capítulo 8). Existe uma grande diferença entre o que uma maioria pode decidir sobre qualquer questão em particular e o princípio geral pertinente ao assunto que a maioria poderia se dispor a aprovar se fosse apresentado a ela, assim como existe entre os indivíduos. Portanto, também há uma grande necessidade de que se exija da maioria que prove a sua convicção de que aquilo que decide é justo *comprometendo-se* com a aplicação universal das normas com base nas quais atua no caso específico; e o seu poder de coagir deve se limitar à aplicação das normas com as quais está disposta a se comprometer.

A ideia de que a vontade da maioria sobre questões específicas determina o que é justo leva à visão, hoje amplamente considerada evidente, de que a maioria não pode ser arbitrária. Essa só aparenta ser uma conclusão necessária se, de acordo com a interpretação predominante de democracia (e a jurisprudência positivista como o seu fundamento), a fonte da qual emana uma decisão, em vez de sua conformidade com uma norma da concordância do povo, é considerada como o critério de justiça, e o termo "arbitrário" é definido arbitrariamente como não determinado pelo procedimento democrático. No entanto, "arbitrário" significa ação determinada por uma vontade particular não restringida por uma norma geral — independentemente de essa vontade ser a vontade de uma pessoa ou a da maioria. Assim, não é a concordância de uma maioria sobre uma ação específica, nem sequer a sua conformidade com uma constituição, mas é unicamente a disposição de um organismo representativo de se comprometer com a aplicação universal de uma norma que exige a ação específica, que pode ser considerada como evidência de que os seus membros encaram como justo o que eles decidem. Hoje, no entanto, nem sequer se indaga à maioria se ela considera justa uma determinada decisão; tampouco cada um dos seus membros pode se assegurar de que o princípio aplicado àquela determinada decisão também será aplicado em todos os casos semelhantes. Como nenhuma resolução de um organismo representativo o limita nas suas decisões futuras, ele não é limitado por quaisquer normas gerais nas suas diversas medidas.

A debilidade de uma assembleia eletiva com poderes ilimitados

A questão crucial é que as votações em normas aplicáveis a todos e as votações em medidas que afetam diretamente apenas alguns têm caráter completamente diferente. As votações em questões que dizem respeito a todos, como as normas gerais de conduta justa, baseiam-se numa opinião sólida e duradoura e, portanto, são bastante diferentes das votações em medidas particulares em benefício (e muitas vezes também à custa) de pessoas desconhecidas — em geral com o conhecimento de que esses benefícios serão distribuídos a partir do erário, e que tudo o que o indivíduo pode fazer é direcionar esse gasto segundo a sua preferência. Esse sistema está destinado a gerar os resultados mais paradoxais numa Grande Sociedade, por mais conveniente que seja para tratar dos temas locais em que todos estão razoavelmente familiarizados com os problemas, porque a quantidade e a complexidade das tarefas relativas à administração de uma Grande Sociedade excedem em muito o âmbito em que a ignorância do indivíduo pode ser remediada por melhor informação à disposição dos eleitores ou dos representantes.[17]

A teoria clássica do governo representativo pressupunha que os deputados

> (...) quando não fazem leis a que eles próprios e a sua descendência não estão sujeitos; quando não concedem verba da qual não devem pagar a sua parcela; quando não podem causar dano que não os atinge diretamente assim como aos seus compatriotas; os seus representados podem então esperar boas leis, poucos danos e muita frugalidade.[18]

Porém, os eleitores de um "legislativo" cujos membros estão preocupados sobretudo em obter e manter os votos de grupos específicos por meio da concessão de benefícios especiais pouco se importarão com o que os outros irão receber e se interessarão apenas pelo que eles ganharão na barganha. Em princípio, esses eleitores apenas aceitarão que algo seja dado a outros acerca do qual pouco sabem, e geralmente à custa de terceiros, conforme o preço por terem os seus próprios desejos atendidos, sem levar em consideração se essas diversas reivindicações são justas. Cada grupo estará disposto a concordar até mesmo com a concessão de benefícios iníquos para outros grupos com recursos do erário se essa for a condição para que estes outros grupos consintam com o que aquele grupo aprendeu a considerar como o seu direito. O resultado desse processo não corresponderá à opinião de ninguém sobre o que é justo, nem a nenhum princípio; não se baseará num juízo de mérito, mas sim na conveniência política. O seu principal objetivo passa a ser a partilha de fundos extorquidos de uma minoria. O fato de que esse é o resultado inevitável das ações de um legislativo "intervencionista" e livre de restrições foi previsto claramente pelos primeiros teóricos da democracia representativa.[19] De fato, nos tempos atuais, quem alegaria que os legislativos democráticos concederam todos os subsídios, privilégios e outros benefícios especiais de que desfrutam tantos grupos de interesse porque consideram justas essas reivindicações? O fato de que *A* seja protegido contra a concorrência de importações baratas, *B* contra ser prejudicado por um operário menos qualificado, *C* contra uma redução dos seus salários e *D* contra a perda do seu emprego não é do interesse geral, por mais que os defensores dessas medidas aleguem ser esse o caso. E não é porque os eleitores estão convencidos de que é do interesse geral, mas sim porque eles querem o apoio daqueles que fazem essas reivindicações que, por sua vez, estão preparados para apoiar as reivindicações dos eleitores. Em grande medida, a criação do mito da "justiça social" que examinamos no volume anterior é, de fato, o resultado desse mecanismo democrático particular, que torna necessário que os representantes inventem uma justificativa moral para os benefícios que concedem a interesses particulares.

Realmente, as pessoas muitas vezes chegam mesmo a acreditar que, em certo sentido, deve ser justo que a maioria conceda com regularidade benefícios especiais a determinados grupos — como se tivesse algo a ver com justiça (ou qualquer consideração moral) o fato de que todo partido que deseja o apoio da maioria tenha que prometer benefícios especiais a alguns grupos em particular (como aos agricultores ou camponeses, ou privilégios legais aos sindicatos) cujos votos podem alterar o equilíbrio do poder. Assim, no sistema existente, cada pequeno grupo de interesse pode impor as suas demandas, não persuadindo uma maioria de que estas são justas ou equitativas, mas sim ameaçando negar o apoio de que o núcleo de indivíduos que estão de acordo necessitará para se tornar uma maioria. Claro que seria simplesmente ridículo o pretexto de que os órgãos legislativos democráticos concederam todos os subsídios, privilégios e outros benefícios especiais de que hoje desfrutam tantos interesses particulares porque os julgavam justos. Embora a propaganda engenhosa possa ocasionalmente ter tocado alguns indivíduos de coração mole em prol de grupos especiais, e embora seja obviamente proveitoso para os legisladores alegar que foram tocados por considerações de justiça, os resultados dos mecanismos de votação que chamamos de vontade da maioria certamente não correspondem a nenhuma opinião da maioria acerca do que é certo ou errado.

Uma assembleia com poder de votar por benefícios para grupos específicos deve se tornar uma na qual as barganhas ou transações entre a maioria serão decisivas, em vez de concordância substantiva quanto aos méritos de diferentes reivindicações. A fictícia "vontade da maioria" que emerge desse processo de barganha não passa de um acordo para ajudar os seus patrocinadores à custa dos demais. É à percepção do fato de que as ações políticas são decididas em grande medida por uma série de conchavos entre grupos organizados que a "política" deve a sua má reputação entre as pessoas comuns.

Na verdade, para aqueles imbuídos de princípios morais, que consideram que o político deve se preocupar exclusivamente com o bem comum, a realidade da constante satisfação de grupos específicos, oferecendo-lhes petiscos ou presentes mais substanciais, deve parecer rematada corrupção. E equivale a isso o fato de o governo da maioria não produzir o que a maioria quer, mas sim o que cada um dos grupos que compõem a maioria precisa conceder aos demais para obter o seu apoio para o que ele quer. Que seja assim é aceito hoje como um dos lugares-comuns da vida cotidiana, e que o político experiente apenas sinta piedade do idealista que é ingênuo o suficiente para condenar isso e acreditar que poderia ser evitado se pelo menos as pessoas fossem mais honestas é, portanto, perfeitamente verdadeiro no que concerne às instituições existentes, e errado apenas em considerá-lo um atributo inevitável de todo governo representativo ou democrático, uma corrupção inerente à qual o homem mais virtuoso e decente não é capaz de escapar. No entanto, não é um atributo necessário de todo governo representativo ou democrático, mas é um produto necessário de todo governo com poderes ilimitados ou onipotente que depende do apoio de numerosos grupos. Somente um governo com limites pode ser um governo decente, pois não existem (e não podem existir) normas morais gerais para a atribuição de benefícios particulares — como Kant disse, porque "o bem-estar não tem princípio, mas depende do conteúdo material da vontade e, desse modo, é incapaz de um princípio geral".[20] Não é a democracia ou o governo representativo como tal, mas a instituição particular, escolhida por nós, de um "legislativo" único e onipotente que o torna necessariamente corrupto.

Corrupta e fraca ao mesmo tempo: incapaz de resistir à pressão dos grupos que a compõem, a maioria governante *deve fazer o que pode* para satisfazer os desejos dos grupos de cujo apoio precisa, por mais prejudiciais que possam ser para os demais — pelo menos na medida em que isso não seja percebido com facilidade ou em que os grupos que devem padecer não sejam demasiado populares. Embora imensa e opressivamente poderosa e capaz de subjugar toda a resistência de uma minoria, é totalmente incapaz de seguir uma linha de ação coerente, guinando como um rolo compressor conduzido por um bêbado. Se nenhuma autoridade judiciária superior é capaz de impedir o legislativo de conceder privilégios a grupos particulares, não há limite para a chantagem à qual o governo estará sujeito. Se o governo dispõe do poder de atender às suas exigências, torna-se seu escravo — como na Grã-Bretanha, onde tais grupos impossibilitaram qualquer política capaz de tirar o país do seu declínio econômico.[21] Para que o governo seja bastante forte para manter a ordem e a justiça, devemos privar os políticos dessa cornucópia, cuja posse os faz acreditar que podem e devem "suprimir todas as fontes de descontentamento".[22] Infelizmente, toda adaptação necessária a circunstâncias alteradas está destinada a provocar descontentamento generalizado, e o que será exigido dos políticos é sobretudo que tornem essas mudanças indesejáveis desnecessárias para os indivíduos.

Um efeito curioso dessa situação em que a concessão de benefícios especiais é orientada não por uma convicção geral do que é justo e sim por "necessidade política" é a possibilidade de criação de convicções errôneas do seguinte tipo: se um determinado grupo é regularmente favorecido porque pode mudar o equilíbrio dos votos, surge o mito geralmente aceito de que tal grupo merece isso. Porém, claro que seria absurdo concluir que se os agricultores, os pequenos empresários ou os funcionários públicos municipais têm as suas exigências regularmente satisfeitas, eles devem ter uma reivindicação justa, se na realidade isso acontece simplesmente porque sem o apoio de uma parcela substancial desses grupos nenhum governo teria maioria. No entanto, parece haver uma inversão paradoxal do que a teoria democrática supõe acontecer: a maioria não é orientada pelo que se costuma acreditar ser correto, mas o que ela julga necessário fazer para manter a sua coerência está sendo considerado justo. Ainda se acredita que o consentimento da maioria é prova da justeza de uma medida, embora grande parte dos membros da maioria muitas vezes só consentirá como pagamento do preço pelo atendimento das suas próprias demandas setoriais. As coisas passam a ser consideradas "socialmente justas" apenas porque são feitas com regularidade, não porque alguém, exceto os beneficiários, as considere justas pelos próprios méritos. Todavia, a necessidade de cortejar constantemente grupos dissidentes gera no final padrões morais puramente fortuitos e costuma levar as pessoas a acreditar que os grupos sociais favorecidos são mesmo especialmente merecedores, porque são selecionados com regularidade em relação a benefícios especiais. De vez em quando, deparamos com o argumento de que "todas as democracias modernas acharam necessário fazer isto ou aquilo", usado como se fosse prova da conveniência de uma medida, e não apenas o efeito oculto de um mecanismo particular.

Assim o mecanismo existente do governo democrático com poderes ilimitados gera um novo conjunto de pseudomorais "democráticas"; um artefato do mecanismo que faz as pessoas considerarem como socialmente justo o que é regularmente feito pelas democracias ou pode ser extorquido dos governos democráticos pelo uso inteligente desse mecanismo. A crescente conscientização de que cada vez mais as rendas são determinadas pela ação governamental levará sempre a novas exigências por parte de grupos cuja posição ainda é deixada para ser determinada por forças do mercado em prol de garantias semelhantes do que acreditam que merecem. Cada vez que a renda de algum grupo aumenta pela ação governamental, uma reivindicação legítima por tratamento semelhante é propiciada a outros grupos. São simplesmente as expectativas de muitos, que os órgãos legislativos criaram pelas vantagens que já concederam a certos grupos, de que serão tratados da mesma maneira que subjazem a maioria das demandas por "justiça social".

Coalizões de grupos de interesse e o aparato paragovernamental

Até agora examinamos a tendência das instituições democráticas vigentes apenas na medida em que é determinada pela necessidade de subornar o eleitor individual com promessas de benefícios especiais para o seu grupo, sem levar em conta um fator que acentua consideravelmente a influência de alguns interesses particulares: a sua capacidade de se organizar e atuar como grupos de pressão organizados.[23] Isso resulta em que a partidos políticos não sejam unidos por quaisquer princípios, mas sim meramente como coalizões de grupos organizados em que os interesses dos grupos de pressão capazes de organização eficaz preponderam sobre aqueles que, por uma razão ou outra, não conseguem constituir organizações eficazes.[24] Essa influência muito maior dos grupos organizáveis distorce ainda mais a distribuição de benefícios, tornando-a cada vez mais desvinculada dos requisitos de eficiência ou de qualquer princípio concebível de equidade. O resultado é uma distribuição de renda determinada sobretudo pelo poder político. A "política salarial" hoje defendida como um suposto meio de combate à inflação é, de fato, em grande medida inspirada na ideia monstruosa de que todos os benefícios materiais deveriam ser determinados pelos detentores desse poder.[25]

No decorrer do século XX, como parte dessa tendência, foi que se desenvolveu um aparelho paragovernamental enorme e extremamente perdulário, composto de associações de classe, sindicatos e organizações profissionais, concebidos sobretudo para desviar o máximo possível do fluxo de benefícios governamentais para os seus membros. Esse aparelho passou a ser considerado necessário e inevitável, mas surgiu apenas em resposta (ou, em parte, como defesa para não ficar em desvantagem) à crescente necessidade de um governo de maioria todo-poderoso de manter a sua maioria comprando o apoio de pequenos grupos.

Nessas condições, os partidos políticos se tornam, de fato, pouco mais do que coalizões de grupos de interesse, cujas ações são determinadas pela lógica inerente da sua mecânica, e não por quaisquer princípios ou ideais gerais em relação aos quais estejam de acordo. Com exceção de alguns partidos ideológicos do Ocidente que condenam o sistema agora vigente nos seus países e visam substituí-lo totalmente por alguma utopia imaginária, seria realmente difícil discernir nos programas, e ainda mais nas ações de qualquer grande partido, uma concepção coerente do tipo de ordem social em relação à qual os seus seguidores concordam. São todos levados, mesmo que não seja esse o objetivo consensual, a usar o seu poder para impor alguma estrutura específica à sociedade, isto é, alguma forma de socialismo, em vez de criar as condições em que a sociedade possa desenvolver gradualmente formações aperfeiçoadas.[26]

A inevitabilidade dessa evolução num sistema em que o legislativo é onipotente é percebida claramente se perguntarmos como pode ser formada uma maioria unida na ação comum e capaz de orientar a política vigente. O ideal democrático original se baseava na concepção de uma opinião comum do que é correto apoiada pela maioria do povo. Contudo, a comunhão de opinião de valores básicos não basta para determinar um programa de ação governamental vigente. O programa específico necessário para unir um conjunto de partidários de um governo, ou para manter coeso esse partido, deve se basear em alguma agregação de diferentes interesses que só pode ser alcançada mediante um processo de barganha. Esse programa não será a expressão do desejo comum pelos resultados específicos a serem alcançados; e, como se ocupará da utilização dos recursos concretos à disposição do governo em prol de fins específicos, geralmente se baseará no consentimento de diversos grupos em relação a determinados serviços prestados a alguns deles, em troca de outros serviços proporcionados a cada um dos grupos anuentes.

Seria pura ficção considerar um programa de ação assim decidido numa democracia de barganha como expressão, em qualquer sentido, da opinião comum da maioria. Na realidade, pode ser que ninguém deseje ou mesmo aprove tudo aquilo contido nesse programa, pois muitas vezes conterá elementos de caráter tão contraditório que nenhum ser pensante jamais poderia desejá-los todos para o seu próprio bem. Levando em conta o processo pelo qual esses programas de ação comum são acordados, seria mesmo um milagre se o resultado fosse algo além de um aglomerado de desejos diferentes e desconexos de muitos indivíduos e grupos diferentes. Quanto aos diversos itens incluídos no programa, a maioria dos membros do eleitorado (ou muitos membros da assembleia representativa) não terá opinião alguma porque nada sabe das circunstâncias envolvidas. Em relação a muitos outros itens, ficará indiferente ou será até contrária, mas disposta a consentir como pagamento pela realização dos seus próprios desejos. Para a maioria dos indivíduos, a escolha entre programas partidários será, portanto, sobretudo uma escolha entre males, especificamente entre diferentes benefícios a serem fornecidos a outros à sua custa.

O caráter puramente aditivo desse programa de ação governamental fica mais claro se considerarmos o problema com que o líder do partido se defrontará. Ele pode ter ou não algum objetivo principal pelo qual se importa muito. Contudo, independentemente do seu objetivo supremo, ele precisa de poder para alcançá-lo. Para isso, carece do apoio de uma maioria que só é capaz de conseguir mediante o aliciamento de pessoas pouco interessadas nos objetivos que o orientam. Sendo assim, para atrair apoio para o seu programa, ele terá que oferecer atrativos eficazes a um número suficiente de grupos organizados para reunir uma maioria que apoie o seu programa como um todo.

A concordância em que se baseia esse programa de ação governamental é algo muito diferente da opinião comum de uma maioria que se esperava que seria a força determinante numa democracia. Tampouco esse tipo de barganha pode ser considerado como o tipo de acomodação inevitável sempre que as pessoas divergem e devem ser levadas a concordar com alguma linha intermediária que não satisfaz inteiramente a ninguém. Uma série de negociações pelas quais os desejos de um grupo são satisfeitos em troca da satisfação dos desejos de outro (e frequentemente à custa de um terceiro que não é consultado) pode determinar objetivos para a ação comum de uma coalizão, mas não significa a aprovação popular dos resultados globais. De fato, o resultado pode ser totalmente contrário a quaisquer princípios que os diversos membros da maioria aprovariam se tivessem a oportunidade de neles votar.

Esse domínio do governo por coalizões de grupos de interesse (quando começaram a ser observados, eram geralmente designados como de "interesses sinistros") é habitualmente encarado por quem está de fora como um abuso ou mesmo como uma forma de corrupção. No entanto, trata-se do resultado inevitável de um sistema em que o governo dispõe de poderes ilimitados para tomar quaisquer medidas necessárias para satisfazer os desejos daqueles de cujo apoio ele depende. Um governo com esses poderes não pode se negar a exercê-los e deve continuar a manter o apoio de uma maioria. Não temos nenhum direito de responsabilizar os políticos por fazerem o que devem fazer no cargo em que os colocamos. Nós criamos condições nas quais se sabe que a maioria tem o poder de dar a qualquer segmento específico da população tudo o que este reivindique. Entretanto, um governo que dispõe desses poderes ilimitados só pode permanecer no cargo satisfazendo um número suficientemente grande de grupos de pressão para assegurar a si mesmo o apoio de uma maioria.

No sentido estrito da administração de recursos especiais reservados para a satisfação de necessidades comuns, o governo sempre terá, até certo ponto, esse caráter. A sua tarefa consiste em distribuir benefícios específicos a diferentes grupos, o que é totalmente distinto da tarefa de legislar propriamente dita. Porém, ao mesmo tempo que essa debilidade é relativamente inócua enquanto o governo está limitado a determinar o uso de um volume de recursos postos à sua disposição conforme normas que não pode alterar (e em particular quando, como no caso do governo municipal, a população pode fugir da exploração mudando-se para outro município), ela assume proporções alarmantes quando o poder de governar e o poder de estabelecer normas passam a se confundir e as pessoas que administram os recursos governamentais também determinam quanto dos recursos totais ele deve controlar. Colocar aqueles que devem definir o que é correto numa posição em que só podem se manter dando aos seus apoiadores o que eles querem significa pôr à sua disposição todos os recursos da sociedade para quaisquer finalidades que considerem necessárias para mantê-los no poder.

Se os administradores eleitos de uma determinada parcela dos recursos de uma sociedade estivessem submetidos a uma lei que não pudessem alterar, mesmo que tivessem de utilizá-la para satisfazer os seus apoiadores, não poderiam ser levados além do que pode ser feito sem interferir na liberdade do indivíduo. Contudo, se eles também são, ao mesmo tempo, os criadores dessas normas de conduta, serão motivados a usar o seu poder para organizar não só os recursos pertencentes ao governo, mas todos os recursos da sociedade, incluindo os do indivíduo, para atender os desejos particulares dos seus eleitores.

Apenas podemos impedir o governo de atender grupos organizados privando-o da capacidade de usar a coerção para fazer isso, o que significa que só podemos limitar os poderes dos grupos de interesse limitando os poderes do governo. Um sistema em que os políticos acreditam que é seu dever, e está ao seu alcance, eliminar toda insatisfação[27] deve levar a uma completa manipulação dos afazeres das pessoas pelos políticos. Se esse poder for ilimitado, será e deverá ser usado a serviço de interesses particulares, induzindo todos os interesses organizáveis a se associarem a fim de pressionar o governo. A única defesa de que um político dispõe contra essa pressão é apontar para um princípio estabelecido que o impede de ceder e que ele não pode alterar. Nenhum sistema em que aqueles que comandam o uso dos recursos governamentais não estejam sujeitos a normas inalteráveis pode escapar de se tornar um instrumento dos grupos de interesse.

Acordo sobre normas gerais e sobre medidas particulares

Repetidas vezes enfatizamos que numa Grande Sociedade ninguém é capaz de ter conhecimento ou qualquer ponto de vista sobre todos os fatos particulares que talvez se tornem objeto de decisão governamental. Nenhum membro dessa sociedade pode conhecer mais do que uma pequena parte da estrutura abrangente das relações que a constitui; mas os seus desejos concernentes à formação do setor do padrão global ao qual ele pertence conflitarão inevitavelmente com os desejos dos demais.

Assim, ainda que ninguém saiba tudo, os desejos distintos entrarão muitas vezes em choque nos seus efeitos, e deverão ser conciliados para que se chegue a um acordo. O *governo* democrático (em contraste com a legislação democrática) requer que o consentimento dos indivíduos se estenda muito além dos fatos particulares dos quais eles podem estar a par; e eles só se sujeitarão à desconsideração dos seus próprios desejos se chegaram a aceitar algumas normas gerais que orientam todas as medidas específicas e que até a maioria terá que obedecer. Que nessas situações o conflito só pode ser evitado mediante um acordo acerca das normas gerais — ao passo que os conflitos seriam irreconciliáveis se um acordo acerca de diversos detalhes fosse necessário — parece estar bastante esquecido hoje em dia.

Numa Grande Sociedade, a verdadeira concordância geral, ou mesmo o verdadeiro acordo entre uma maioria, raramente se estenderá além de alguns princípios gerais, só podendo ser mantido em relação a medidas específicas que possam ser conhecidas por grande parte dos seus membros.[28] Ainda mais importante, essa sociedade só alcançará uma ordem geral coerente e fiel a si mesma submetendo-se a normas gerais nas suas decisões particulares, sem permitir que sequer a maioria as infrinja, a menos que essa maioria esteja preparada a se comprometer com uma nova norma que se responsabiliza por aplicar dali em diante sem exceção.

CAPÍTULO 12 • OPINIÃO DA MAIORIA E A DEMOCRACIA CONTEMPORÂNEA

Nós já vimos que o comprometimento com as normas é até certo ponto necessário mesmo para um único indivíduo que se empenha em ordenar um complexo de ações que ele não é capaz de conhecer em detalhes antecipadamente. É ainda mais necessário quando decisões sucessivas serão tomadas por diferentes grupos de pessoas em relação a diferentes partes do todo. Nessas condições, votações sucessivas de questões específicas tenderiam a gerar um resultado agregado que ninguém aprovaria, a menos que todas fossem orientadas pelas mesmas normas gerais.

Em grande parte, foi a percepção relativa aos resultados insatisfatórios dos procedimentos consagrados de tomada de decisão democrática que levou à necessidade de um plano geral pelo qual toda ação governamental seria decidida por um longo período à frente. No entanto, esse plano não propiciaria realmente uma solução para a dificuldade crucial. Pelo menos como é usualmente concebido, ainda seria o resultado de uma série de decisões particulares sobre questões concretas e, portanto, a sua determinação suscitaria os mesmos problemas. Em geral, o efeito da adoção desse plano é que ele se torna um substituto de critérios reais para saber se as medidas que apresenta são desejáveis.

Os fatos decisivos são que não só existirá uma verdadeira visão da maioria numa Grande Sociedade quanto a princípios gerais, mas também que uma maioria só poderá exercer algum controle sobre o resultado do processo de mercado caso se limite ao estabelecimento dos princípios gerais e se abstenha de interferir nas particularidades, mesmo que os resultados concretos conflitem com os seus desejos. É inevitável que, quando para a realização de alguns dos nossos propósitos nos valemos de um mecanismo que responde em parte a circunstâncias desconhecidas para nós, os seus efeitos sobre determinados resultados sejam contrários aos nossos desejos, e que, portanto, surja muitas vezes um conflito entre as normas gerais que queremos ver obedecidas e os resultados específicos que desejamos.

Na ação coletiva, esse conflito se manifestará de maneira mais evidente porque, se como indivíduos aprendemos em geral a cumprir normas e somos capazes de fazê-lo sistematicamente, como membros de um organismo que decide por maioria de votos não temos nenhuma garantia de que futuras maiorias cumprirão essas normas que podem nos proibir de votar em detalhes que gostamos, mas que só podem ser obtidos infringindo uma norma estabelecida. Embora como indivíduos tenhamos aprendido a aceitar que na busca dos nossos objetivos somos limitados pelas normas estabelecidas de conduta justa, quando votamos como membros de um organismo que tem o poder de alterar essas normas, muitas vezes não nos sentimos restritos da mesma forma. Nesta última situação, a maioria das pessoas considerará realmente razoável reivindicar para si mesmas benefícios de um tipo que sabem que estão sendo concedidos a outros, mas que também sabem que não podem ser concedidos universalmente e que, portanto, talvez preferissem que não fossem concedidos a ninguém. No desenrolar de decisões particulares sobre questões específicas, os eleitores ou os seus representantes serão, portanto, muitas vezes levados a apoiar medidas em conflito com princípios que prefeririam ver observados globalmente. Na medida em que não existem normas que são obrigatórias para os que decidem sobre medidas específicas, é, portanto, inevitável que as maiorias aprovem medidas que provavelmente proibiriam em definitivo se lhes fosse pedido para votar em relação ao princípio.

A alegação de que em qualquer sociedade existirá geralmente maior concordância sobre princípios gerais do que sobre questões particulares talvez pareça de início contrária à experiência comum. A prática diária parece mostrar que normalmente é mais fácil obter acordo sobre uma questão particular do que acerca de um princípio geral. No entanto, isso é mera consequência do fato de que usualmente não conhecemos explicitamente e nunca expressamos verbalmente os princípios comuns sobre os quais sabemos muito bem como agir e que normalmente levam diferentes pessoas a concordar nos seus julgamentos. Em muitos casos, a enunciação ou formulação verbal desses princípios será bastante difícil. No entanto, essa falta de conhecimento consciente dos princípios a respeito dos quais agimos não refuta o fato de que em geral concordamos sobre questões morais específicas apenas porque concordamos sobre as normas aplicáveis a elas. Porém, muitas vezes só aprenderemos a expressar essas normas comuns mediante o exame de diversos casos particulares em que temos concordado e a análise sistemática dos pontos em que concordamos.

Se pessoas que tomam conhecimento pela primeira vez das circunstâncias de um litígio chegam em geral a opiniões semelhantes sobre os seus méritos, isso significa precisamente que, quer saibam, quer não, elas são na prática orientadas pelos mesmos princípios, embora, se não conseguem entrar em acordo, isso pareça mostrar que carecem desses princípios comuns. O que se confirma quando examinamos a natureza dos argumentos propensos a gerar concordância entre as partes que inicialmente discordavam acerca dos méritos de um caso em particular. Esses argumentos sempre consistirão em apelos a princípios gerais ou, pelo menos, a fatos que apenas são pertinentes em função de algum princípio geral. Nunca será o caso concreto como tal, mas sim sempre o seu caráter como um caso de uma classe de casos ou como um caso que recai sob determinada norma, que será considerado pertinente. A descoberta dessa norma sobre a qual podemos concordar será a base para se chegar a um acordo acerca de uma questão específica.

CAPÍTULO 13

A DIVISÃO DOS PODERES DEMOCRÁTICOS

O problema mais urgente do nosso tempo para aqueles que atribuem a máxima urgência à preservação das instituições democráticas consiste em impedir o processo de compra de votos.

W. H. HUTT*

A perda da concepção original das funções de um legislativo

Não é possível ser a nossa tarefa aqui remontar o processo pelo qual a concepção original da natureza das constituições democráticas foi gradualmente perdida e substituída pela concepção do poder ilimitado da assembleia democraticamente eleita. Isso foi realizado recentemente num importante livro de M. J. C. Vile que mostra como, durante a Guerra Civil Inglesa, o abuso dos próprios poderes pelo parlamento "revelara a homens que antes só tinham considerado perigoso o poder real que o parlamento podia ser tão tirânico quanto um rei", e como isso levou "à percepção de que os legislativos também deviam ser objeto de restrições para que a liberdade individual não fosse usurpada".[1] Essa continuou sendo a doutrina dos Velhos Whigs durante boa parte do século XVIII. Ela encontrou a sua expressão mais notória em John Locke, que sustentou efetivamente que "a autoridade legislativa é a autoridade *para agir de uma maneira específica*". Além disso, Locke afirmou, aqueles que exercem essa autoridade deveriam fazer apenas normas gerais. "Devem governar por meio de Leis estabelecidas e promulgadas, que não devem ser modificadas em casos específicos."[2] Uma das exposições mais influentes se encontra nas *Cato's Letters*, de John Trenchard e Thomas Gordon, em que, numa passagem já citada em parte, o primeiro afirmava em 1721 que

(...) quando os deputados agem assim no seu próprio interesse ao agir no interesse dos seus representados; quando não fazem leis a que eles próprios e a sua descendência não estão sujeitos; quando não concedem verba da qual não devem pagar a sua parcela; quando não podem causar dano que não os atinge diretamente assim como aos seus compatriotas; os seus representados então podem esperar boas leis, poucos danos e muita frugalidade.[3]

Mesmo no final do século, os filósofos da moral ainda podiam considerar isso como o princípio básico da constituição britânica e sustentar, como William Paley fez em 1785, que quando o caráter legislativo e judiciário

(...) estão unidos na mesma pessoa ou assembleia, leis particulares são feitas para casos particulares, decorrentes muitas vezes de motivos parciais e voltadas para fins privados; enquanto mantidas separadas, as leis gerais são feitas por um grupo de homens, sem se prever a quem afetarão; e depois de feitas, devem ser aplicadas por outro grupo de homens, deixando que afetem a quem quiserem. (...) Quando os partidos e os interesses a serem afetados pela lei eram conhecidos, as inclinações dos legisladores se fixavam num lado ou no outro. (...)
Esses riscos são prevenidos de maneira eficaz por meio da divisão das funções legislativas e judiciárias. O parlamento não tem conhecimento dos indivíduos sobre os quais os seus atos agirão; não possui causas ou partidos diante de si; não tem nenhum projeto privado a atender; portanto, as suas resoluções serão sugeridas pela consideração dos efeitos e das tendências universais, que sempre gera normas imparciais e vantajosas em geral.[4]

Mesmo naquela época, certamente essa teoria já era uma idealização e, de fato, a usurpação de poderes arbitrários pelo parlamento foi considerada pelos porta-vozes das colônias americanas como a causa fundamental da ruptura com a metrópole. Isso foi expresso com mais clareza por um dos mais profundos dos seus filósofos políticos, James Wilson, que

(...) rejeitou a doutrina da soberania parlamentar de Blackstone, considerando-a obsoleta. O britânico não entende a ideia de uma constituição que limita e supervisiona as atividades do legislativo. Esse foi um aprimoramento da ciência política reservado aos norte-americanos.[5]

Não vamos mais considerar aqui a tentativa norte-americana de restringir os poderes do legislativo em sua Constituição e o seu limitado sucesso. Na verdade, isso não impediu o congresso de se tornar principalmente uma instituição governamental, em vez de uma instituição verdadeiramente legislativa, desenvolvendo, em consequência, todas as características que essa preocupação essencial tende a imprimir numa assembleia e que será o tópico principal deste capítulo.

As instituições representativas existentes foram moldadas pelas necessidades do governo, e não da atividade legislativa

A atual estrutura dos governos democráticos foi determinada de modo decisivo pelo fato de que incumbimos as assembleias representativas com duas funções totalmente distintas. Nós as chamamos de "legislativos", mas, sem dúvida, a maior parte do seu trabalho consiste não na enunciação e aprovação de normas gerais de conduta, mas sim no controle das medidas governamentais acerca de questões específicas.[6] Queremos, e creio com razão, que tanto o estabelecimento de normas gerais de conduta obrigatórias para todos como a administração dos recursos e da máquina postas à disposição do governo sejam orientados pelos desejos da maioria dos cidadãos. No entanto, isso não significa forçosamente que essas duas funções devam ser entregues ao mesmo organismo, nem que toda resolução desse organismo democraticamente eleito deva ter a validade e a dignidade que conferimos às normas gerais de conduta adequadamente sancionadas. Mas ao chamar de "lei" toda decisão dessa assembleia, quer ela estabeleça uma norma ou autorize determinadas medidas, o próprio reconhecimento de que essas são coisas diferentes se perdeu.[7] Como a maior parte do tempo e da energia das assembleias representativas é dedicada à tarefa de organizar e comandar o governo, não só esquecemos que governar é diferente de legislar como passamos a pensar que uma instrução ao governo para que tome determinadas iniciativas é o conteúdo normal de um ato de legislar. Provavelmente, o efeito de longo alcance disso é que a própria estrutura e organização das assembleias representativas foram determinadas pelas necessidades das suas funções governamentais, mas são desfavoráveis à elaboração sensata de normas.

CAPÍTULO 13 • A DIVISÃO DOS PODERES DEMOCRÁTICOS

A esse respeito é importante lembrar que quase todos os fundadores do governo representativo moderno estavam apreensivos em relação aos partidos políticos (ou "facções", como costumavam chamá-los), e compreender as razões dessa apreensão. Os teóricos políticos continuavam preocupados sobretudo com o que concebiam ser a principal função de um legislativo — ou seja, o estabelecimento de normas de conduta justa para o cidadão —, e não atribuíram muita importância à sua outra tarefa: a direção ou o controle do governo ou da administração. Em relação à primeira função, parecia claramente desejável um organismo bastante representativo de vários matizes de opinião, mas não comprometido com um programa de ação particular.

Porém, como governar, e não legislar, tornou-se a função principal das assembleias representativas, a sua eficácia nessa tarefa exigiu a existência no seu âmbito de uma maioria de membros de acordo com um programa de ação. Aliás, o caráter das instituições parlamentares modernas foi integralmente moldado por essas necessidades do *governo* democrático, e não pelas da *legislação* democrática, no sentido estrito deste último termo. A direção eficaz de todo o aparelho governamental, ou o controle do uso de todos os recursos humanos e materiais sob a sua supervisão, requer o apoio contínuo da autoridade executiva por uma maioria organizada e comprometida com um plano coerente de ação. O governo propriamente dito terá que decidir constantemente quais demandas específicas de interesses ele pode satisfazer; e mesmo quando está limitado ao uso daqueles recursos específicos confiados à sua administração, deve escolher continuamente entre as exigências de diferentes grupos.

Toda a experiência mostrou que para o governo democrático cumprir essas funções com eficácia ele deve ser organizado em divisões partidárias. Para que o eleitorado seja capaz de julgar o seu desempenho, deve existir um grupo organizado entre os representantes que seja considerado responsável pela condução do governo, e uma oposição organizada que vigie, critique e proponha um governo alternativo para o caso de o povo ficar insatisfeito com o grupo que está no poder.

No entanto, não é de forma alguma verdade que um grupo organizado sobretudo com a finalidade de dirigir o governo também seja adequado para a função legislativa em sentido estrito, isto é, o de determinar a estrutura permanente de normas jurídicas segundo a qual deve mover as suas tarefas diárias.

Recordemos mais uma vez o quão diferente é a função governamental propriamente dita daquela de estabelecer as normas de conduta justas universalmente aplicáveis. Governar significa agir sobre questões concretas, alocando recursos específicos para fins específicos. Mesmo na medida em que o seu objetivo é meramente zelar pela aplicação de um conjunto de normas de conduta justa que lhe são atribuídas, isso exige a manutenção de um aparato de tribunais, polícias, instituições penitenciárias etc., e a aplicação de recursos específicos para fins específicos. Todavia, na esfera mais ampla da função governamental, isto é, de prestar outros serviços de diversos tipos aos cidadãos, o emprego dos recursos sob o seu controle exigirá a escolha constante dos fins específicos a serem atendidos, e tais decisões devem ser, em grande medida, uma questão de conveniência. Decidir sobre construir uma estrada num ou noutro itinerário, sobre projetar um edifício de um ou de outro modo, sobre organizar a polícia de uma determinada forma ou coletar o lixo, e assim por diante, não são questões de justiça que podem ser decididas mediante a aplicação de uma norma geral, mas são questões de organização eficaz para a satisfação das necessidades de diversos grupos de pessoas, que só podem ser decididas em função da importância relativa atribuída aos propósitos conflitantes. Se tais questões devem ser decididas democraticamente, as decisões envolvem os interesses que devem prevalecer sobre outros.

Portanto, a gestão dos recursos comuns em favor dos fins públicos exige mais do que a concordância acerca de normas de conduta justa. Exige a concordância sobre a importância relativa dos fins específicos. No que diz respeito à gestão desses recursos da sociedade reservados para o uso do governo, alguém deve ter o poder de decidir para quais fins devem ser utilizados. No entanto, a diferença entre uma sociedade de homens livres e uma sociedade totalitária reside no fato de que, na primeira, isso se aplica somente ao montante limitado de recursos especificamente destinado aos propósitos governamentais, ao passo que na segunda se aplica a todos os recursos da sociedade, incluindo os próprios cidadãos. A limitação dos poderes governamentais pressuposta por uma sociedade livre exige, portanto, que mesmo a maioria apenas tenha poder ilimitado sobre o emprego dos recursos que foram destinados ao uso comum, e que o cidadão e a sua propriedade não estejam sujeitos a prescrições específicas (nem mesmo do legislativo), mas somente às normas de conduta justa que se aplicam igualmente a todos.

Como as assembleias representativas, que chamamos de legislativos, estão predominantemente envolvidas com funções governamentais, estas moldaram não só a sua organização como também todo o modo de pensar dos seus membros. Costuma-se dizer hoje que o princípio da separação dos poderes está ameaçado pela crescente assunção da função legislativa pelo governo. Na verdade, em grande medida, esse princípio foi destruído muito antes, especificamente quando os organismos chamados de legislativos assumiram a direção do governo (ou, talvez mais corretamente, a função de legislar foi confiada aos organismos já existentes envolvidos sobretudo com a função de governar). A separação dos poderes deveria significar que todo ato coercitivo do governo exigia autorização por uma norma de conduta justa aprovada por um organismo não envolvido com os fins particularmente momentâneos do governo. Se agora também chamamos de "lei" a autorização de determinados atos governamentais por uma resolução da assembleia representativa, essa "legislação" não é legislação no sentido em que o conceito é empregado na teoria da separação dos poderes; significa que a assembleia representativa exerce poderes executivos sem estar limitada por leis, no sentido de normas gerais de conduta que não pode alterar.

Organismos com poderes de direção específica não são adequados para a elaboração de leis

Ainda que seja evidentemente necessário, caso queiramos um governo democrático, um organismo representativo em que o povo possa expressar os seus desejos sobre todas as questões que envolvem as ações do governo, um organismo envolvido sobretudo com esses problemas é pouco adequado para a função de legislar propriamente dita. Supor que cuide de ambas as funções significa pedir-lhe que se prive de alguns dos meios pelos quais pode alcançar de maneira mais conveniente e rápida as metas imediatas de governo. No seu desempenho das funções governamentais, não estará sujeito a nenhuma norma geral, pois pode, a qualquer momento, criar as normas que lhe permitem fazer o que a tarefa momentânea parece exigir. De fato, qualquer decisão particular que tome acerca de determinado assunto revogará automaticamente qualquer norma previamente existente que esteja infringindo. Semelhante combinação de poder governamental e normativo sob controle de um único organismo representativo é evidentemente incompatível, não só com o princípio da separação dos poderes como também com os ideais de governo nos termos da lei e com o estado de direito. Se aqueles que decidem acerca de questões específicas podem elaborar qualquer lei que desejem para qualquer propósito, sem dúvida não estão sujeitos ao estado de direito; e certamente não corresponde ao ideal do estado de direito que uma questão seja chamada de lei seja o que for que um grupo de pessoas, mesmo que majoritário, decida a respeito dela. Podemos ter um estado de direito ou um governo de maioria, podemos até ter um governo de leis elaboradas por uma maioria que também governa,[8] mas somente na medida em que a própria maioria, ao decidir sobre questões específicas, esteja limitada por normas que não pode alterar *ad hoc*, o estado de direito será preservado. Um governo sujeito ao controle de uma assembleia parlamentar somente assegurará um governo nos termos da lei se essa assembleia restringir os poderes governamentais mediante normas gerais, mas sem ela mesma orientar as ações do governo, e ao fazê-lo legalizar tudo o que ordena ao governo que faça. A situação vigente é tal que até se perdeu a percepção da distinção entre lei no sentido de normas de conduta justa e lei no sentido de expressão da vontade da maioria no que concerne a alguma questão específica. A concepção de que lei é tudo que o chamado legislativo decide nos termos prescritos pela constituição é efeito das instituições peculiares da democracia europeia, porque estas se baseiam na crença errônea de que os representantes reconhecidos da maioria do povo devem ter necessariamente poderes ilimitados. As tentativas norte-americanas para enfrentar essas dificuldades propiciaram apenas uma proteção limitada.

Uma assembleia cuja tarefa principal é decidir que coisas específicas devem ser realizadas e que, numa democracia parlamentar, fiscaliza o seu comitê executivo (chamado de governo) na execução de um programa de ação aprovado por ela não tem nenhum estímulo ou interesse de se prender a normas gerais. Pode adaptar as normas específicas que estabelece às necessidades do momento, e essas normas tenderão, em geral, a atender as necessidades da organização governamental e não as necessidades da ordem autogeradora do mercado. Quando se ocupa com normas de conduta justa, essas serão predominantemente subprodutos da atividade governamental e subservientes às necessidades desta. Essa atividade legislativa tenderá cada vez mais a aumentar os poderes discricionários da máquina governamental e, em vez de impor limitações ao governo, torna-se um instrumento para auxiliar na obtenção dos seus fins particulares.

O ideal de um controle democrático do governo e o da sua limitação pela lei são, portanto, ideais diferentes, que certamente não podem ser alcançados entregando ao mesmo organismo representativo tanto o poder de legislar como o poder de governar. Ainda que seja possível assegurar a realização desses dois ideais, nenhuma nação ainda foi capaz de conseguir fazê-lo efetivamente por meio de disposições constitucionais; os povos só se aproximaram dessa condição temporariamente graças ao predomínio de certas tradições políticas de peso. Nos últimos tempos, o efeito da estrutura institucional vigente tem sido a destruição progressiva do que restara da tradição do estado de direito.

Nos períodos iniciais do governo representativo, os membros do parlamento ainda podiam ser considerados representantes dos interesses gerais, e não dos particulares.[9] Embora os governos precisassem da confiança da maioria do parlamento, isso ainda não significava que uma maioria organizada tivesse que ser mantida para a execução de programa de políticas públicas. Em tempos de paz, pelo menos grande parte das atividades correntes do governo tinha sobretudo um caráter rotineiro, para as quais pouca autorização parlamentar era necessária além da aprovação do orçamento anual; e este se tornou o principal instrumento por meio do qual a Câmara dos Comuns britânica direcionou as atividades governamentais.

O caráter dos "legislativos" atuais determinado por meio das suas funções governamentais

Embora toda e qualquer pessoa remotamente familiarizada com a política moderna tenha há muito tempo aceitado como fato consumado o caráter atual dos procedimentos parlamentares, quando paramos para refletir a esse respeito é deveras espantoso até que ponto a realidade dos interesses e das práticas do legislativo moderno difere da imagem que a maioria das pessoas sensatas formaria de uma assembleia que deve decidir acerca de questões sérias e problemáticas sobre o aprimoramento da ordem jurídica ou do arcabouço de normas em que a luta entre interesses divergentes devia ser travada. Provavelmente, um observador não habituado com os arranjos existentes logo chegaria à conclusão de que a política tal como a conhecemos é uma decorrência necessária do fato de que é na mesma arena que se estabelecem os limites e que se trava a luta que tais limites devem conter, e de que as mesmas pessoas que disputam votos oferecendo favores especiais também devem estabelecer os limites do poder governamental. É evidente que existe um antagonismo entre essas duas funções, sendo ilusório esperar que os delegados se privem dos poderes de subornar os seus mandatários pelos quais preservam os seus cargos.

Não há exagero em afirmar que o caráter dos organismos representativos vigentes foi moldado, ao longo do tempo, quase inteiramente pelas suas funções governamentais. Os métodos de eleição dos membros, os períodos para os quais são eleitos, a divisão da assembleia em partidos organizados, a sua ordem dos trabalhos e as normas de procedimento e, acima de tudo, as atitudes mentais dos membros são determinados pela preocupação com as medidas governamentais, e não com a legislação. Pelo menos nas câmaras baixas, o orçamento, que é, sem dúvida, o que existe de mais distante da legislação propriamente dita, é o principal evento anual.

Tudo isso tende a tornar os parlamentares agentes dos interesses dos seus eleitores, em vez de representantes da opinião pública. A eleição de um indivíduo se torna uma recompensa pela entrega do prometido, em vez de uma expressão de confiança de que o bom senso, a honestidade e a imparcialidade que demonstrou nos negócios privados ainda o orientarão no serviço público. O indivíduo que espera ser reeleito com base naquilo que o seu partido, nos três ou quatro anos precedentes, concedeu em termos de benefícios especiais visíveis aos seus eleitores não se encontra numa posição que o faria aprovar o gênero de leis gerais que seria realmente de maior interesse público.

É um fato conhecido que, como consequência da sua dupla função, o representante típico não tem tempo, interesse, desejo ou competência para preservar, e ainda menos aprimorar, aqueles limites aos poderes coercitivos do governo, que é um dos principais propósitos do direito (sendo o outro a proteção contra a violência ou coerção contra a pessoa por seus semelhantes) — e, portanto, pode-se esperar, da legislação. No entanto, a função governamental das assembleias populares não só interfere nos objetivos do legislador como também não raro conflita diretamente com eles.

Foi citado anteriormente o comentário de um dos observadores mais atentos do Parlamento britânico (ex-membro da Comissão Parlamentar do Tesouro) de que "o parlamento não tem tempo nem gosto para o direito dos juristas".[10] Vale a pena lembrar agora a descrição mais completa de Sir Courtenay da situação do Parlamento britânico no início do século XX:

CAPÍTULO 13 • A DIVISÃO DOS PODERES DEMOCRÁTICOS

A maior parte dos membros não está realmente interessada em questões técnicas do direito, e sempre prefere deixar que os juristas criem as suas normas e os seus procedimentos à sua maneira. A atividade substancial do parlamento como legislativo [!] é manter a máquina do Estado em condições de funcionamento. E as leis necessárias para esse fim não pertencem ao domínio do direito privado ou penal, mas sim ao que é chamado de direito administrativo na Europa continental. (...) Em geral, o grosso do código de leis de cada ano consistirá em regulamentações administrativas relativas a matérias que estão fora da leitura e da prática corriqueiras do advogado.[II]

Embora isso já fosse verdade em relação ao Parlamento britânico no início do século XX, não conheço nenhum legislativo democrático contemporâneo no qual isso não seja agora igualmente válido. O fato é que os legisladores são em geral bastante ignorantes a respeito do direito propriamente dito, aquele que constitui as normas de conduta justa, ocupando-se principalmente com certos aspectos do direito administrativo que, paulatinamente, foram criando para eles um direito distinto, mesmo na Inglaterra, onde outrora se entendia que o direito privado limitava os poderes dos agentes governamentais tanto quanto os dos cidadãos comuns. A consequência é que os britânicos (que um dia já se gabaram de que algo como o direito administrativo era desconhecido no seu país) agora estão sujeitos a centenas de órgãos administrativos capazes de emitir ordens obrigatórias.

O interesse quase exclusivo dos representantes pela função governamental, e não pela função legislativa, resulta do fato de que eles sabem que a sua reeleição depende sobretudo do histórico do seu partido em governar, e não em legislar. É a satisfação dos eleitores com os efeitos imediatos das medidas governamentais, e não o seu julgamento do efeito das alterações nas leis, só perceptíveis a longo prazo, que eles expressarão nas urnas. Como o representante individual sabe que a sua reeleição dependerá sobretudo da popularidade do seu partido e do apoio que receberá dele, serão os efeitos a curto prazo das medidas tomadas pelo partido a sua principal preocupação. As considerações acerca dos princípios envolvidos podem afetar a sua escolha inicial por um partido, mas como, uma vez eleito por determinado partido, uma mudança para outro pode acabar com a sua carreira política, em geral ele deixará esses tormentos para os líderes do seu partido e mergulhará no trabalho diário decorrente das reivindicações dos seus eleitores, lidando em seu decorrer com grande quantidade de administração rotineira.

Toda a sua predisposição será, portanto, no sentido de dizer "sim" a reivindicações específicas, embora a tarefa principal do legislador deva ser dizer "não" a todas as reivindicações por privilégios especiais e insistir que certos tipos de coisas simplesmente não se faz. Qualquer que tenha sido o ideal definido por Edmund Burke, hoje um partido em geral não está acordado em termos de valores, mas se une em torno de determinados propósitos. Não quero negar que, mesmo atualmente, os partidos costumam se formar em torno de um núcleo unido por princípios ou ideais comuns. Porém, já que devem atrair um grupo de adeptos prometendo outras coisas, raramente ou nunca conseguem permanecer fiéis aos seus princípios e obter uma maioria. Com certeza, é útil para um partido ter princípios pelos quais possa justificar a concessão de vantagens especiais a um número suficiente de grupos para conseguir o apoio da maioria.

A esse respeito, os socialistas têm uma vantagem: até que alcancem o seu primeiro objetivo — ou seja, o controle dos meios de produção — e, depois de alcançá-lo, tenham que enfrentar a tarefa de atribuir determinadas parcelas do produto aos diferentes grupos, permanecem unidos em torno da sua crença num princípio comum — ou pelo menos numa formulação como "justiça social", de cuja vacuidade ainda não tomaram conhecimento. Podem concentrar-se na criação de uma nova máquina em detrimento do seu uso, depositando todas as suas esperanças no que esta conseguirá quando concluída. Contudo, também estão desde o início, como já vimos, de acordo com a destruição do direito no sentido das normas gerais de conduta justa e com a sua substituição por despachos administrativos. Portanto, um legislativo socialista seria um organismo puramente governamental — provavelmente limitado a autorizar automaticamente o trabalho da burocracia encarregada do planejamento.

Para a tarefa de fixar os limites do que o governo pode fazer, deseja-se evidentemente um tipo de pessoa completamente diferente daquela cujo principal interesse é assegurar a sua reeleição mediante a obtenção de benefícios especiais para os seus apoiadores. Precisaríamos confiar isso não a homens que fizeram da política partidária o centro dos seus interesses e cujo pensamento é moldado pela preocupação com as suas perspectivas de reeleição, mas sim a pessoas que conquistaram respeito e autoridade nas atividades comuns da vida e que são eleitas porque se acredita que são mais experientes, sensatas e justas, e que estão, portanto, habilitadas a dedicar todo o seu tempo aos problemas de longo prazo do aperfeiçoamento do arcabouço legal referente a todas as ações, incluindo as do governo. Elas teriam tempo suficiente para aprender o ofício de legislador e não ficariam impotentes diante (e objeto do desprezo) dessa burocracia que hoje é quem de fato elabora as leis porque as assembleias representativas não têm tempo para isso.

De fato, nada é mais evidente nessas assembleias do que aquilo que deveria ser a atividade mais importante de um legislativo ser constantemente deixado de lado, e um número cada vez maior das funções que o cidadão comum imagina ser a ocupação principal dos legisladores ser na verdade realizado por servidores públicos. Em grande parte, é porque os legislativos estão ocupados com aquilo que efetivamente é administração discricionária que o verdadeiro trabalho de elaboração das leis é cada vez mais delegado à burocracia, a qual, evidentemente, tem pouco poder para restringir as decisões governamentais dos "legislativos", que estão ocupados demais para legislar.

Não é menos significativo que quando os parlamentos precisam dar conta da verdadeira função legislativa a respeito de problemas que envolvem fortes crenças morais e que muitos representantes consideram questões de consciência, como a pena de morte, o aborto, o divórcio, a eutanásia, o uso de drogas (incluindo o álcool e o tabaco), a pornografia e afins, os partidos julgam necessário relaxar o controle acerca do voto dos seus membros — com efeito, em todos os casos em que realmente se quer descobrir qual é a *opinião* dominante sobre questões importantes, e não os pontos de vista sobre medidas específicas. Isso demonstra que na verdade não existem linhas simples dividindo os cidadãos em distintos grupos de pessoas que concordam entre si acerca de uma variedade de princípios, como sugere a organização partidária. Concordar em obedecer certos princípios é diferente de concordar com a maneira de distribuir diversos benefícios.

Um arranjo pelo qual o interesse da autoridade máxima é dirigido sobretudo para o governo e não para o direito só pode levar a um crescimento constante da preponderância do governo sobre o direito — e o crescimento progressivo das atividades governamentais é, em grande medida, fruto desse arranjo. É uma ilusão esperar daqueles que devem as suas posições ao seu poder de distribuir benefícios que atem as suas mãos com normas inflexíveis proibindo todos os privilégios especiais. Deixar a lei nas mãos dos governantes eleitos é como deixar uma raposa tomando conta do galinheiro — logo não haverá mais nada, pelo menos nenhuma lei no sentido em que limita os poderes discricionários do governo. Por causa dessa falha na construção das nossas democracias supostamente constitucionais, voltamos a ter aquele poder ilimitado que os Whigs do século XVIII retratavam como "uma coisa tão selvagem e monstruosa que, por mais natural que seja desejá-la, também é natural combatê-la".[12]

A legislação partidária leva à decadência da sociedade democrática

Um sistema capaz de colocar qualquer pequeno grupo na posição de manter uma sociedade como refém caso aconteça de ser o equilíbrio entre grupos opostos, podendo extorquir privilégios especiais em troca do seu apoio a um partido tem pouco a ver com democracia ou "justiça social". Porém, é o resultado inevitável do poder ilimitado de uma assembleia eletiva única não impedida de discriminação devido a uma restrição dos seus poderes quer de legislar de verdade, quer de governar nos termos de uma lei que não pode alterar.

Esse sistema não só criará um governo movido pela chantagem e pela corrupção como também produzirá leis que são desaprovadas pela maioria e cujos efeitos a longo prazo podem levar ao declínio da sociedade. Quem sustentaria a sério que a lei mais decisiva da história moderna da Grã-Bretanha, a Lei de Disputas Sindicais [Trade Disputes Act], de 1906, foi expressão da vontade da maioria?[13] Com os votos contrários da totalidade dos membros do oposicionista Partido Conservador, é mais do que questionável que a maioria dos membros do então governista Partido Liberal teria aprovado um projeto de lei "elaborado pela primeira geração de parlamentares do Partido Trabalhista".[14] No entanto, a maioria do Partido Liberal dependia do apoio dos trabalhistas e, embora o projeto de lei escandalizasse os representantes mais destacados da tradição constitucional britânica mais do que qualquer outro ato da história moderna do legislativo,[15] os impressionantes privilégios legais concedidos aos sindicatos se tornaram, desde então, a principal causa do progressivo declínio da economia britânica.

Devido ao caráter atual do parlamento, tampouco há muita esperança de que ele se mostre mais capaz de lidar de forma inteligente com tarefas legislativas cruciais vindouras, como a limitação dos poderes de todas as pessoas jurídicas ou a proibição das restrições à concorrência. É de se temer que essas questões sejam decididas sobretudo pela popularidade ou impopularidade de determinados grupos que são diretamente afetados, e não pela compreensão dos requisitos relativos a uma ordem de mercado funcional.

Outro viés peculiar do governo, gerado pela necessidade de conquistar votos mediante o favorecimento de determinados grupos ou atividades, atua indiretamente por meio da necessidade de obter o apoio dos vendedores de ideias de segunda mão, sobretudo no que hoje em dia é chamado de "mídia", que determinam em grande medida a opinião pública. Entre outras manifestações, isso se expressa num apoio à arte moderna, com que a maioria do povo certamente não se importa nem um pouco, e, sem dúvida, também em parte no apoio governamental ao avanço tecnológico (a viagem à Lua!), para o qual esse apoio é bastante questionável, mas pelo qual um partido pode assegurar a simpatia e a adesão dos intelectuais que comandam a "mídia".

A democracia, na medida em que o termo não é usado simplesmente como sinônimo de igualitarismo, está se tornando cada vez mais a designação do próprio processo de compra de votos, para aplacar e recompensar aqueles grupos organizados que, em tempos mais ingênuos, eram considerados como os "interesses sinistros". No entanto, o que nos interessa agora é mostrar que o responsável por isso não é a democracia como tal, mas sim a forma específica de democracia que estamos praticando atualmente. Acredito de fato que conseguiríamos uma amostra mais representativa da verdadeira opinião do povo se escolhêssemos por sorteio cerca de quinhentas pessoas maduras e as deixássemos por vinte anos se dedicarem à tarefa de aperfeiçoar as leis, guiadas unicamente pela sua consciência e pelo desejo de serem respeitadas, do que pelo atual sistema de leilão, pelo qual a cada poucos anos confiamos o poder de legislar aos que prometem aos seus apoiadores os maiores benefícios especiais. Porém, como mostraremos mais adiante, existem sistemas alternativos de democracia melhores do que esse de uma assembleia única e onipotente com poderes ilimitados, que gerou o sistema político de chantagem e corrupção.

A superstição construtivista da soberania

A concepção de que a maioria do povo (ou os seus representantes eleitos) deve ser livre para decretar tudo que possa estar de acordo, e que nesse sentido deve ser considerada como onipotente, está intimamente relacionada com a concepção de soberania popular. O seu erro reside não na crença de que todo poder existente deve pertencer ao povo, e de que os seus desejos devem ser expressos pelas decisões da maioria, mas na crença de que essa fonte suprema de poder deve ser ilimitada, ou seja, a própria ideia de soberania. A pretensa necessidade lógica dessa fonte de poder ilimitada simplesmente não existe. Como já vimos, a crença em tal necessidade é fruto da falsa interpretação construtivista da formação das instituições humanas, que procura remontá-las todas a um projetista original ou algum outro ato deliberado de vontade. No entanto, a fonte básica da ordem social não é uma decisão deliberada de adotar certas normas comuns, mas a existência de certas opiniões sobre o que é certo e errado entre as pessoas. O que possibilitou a Grande Sociedade não foi uma imposição deliberada de normas de conduta, mas o desenvolvimento dessas normas entre homens que tinham pouca ideia acerca de quais seriam as consequências da sua observância geral.

Como todo poder se baseia em opiniões preexistentes, durando apenas enquanto estas prevalecem, não existe uma fonte pessoal real desse poder e nenhuma vontade deliberada que o criou. A concepção de soberania se assenta numa construção lógica enganosa que parte da suposição inicial de que as normas e as instituições existentes resultam de uma vontade uniforme que visou a sua criação. Contudo, longe de surgir de semelhante vontade preexistente capaz de impor ao povo todas as normas que desejar, uma sociedade de homens livres pressupõe que todo poder é limitado pelas crenças comuns que os unem, e que onde não há acordo nenhum poder existe.[16]

Exceto quando a unidade política é criada pela conquista, o povo se submete à autoridade não para autorizá-la a fazer o que ela quiser, mas porque confia em alguém para agir em conformidade com certas concepções comuns a respeito do que é justo. Não há primeiro uma sociedade à qual então se dão normas, mas são normas comuns que unem bandos dispersos numa sociedade. As condições de submissão à autoridade reconhecida tornam-se um limite permanente dos seus poderes porque são a condição de coesão e até de existência do estado — e na era liberal essas condições de submissão implicavam que a coerção só poderia ser empregada para a aplicação das normas gerais de conduta justa reconhecidas. A concepção de que deve haver uma vontade ilimitada como fonte de todo poder é fruto de uma hipóstase construtivista, ou seja, uma ficção tornada necessária pelos falsos pressupostos factuais do positivismo jurídico, mas sem relação com as fontes reais de submissão.

CAPÍTULO 13 • A DIVISÃO DOS PODERES DEMOCRÁTICOS

A primeira pergunta que devemos sempre fazer ao observarmos a estrutura dos poderes governamentais não é quem possui esse ou aquele poder, mas se o exercício desse poder por qualquer órgão se justifica pelas condições implícitas de submissão a ele. Portanto, o limite supremo do poder não é a vontade de uma pessoa em questões específicas, mas algo bem diferente: a concordância de opiniões entre os membros de determinado grupo territorial sobre normas de conduta justa. A conhecida afirmação de Francis Bacon, fonte última do positivismo jurídico, de que "um poder supremo e absoluto não pode se encerrar em si mesmo, nem aquilo que é revogável na sua própria natureza pode ser imobilizado"[17] pressupõe, portanto, erroneamente uma derivação de todo o poder de algum ato de vontade intencional. Porém, a resolução de "nos deixarmos ser governados por um homem bom, mas se ele for injusto nós o expulsaremos" não significa que lhe conferimos poderes ilimitados ou poderes que já possuímos! O poder não deriva de um único lugar, mas se baseia no apoio da opinião comum de certos princípios e não vai além desse apoio. Ainda que a fonte suprema de decisões deliberadas não possa limitar efetivamente os seus próprios poderes, ela mesma é limitada pela fonte da qual o seu poder deriva, que não é outro ato de vontade, e sim um estado de opinião predominante. Não há motivo para que a submissão ao estado, e por conseguinte a autoridade do estado, deva sobreviver à apropriação dos poderes arbitrários que nem têm o apoio do público nem podem ser impostos com eficácia pelo governo usurpador.

No mundo ocidental, a soberania ilimitada quase nunca foi reivindicada por alguém desde a antiguidade até a chegada do absolutismo no século XVI. Certamente não foi concedida aos príncipes medievais e raramente foi reivindicada por eles. E embora tenha sido reivindicada com sucesso pelos monarcas absolutos da Europa continental, só foi realmente aceita como legítima depois do advento da democracia moderna, que nesse sentido herdou a tradição do absolutismo. Até então se mantivera viva a concepção de que a legitimidade se baseava, em última instância, na aprovação pelo povo em geral de certos princípios fundamentais subjacentes e limitantes de todo governo, e não no seu consentimento a medidas particulares. Porém, quando esse consentimento explícito, idealizado como um controle sobre o poder, passou a ser considerado a única fonte de poder, a concepção do poder ilimitado foi investida, pela primeira vez, da aura de legitimidade.

A ideia referente à onipotência de alguma autoridade em consequência da origem do seu poder é, portanto, basicamente, uma degeneração que, sob a influência da abordagem construtivista do positivismo jurídico, se manifestou onde quer que a democracia tenha existido por algum tempo. No entanto, não é de modo algum uma consequência necessária da democracia, mas apenas uma consequência da crença enganosa de que, uma vez adotados os procedimentos democráticos, todos os resultados do mecanismo de verificação da vontade da maioria correspondem de fato à *opinião* de uma maioria, e que não há limite para o número de questões em que a concordância da maioria pode ser verificada por esse método. Essa crença foi ajudada pela ideia ingênua de que dessa forma o povo estava "agindo em conjunto"; e se difundiu uma espécie de conto de fadas de que "o povo" está fazendo coisas e que isso é moralmente preferível às ações distintas dos indivíduos. No final das contas, essa fantasia resultou na curiosa teoria de que o processo democrático de tomada de decisão sempre é voltado para o bem comum — o bem comum sendo definido como as conclusões geradas pelos procedimentos democráticos. O absurdo disso é demonstrado pelo fato de que procedimentos diferentes, mas igualmente justificáveis, para se chegar a uma decisão democrática podem gerar resultados muito diferentes.

A divisão necessária dos poderes das assembleias representativas

A teoria clássica do governo representativo presumia que o seu objetivo poderia ser alcançado ao permitir que a divisão entre o legislativo e o governo coincidisse com a divisão entre uma assembleia representativa eleita e um órgão executivo designado por ela. Não conseguiu instituir essa divisão porque havia, é claro, fortes argumentos a favor tanto do governo democrático quanto da legislação democrática, e a assembleia única democraticamente eleita reivindicou inevitavelmente tanto o direito de controlar o governo como o poder de legislar. Assim, passou a combinar os poderes legislativos com os poderes executivos. O resultado foi a restauração da instituição monstruosa de um poder absoluto não limitado por quaisquer normas. Acredito que chegará um dia em que as pessoas sentirão o mesmo horror ante a ideia de um conjunto de homens, mesmo autorizado pela maioria dos cidadãos, que possui o poder de ordenar tudo o que quiser, como sentem hoje em relação à maioria das outras formas de governo autoritário. Isso cria uma barbárie, não porque tenhamos dado poder aos bárbaros, mas porque liberamos o poder da restrição das normas, gerando efeitos inevitáveis, sejam quais forem as pessoas a quem esse poder é confiado. Pode muito bem ser que pessoas comuns muitas vezes tenham um senso de justiça mais forte que o de qualquer elite intelectual guiada pelo desejo de uma reconstrução deliberada; no entanto, quando não são limitados por quaisquer normas, tendem a agir de maneira mais arbitrária do que qualquer elite ou mesmo um monarca único assim limitado. Isso acontece não porque a fé no homem comum seja inapropriada, mas porque com isso lhe é confiada uma tarefa que supera as capacidades humanas.

Embora o governo propriamente dito, no desempenho das suas incumbências características, não possa ficar estritamente preso a normas, os seus poderes devem, por isso mesmo, sempre ser limitados em extensão e escopo, especificamente restritos à administração de uma oferta bastante circunscrita de recursos confiados aos seus cuidados. No entanto, todo poder que não esteja assim restrito a um determinado volume de bens materiais, mas seja ilimitado em extensão, dever ficar restrito à aplicação de normas gerais; ao passo que os que têm o poder normativo devem ficar restritos a cuidar da aplicação dessas normas gerais, sem nenhum poder de decisão a respeito de medidas específicas. Em outras palavras, todo poder supremo deve se sujeitar à prova da justiça, e ser livre para fazer o que deseja apenas na medida em que estiver preparado a se comprometer com um princípio que deve ser aplicado em todos os casos semelhantes.

O objetivo das constituições tem sido impedir toda ação arbitrária. Porém, nenhuma delas conseguiu ainda alcançar esse objetivo. A crença de que conseguiram, contudo, levou as pessoas a considerar os termos "arbitrário" e "inconstitucional" como equivalentes. Mas a prevenção da arbitrariedade, ainda que seja um dos objetivos, não constitui, de modo algum, um efeito necessário da obediência a uma constituição. A esse respeito, a confusão é resultante da concepção equivocada do positivismo jurídico. A prova para saber se uma constituição cumpre a sua finalidade é, de fato, a prevenção eficaz da arbitrariedade; mas isso não significa que toda constituição proporciona uma prova adequada do que é arbitrário, ou que algo permitido por uma constituição não possa, ainda assim, ser arbitrário.

Se o poder supremo deve sempre provar a justiça das suas intenções submetendo-se a normas gerais, isso requer arranjos institucionais que assegurem que as normas gerais prevaleçam sobre os desejos particulares dos detentores da autoridade — incluindo até mesmo o caso em que uma ampla maioria favorece uma determinada ação, mas outra maioria muito menor estaria disposta a se comprometer com uma norma que impediria essa ação. (Essa conduta não é incompatível com a primeira, pois seria inteiramente racional preferir que ações como as que estão em causa fossem totalmente proibidas, mas privilegiar, na medida em que são permitidas, uma em particular.) Ou, em outras palavras, mesmo a ampla maioria, nos seus atos coercitivos, *apenas* deve poder infringir uma norma previamente estabelecida se estiver disposta a revogá-la e se comprometer com uma nova. A legislação, no verdadeiro sentido, deve sempre ser um compromisso de agir com base em princípios declarados, e não uma decisão de como agir num caso específico. Portanto, deve visar essencialmente os efeitos a longo prazo e se orientar para um futuro cujas circunstâncias específicas ainda não são conhecidas; e as leis resultantes devem ter por meta ajudar pessoas desconhecidas em prol dos seus propósitos igualmente desconhecidos. Essa tarefa exige, para o sucesso da sua realização, não homens envolvidos com situações particulares ou comprometidos com a defesa de determinados interesses, mas sim homens livres para encarar os seus encargos do ponto de vista da conveniência a longo prazo das normas estabelecidas para a comunidade em geral.

Embora a verdadeira legislação seja, portanto, basicamente uma tarefa que exige uma visão de longo prazo, ainda mais do que a da elaboração de uma constituição, difere desta última por ser uma tarefa contínua, um esforço persistente para aprimorar gradualmente as leis e adaptá-las a novas condições — essencialmente ajudando quando a jurisdição não consegue acompanhar o ritmo de uma rápida evolução dos fatos e das opiniões. Ainda que possa requerer decisões formais apenas em longos intervalos, exige aplicação e estudo constantes do tipo para os quais os políticos, atarefados em cortejar os seus partidários e ocupados com assuntos urgentes que demandam célere solução, realmente não terão tempo.

A função de legislar propriamente dita difere da função de elaborar uma constituição também no sentido de que se ocupará de normas de caráter mais geral do que aquelas contidas numa constituição. Uma constituição se ocupa sobretudo da organização do governo e da alocação dos diferentes poderes às várias partes dessa organização. Embora muitas vezes seja desejável incluir nos documentos formais que "constituem" a organização do estado alguns princípios de justiça substantiva para lhes conferir proteção especial, ainda é verdade que uma constituição é essencialmente uma superestrutura erigida para servir à aplicação das concepções existentes de justiça, mas não para expressá-las: ela pressupõe a existência de um sistema de normas de conduta justa e propicia apenas um mecanismo para a sua aplicação regular.

Nesse momento, não precisamos nos estender mais, pois tudo o que queremos assinalar aqui é que o encargo da verdadeira legislação é tão diferente daquele de elaborar uma constituição quanto daquele de governar, e que deve ser tão pouco confundido com o primeiro como com o segundo. Disso resulta que, para evitar essa confusão, é necessário um sistema de três níveis de organismos representativos, dos quais um se ocuparia com a estrutura semipermanente da constituição e só precisaria atuar em longos intervalos, quando alterações nessa estrutura são consideradas necessárias; outro teria a incumbência contínua do aprimoramento gradual das normas gerais de conduta justa; e o terceiro teria a atribuição da condição corrente do governo, isto é, a administração dos recursos que lhe são confiados.

Democracia ou demarquia?

Não podemos analisar aqui mais detalhadamente as mudanças que o significado do conceito de democracia sofreu por causa da sua transferência cada vez mais comum da esfera política, em que é apropriado, para outras esferas, em que é muito duvidoso que possa ser aplicado de forma significativa:[18] e se o abuso persistente e deliberado do conceito pelos comunistas em expressões como "democracias populares", que evidentemente carecem até das características mais básicas de uma democracia, não o torna inadequado para designar o ideal que originalmente pretendia expressar. Essas tendências são mencionadas aqui só porque estão contribuindo ainda mais para privar o termo "democracia" de um significado claro e transformá-lo numa palavra-fetiche utilizada para revestir com uma aura de legitimidade quaisquer reivindicações de um grupo que quer moldar alguma característica da sociedade ao seus desejos especiais.

A legitimidade das demandas por mais democracia se torna particularmente questionável quando elas são direcionadas para a maneira pela qual as organizações de diversos tipos são administradas. Os problemas que surgem nesse caso se apresentam de imediato quando se pergunta quem deve ser considerado "membro" dessas organizações para as quais se reivindica participação na sua direção. Não é de modo algum óbvio que alguém que considere do seu interesse vender os seus serviços a uma organização deva com isso também conseguir um papel ativo na sua administração ou na determinação dos seus objetivos. Todos sabemos que a condução da campanha de um exército não pode ser dirigida democraticamente. O mesmo acontece com operações simples como a construção de uma casa, a direção de uma empresa ou a administração da máquina burocrática do governo.

E quem são os "membros" de um hospital, de um hotel, de um clube, de um estabelecimento de ensino ou de uma loja de departamentos? Aqueles que prestam serviços a essas instituições, aqueles a quem essas instituições prestam serviços ou aqueles que fornecem os meios materiais necessários para a prestação dos serviços? Faço essas perguntas apenas para deixar claro que o termo "democracia", ainda que todos nós ainda o usemos e tenhamos a sensação de que devemos defender o ideal que evoca, deixou de expressar uma concepção definida, com a qual alguém pode se comprometer sem maiores explicações, e que, em algum dos sentidos em que atualmente costuma ser empregado, tornou-se uma séria ameaça aos ideais que outrora pretendeu representar. Embora eu acredite firmemente que o governo deve ser conduzido segundo princípios aprovados pela maioria do povo, e deve ser assim administrado se quisermos preservar a paz e a liberdade, devo admitir francamente que *se* a democracia é entendida como governo conduzido pela vontade irrestrita da maioria, não sou um democrata e considero inclusive esse governo pernicioso e, a longo prazo, impraticável.

Uma questão que já surgiu aqui é se aqueles que acreditam no ideal original da democracia ainda podem se valer de forma útil dessa antiga designação para expressá-lo. Cheguei a duvidar seriamente se isso ainda é conveniente e me sinto cada vez mais convencido de que, se quisermos preservar o ideal original, talvez tenhamos que inventar um novo nome para ele. O que precisamos é de uma palavra que expresse o fato de que a *vontade* da maioria é impositiva e obrigatória às demais pessoas se a maioria prova a sua intenção de agir com justiça, submetendo-se a uma norma geral. Isso pede um nome que indique um sistema em que o que confere o poder legítimo a uma maioria não é a pura força, mas a convicção comprovada de que ela considera justo o que decreta.

Acontece que o termo grego "democracia" foi formado mediante a combinação da palavra que designava povo (*demos*) com um dos dois termos disponíveis para designar poder, especificamente *kratos* (ou o verbo *kratein*), que ainda não havia sido utilizado em tal combinação para outros fins. No entanto, *kratein*, ao contrário do verbo alternativo *archein* (empregado em palavras compostas como monarquia, oligarquia, anarquia etc.), parece enfatizar a força bruta, e não o governo por normas! A razão pela qual, na Grécia antiga, o último radical não podia ser usado para formar o termo "demarquia" como expressão de um governo pelo povo é que o termo "demarca" já havia sido apropriado (pelo menos em Atenas) por um uso anterior para o cargo de chefia de um grupo ou distrito local (o *demo*) e, portanto, não estava mais disponível como caracterização do governo pelo povo em geral. Isso não nos impede hoje de adotar o termo "demarquia" em relação ao ideal para o qual o termo "democracia" foi originalmente adotado ao suplantar gradualmente a expressão mais antiga, *isonomia*, que evocava o ideal de uma lei igual para todos.[19] Isso nos daria o novo nome de que precisamos se quisermos preservar o ideal básico numa época em que, por causa do abuso crescente do termo "democracia" em relação a sistemas que levam à criação de novos privilégios por coalizões ou grupos de interesse, cada vez mais pessoas se voltarão contra esse sistema vigente. Caso uma reação tão justificada contra o abuso do termo não seja para desacreditar o próprio ideal, levando as pessoas, no seu desencanto, a aceitar formas de governo muito menos desejáveis, parece-me necessário que tenhamos uma nova palavra, como demarquia, para designar o velho ideal por meio de um nome não deslegitimado pelo abuso prolongado.

CAPÍTULO 14

O SETOR PÚBLICO E O SETOR PRIVADO

A distinção entre legislação e tributação é essencial para a liberdade.
WILLIAM PITT, CONDE DE CHATHAM*

A dupla função do governo

Como neste livro estamos sobretudo preocupados com os limites que uma sociedade livre deve impor aos poderes coercitivos do governo, o leitor pode ter a falsa impressão de que consideramos a aplicação da lei e a defesa contra inimigos externos como as únicas funções legítimas do governo. De fato, alguns teóricos do passado defenderam semelhante "estado mínimo".[1] Talvez seja verdade que em certas condições, quando um aparelho governamental pouco desenvolvido ainda mal consegue desempenhar essa função primária, seria sensato limitá-lo a isso, pois um encargo adicional excederia os seus parcos poderes, e o efeito de tentar em maior grau seria que nem sequer proporcionaria as condições indispensáveis para o funcionamento de uma sociedade livre. No entanto, essas considerações não são pertinentes às sociedades ocidentais avançadas, e não têm nada a ver com o objetivo de assegurar a liberdade individual a todos ou com o uso mais pleno das forças ordenadoras espontâneas de uma Grande Sociedade.

Longe de defender esse "estado mínimo",[2] consideramos inquestionável que, numa sociedade avançada, o governo deve utilizar o seu poder de arrecadar recursos financeiros por meio da tributação para prestar uma série de serviços que, por várias razões, não podem ser prestados, ou não podem ser prestados adequadamente, pelo mercado. Aliás, pode-se afirmar que, mesmo que não houvesse outra necessidade em relação à coerção, visto que todos obedecem voluntariamente às normas tradicionais de conduta justa, ainda existiria um argumento decisivo a favor de conferir às autoridades territoriais o poder de fazer com que os habitantes contribuíssem para um fundo comum a partir do qual esses serviços pudessem ser financiados. A alegação de que quando o mercado pode ser criado para fornecer os serviços requeridos constitui o método mais eficaz de fazê-lo não implica que não possamos recorrer a outros métodos quando este não é aplicável. Tampouco pode ser seriamente questionado que quando certos serviços só podem ser prestados se todos os beneficiários são obrigados a contribuir para os seus custos, porque esses serviços não podem ser limitados àqueles que pagam por eles, apenas o governo deveria ter o direito de usar esses poderes coercitivos.

Qualquer discussão adequada sobre a maneira pela qual as atividades de serviço do governo devem ser regulamentadas, ou a respeito da captação e administração dos recursos materiais colocados à disposição do governo para esses serviços controlados, exigiria outro volume aproximadamente das mesmas dimensões deste. Tudo o que podemos tentar fazer aqui, num único capítulo, é indicar a ampla gama dessas atividades completamente legítimas que, como administrador de recursos comuns, o governo pode legitimamente realizar. O propósito desse esboço não pode ser mais do que evitar a impressão de que, ao limitar as atividades *coercitivas* e o monopólio governamental à aplicação das normas de conduta justa, à defesa e à cobrança de impostos para financiar as suas atividades, queremos restringir totalmente o governo a essas funções.

Embora seja a posse de poderes coercitivos que permite ao governo obter os recursos para a prestação de serviços que não podem ser prestados comercialmente, isso não significa que, como fornecedor ou organizador desses serviços, ele deva ser capaz de usar esse poderes. Veremos que a necessidade de recorrer a poderes coercitivos para arrecadar os recursos não significa necessariamente que esses serviços também devam ser organizados pelo governo. O fato de a organização pelo governo ser às vezes a maneira mais conveniente de supri-los certamente não significa que, como provedor dos serviços, o governo precise ou deva reivindicar quaisquer dos atributos de autoridade e reverência que desfruta tradicionalmente e com razão nas suas funções consagradas (e que, especialmente na tradição alemã, encontraram a sua expressão mais marcante na mística do *Hoheit* e *Herrschaft*). Na realidade, é da maior importância mantermos claramente separadas essas atribuições completamente diferentes do governo, sem conferir a ele, nas suas funções de prestador de serviços, a autoridade que lhe concedemos na aplicação das leis e na defesa contra os inimigos. Não há nenhuma razão para que essa autoridade ou direito exclusivo seja transferido aos órgãos de serviço puramente utilitários confiados ao governo simplesmente porque só ele pode financiá-los. Não há nada de repreensível em tratar esses órgãos como aparelhos puramente utilitários, tão úteis quanto o açougue ou a padaria, mas não mais do que isso — e de certo modo mais suspeitos, por causa dos poderes de coerção que podem empregar para cobrir os seus custos. Se a democracia moderna costuma não mostrar pela lei o respeito que lhe é devido, ela também tende a exaltar indevidamente o papel do estado na sua função de prestador de serviços e a reivindicar para ele, nesse papel, privilégios que só deveria possuir como defensor da lei e da ordem.

Bens coletivos

A eficácia da ordem de mercado e da instituição da propriedade privada baseia-se no fato de que, na maioria das vezes, os produtores de bens e serviços particulares serão capazes de determinar quem se beneficiará deles e quem pagará pelos seus custos. A condição em que os benefícios por causa das atividades de uma pessoa sejam restritos aos que se dispõem a pagar por eles e sejam negados aos que não se dispõem (e, analogamente, que todo dano causado deve ser pago) é em grande medida satisfeita no que concerne às mercadorias de propriedade privada: geralmente, a posse de um determinado bem móvel confere ao proprietário o controle sobre grande parte dos efeitos benéficos ou prejudiciais do seu uso. No entanto, assim que passamos de mercadorias, no sentido estrito, para a terra, isso é verdade apenas até certo ponto. Muitas vezes é impossível limitar os efeitos do que alguém faz com a sua própria terra à sua área específica; e daí surgem aqueles "efeitos de vizinhança" que não serão levados em conta enquanto o proprietário só tiver que considerar os efeitos na sua propriedade. Daí também surgem os problemas relativos à poluição do ar ou da água e similares. Nesses aspectos, os cálculos realizados pelos indivíduos, levando em conta apenas os efeitos sobre os seus domínios protegidos, não assegurarão o equilíbrio entre custos e benefícios, que em geral só será alcançado quando se tratar do uso de determinados bens móveis em relação aos quais somente o proprietário experimentará os efeitos do seu uso.

Em alguns casos, as condições que o mercado exige para desempenhar a sua função ordenadora só serão satisfeitas em relação a alguns dos resultados das atividades dos indivíduos. Em geral, essas atividades ainda serão orientadas eficazmente pelo mecanismo de preços, mesmo que alguns dos seus efeitos se propaguem em pessoas que não pagam pelos benefícios recebidos ou não são indenizadas pelos danos a elas causados. Nessas situações, os economistas falam de efeitos *externos* (positivos ou negativos). Em outras situações, no entanto, é impossível tecnicamente, ou seria proibitivamente dispendioso, restringir certos serviços a determinadas pessoas, de modo que esses serviços só podem ser fornecidos a todas elas (ou, pelo menos, serão fornecidos de maneira mais barata e mais eficaz se forem fornecidos a todos). A esta categoria pertencem não só casos óbvios como a proteção contra a violência e as epidemias, ou contra forças naturais como inundações ou avalanches, mas também muitas das comodidades que tornam tolerável a vida nas cidades modernas: a maioria das estradas (exceto algumas rodovias de longa distância, em que podem ser cobrados pedágios), a fixação de medidas-padrão e o fornecimento de diversos tipos de informação, incluindo registros de imóveis, mapas, estatísticas e a certificação da qualidade de alguns bens ou serviços ofertados no mercado. Em muitos casos, a prestação desses serviços pode não trazer nenhum ganho para aqueles que a assumem e, desse modo, não serão fornecidos pelo mercado. Esses são os bens coletivos ou públicos propriamente ditos, para cuja provisão será necessário criar outro método que não o da venda aos usuários individuais.

A princípio, pode-se pensar que para esses propósitos a coerção seria desnecessária, porque o reconhecimento de um interesse comum que só pode ser satisfeito pela ação comum levaria um grupo de pessoas sensatas a participar da organização desses serviços e pagar por eles. Todavia, ainda que isso tenda a acontecer em grupos relativamente pequenos, certamente não é verdade em relação a grandes grupos. Quando grandes números estão envolvidos, a maioria dos indivíduos, por mais que deseje a prestação desses serviços, acredita razoavelmente que não faz diferença para os resultados a concordância em contribuir ou não para os custos. Tampouco qualquer indivíduo que concorde em contribuir tem a garantia de que os demais também vão contribuir e que, portanto, o objetivo será alcançado. De fato, considerações totalmente racionais levam cada indivíduo, embora desejando que todos os demais contribuam, a se recusar a fazê-lo.[3] Se, por outro lado, ele sabe que a coerção só pode ser posta em prática caso aplicada a todos, inclusive a si mesmo, será racional para ele concordar em ser compelido, desde que essa coerção também seja aplicada aos demais. Em muitos casos, essa será a única maneira pela qual podem ser fornecidos os bens coletivos que são desejados por todos ou pelo menos por uma grande maioria.

A moralidade desse tipo de coerção relativo à ação positiva talvez não seja tão óbvia quanto a moralidade das normas que simplesmente impedem o indivíduo de infringir o domínio protegido dos outros. Especificamente, quando o bem coletivo em questão não é desejado por todos ou pelo menos por uma maioria considerável, isso suscita sérios problemas. No entanto, será evidentemente do interesse de diferentes indivíduos concordar que a cobrança compulsória dos recursos também seja utilizada para propósitos que não lhe interessam, na medida em que os demais sejam igualmente obrigados a contribuir para os fins que eles desejam, mas os demais não. Embora isso dê a impressão de que os indivíduos foram obrigados a atender propósitos que não lhes interessam, uma maneira menos enganosa de encarar tal fato é considerá-lo como uma espécie de troca: cada um concordando em contribuir para um fundo comum segundo os mesmos princípios uniformes, no pressuposto de que os seus desejos em relação aos serviços a serem financiados por esse fundo serão satisfeitos proporcionalmente às suas contribuições. Na medida em que cada um pode esperar obter desse fundo comum serviços que valham mais para ele do que aquilo que é obrigado a contribuir, será do seu interesse submeter-se à coerção. Como no caso de diversos bens coletivos não será possível determinar com precisão quem se beneficiará deles ou em que medida, tudo o que podemos visar será que cada um sinta que, no agregado, todos os bens coletivos fornecidos para ele valem pelo menos tanto quanto a contribuição que ele é obrigado a fazer.

Em relação a muitos bens coletivos que satisfazem as necessidades apenas dos moradores de uma determinada região ou localidade, esse objetivo pode ser mais facilmente alcançado se não apenas a administração dos serviços como também a tributação forem entregues a uma autoridade local, e não a uma autoridade central. Se na maior parte deste livro, por uma questão de brevidade, precisamos, via de regra, falar do governo no singular e enfatizar que só ele possui o poder de arrecadação compulsória de recursos financeiros, isso não deve ser mal interpretado no sentido de que esse poder precisa se concentrar numa autoridade central única. Um arranjo satisfatório para o fornecimento de bens coletivos parece exigir que a tarefa seja delegada em grande parte às autoridades locais e regionais. No âmbito deste livro, teremos pouca oportunidade de considerar toda a questão da centralização *versus* descentralização do governo, ou do governo unitário *versus* federalismo. Podemos apenas destacar aqui que a nossa ênfase na coerção como monopólio governamental de modo algum implica necessariamente que esse poder coercitivo deve se concentrar num governo central único. Ao contrário, a delegação de todos os poderes que podem ser exercidos localmente a órgãos cujos poderes estão restritos à localidade é provavelmente a melhor maneira de assegurar que os ônus e os benefícios da ação governamental serão aproximadamente proporcionais.

Dois aspectos devem ser especialmente lembrados ao longo da análise a seguir do setor público. O primeiro é que, ao contrário da suposição que costuma ser feita de forma tácita, o fato de que alguns serviços precisam ser financiados por contribuições compulsórias não implica de forma alguma que eles também devam ser administrados pelo governo. Uma vez resolvido o problema do financiamento, muitas vezes o método mais eficaz será deixar a organização e a gestão desses serviços a cargo de empresas concorrentes e se valer de métodos adequados de rateio dos recursos financeiros arrecadados compulsoriamente entre os produtores conforme a preferência expressa dos usuários. O professor Milton Friedman criou um engenhoso esquema desse tipo para o financiamento da educação por meio de *vouchers* a serem entregues aos pais das crianças e usados por eles como pagamento total ou parcial dos serviços prestados pelas escolas de sua escolha, um princípio aplicável a muitas outras áreas.[4]

O segundo aspecto importante a ser lembrado o tempo todo é que, no caso de bens coletivos propriamente ditos, assim como em alguns casos de "efeitos externos" que transformam parte dos efeitos de atividades individuais numa espécie de bem coletivo (ou estorvo coletivo), recorremos a um método *inferior* de prestação desses serviços porque estão ausentes as condições necessárias para o seu fornecimento pelo método mais eficiente, ou seja, por meio do mercado. Quando os serviços em questão são prestados de forma mais eficaz se a sua produção é orientada pelo mecanismo espontâneo do mercado, então é desejável recorrer a ele, usando o método coercitivo de determinação central apenas para a captação de recursos financeiros, mas deixando a organização da produção desses serviços e a distribuição dos recursos disponíveis entre os diferentes produtores tanto quanto possível a cargo das forças do mercado. E uma das considerações norteadoras ao recorrer à técnica da organização deliberada, quando esta é indispensável para a realização de determinados objetivos, deve sempre ser que não façamos isso de forma que prejudique o funcionamento da ordem espontânea do mercado da qual permanecemos dependentes para muitas outras necessidades, e muitas vezes mais importantes.

A delimitação do setor público

Se o governo tem o direito exclusivo de coerção, isso muitas vezes significa que ele é o único capaz de prover certos serviços que devem ser financiados por arrecadação coercitiva. No entanto, isso não significa que o direito de fornecimento desses serviços deva ser reservado ao governo se outros meios são encontrados para fornecê-los. Às vezes, a distinção vigente entre setor público e privado é considerada incorretamente como significando que alguns serviços, além da aplicação de normas de conduta justa, devem ser reservados ao governo por lei. Não há justificativa para isso. Mesmo que em determinadas circunstâncias apenas o governo seja de fato capaz de prover determinados serviços, isso não é motivo para proibir entidades privadas de tentar encontrar métodos de fazê-lo sem o uso de poderes coercitivos. É ainda mais importante que a maneira pela qual o governo presta esses serviços não seja tal que impossibilite os outros de fazê-lo. Novos métodos podem ser encontrados para tornar vendável um serviço que anteriormente não podia ser restringido àqueles dispostos a pagar por ele, e assim tornar o método do mercado aplicável a áreas em que antes era inaplicável. A radiodifusão é um exemplo: na medida em que a transmissão de qualquer estação pode ser recebida por qualquer pessoa, a venda para determinados ouvintes de um programa é impossível. Porém, o avanço técnico pode muito bem abrir a possibilidade de limitar a recepção aos que utilizam equipamentos especiais, viabilizando o funcionamento do mercado.

Portanto, o que em geral é definido como setor público não deve ser interpretado como um conjunto de funções ou serviços reservados ao governo; deve, antes, ser considerado um montante limitado de recursos materiais postos à disposição do governo para a prestação de serviços que lhe foram solicitados. Nesse sentido, o governo não precisa de outro poder especial além do de arrecadar recursos compulsoriamente, conforme algum princípio uniforme, mas, ao administrá-los, não deve desfrutar de nenhum privilégio especial e deve estar sujeito às mesmas normas gerais de conduta e à concorrência potencial como qualquer outra organização.

A existência de tal setor público[5] englobando todos os recursos materiais e humanos postos sob o controle do governo, e todas as instituições e comodidades fornecidas e mantidas por ele para uso geral, cria problemas de regulamentação que são atualmente decididos por meio da legislação. No entanto, as "leis" elaboradas para esse fim são de caráter muito diferente daquelas normas universais de conduta que até agora consideramos como *o direito*. Elas regulam o uso pelas pessoas de comodidades públicas como estradas e diversos outros serviços públicos fornecidos pelo governo para uso geral. As normas exigidas terão evidentemente a natureza de normas organizacionais visando resultados específicos, e não de normas de conduta justa delimitando esferas privadas; e o seu conteúdo será determinado sobretudo por fatores de eficiência ou conveniência, e não de justiça. São questões de governo, não de legislação propriamente dita; e embora ao estabelecer essas normas para o uso dos serviços que presta o governo deva estar sujeito a certos requisitos gerais de justiça, como o de evitar a discriminação arbitrária, o conteúdo substantivo das normas será determinado principalmente por razões de conveniência ou eficiência dos serviços a serem prestados.

Um bom exemplo dessas normas para uso de instituições públicas que costuma ser mencionado equivocadamente como caso de normas de conduta justa é o código de trânsito, ou todo o sistema de regras de tráfego. Ainda que essas normas também tenham a forma de normas de conduta, diferem das normas universais de conduta justa por não delimitarem domínios privados e não se aplicarem universalmente, mas apenas ao uso de certas comodidades fornecidas pelo governo. (O código de trânsito, por exemplo, não se aplica ao tráfego num parque privado, fechado ao público em geral.)

Embora esses regulamentos especiais para o uso de comodidades fornecidas pelo governo ao público sejam indiscutivelmente necessários, devemos nos precaver contra a tendência vigente de estender esse conceito de regulamentação a outros supostos locais públicos disponibilizados comercialmente pela iniciativa privada. Um teatro, uma fábrica, uma loja de departamentos, uma quadra esportiva ou um edifício de uso geral de propriedade privada não se torna um local público no sentido estrito porque o público em geral é convidado a utilizá-lo. Sem dúvida, existe um argumento convincente para o estabelecimento de normas uniformes segundo as quais esses locais podem ser abertos ao público: é evidentemente desejável que, ao entrar em tais locais, seja possível presumir que certas exigências sanitárias e de segurança tenham sido atendidas. Porém, as normas que devem ser observadas na abertura das instituições privadas para uso geral se enquadram em uma categoria um tanto diferente das normas elaboradas para o uso e a administração das instituições oferecidas e mantidas pelo governo. O seu conteúdo não será determinado pela finalidade da instituição, e o seu objetivo será simplesmente proteger as pessoas que utilizam as suas comodidades informando-as daquilo com que podem contar em qualquer local em que sejam convidadas a entrar para os seus próprios propósitos, e o que elas poderão fazer ali. É claro que o proprietário terá a liberdade de acrescentar a essas exigências legais referentes a qualquer local aberto ao público em geral as suas próprias condições especiais em que se disporá a admitir os frequentadores. E a maioria das regulamentações especiais que serão estabelecidas para o uso de determinados serviços prestados pelo governo são desse tipo, e não de normas gerais.

O setor independente

Que o "setor público" não deve ser concebido como um conjunto de finalidades para cuja realização o governo detém o monopólio, mas sim como um conjunto de necessidades que o governo é solicitado a satisfazer enquanto e na medida em que não podem ser atendidas de outras maneiras, é particularmente importante lembrar em relação a outra questão importante que só podemos abordar aqui ainda mais brevemente. Embora o governo possa ter que intervir onde o mercado não consegue fornecer um serviço necessário, o uso do seu poder coercitivo para arrecadar os recursos desejados não costuma ser a única nem a melhor alternativa. Ele pode ser o meio mais eficaz de prover bens coletivos nos casos em que são desejados pela maioria, ou pelo menos por uma parcela da população suficientemente numerosa para fazer o seu peso ser sentido politicamente. No entanto, sempre haverá diversos serviços desejados, que são necessários para muitos e que têm todas as características de bens coletivos, mas pelos quais apenas um número relativamente pequeno de pessoas se interessa. O grande mérito do mercado é que ele atende tanto as minorias quanto as maiorias. Há algumas áreas, sobretudo aquelas que costumam ser consideradas de interesse "cultural", em que deve parecer até mesmo duvidoso que os pontos de vista da maioria devam poder ganhar uma influência preponderante, ou que os dos pequenos grupos sejam ignorados — como tende a acontecer quando a organização política se torna o único canal pelo qual algumas ideias podem se expressar. De início, todas as novas ideias e todos os desejos são necessariamente ideias e desejos de uns poucos, e se sua satisfação dependesse da aprovação da maioria, grande parte do que a maioria talvez aprendesse a gostar, depois de ter sido a elas exposta, nunca se tornariam acessíveis.

Convém lembrar que muito antes de o governo ter ingressado nessas áreas, muitas das necessidades coletivas, agora de reconhecimento geral, eram satisfeitas pelas iniciativas dos indivíduos ou grupos com espírito público para prover meios em prol dos fins públicos que consideram importantes. A educação pública e os hospitais públicos, as bibliotecas e os museus, os teatros e os parques não foram criados inicialmente pelos governos. E embora os governos tenham atualmente assumido o controle em grande medida dessas áreas em que os benfeitores privados abriram caminho,[6] ainda há necessidade da iniciativa privada em muitas áreas cuja importância ainda não é de reconhecimento geral e em que não é possível ou desejável que o governo assuma o controle.

No passado, foram inicialmente as igrejas, mas mais recentemente, e em especial no mundo anglófono, foram em grande parte as fundações e dotações, as associações privadas e as inúmeras instituições particulares de caridade e assistência social que abriram o caminho. Até certo ponto, estas tiveram a sua origem na entrega de grandes fortunas privadas para diversos fins filantrópicos. Porém, muitas foram criadas graças a idealistas com poucos recursos que dedicaram a sua capacidade organizacional e propagandista a uma determinada causa. Não resta dúvida de que devemos a esses esforços voluntários o reconhecimento de diversas necessidades e a descoberta de muitas formas de satisfazê-las que nunca poderíamos ter esperado do governo; e que, em algumas áreas, o esforço voluntário é mais eficaz e proporciona válvulas de escape para valiosas energias e sentimentos individuais que de outra forma permaneceriam adormecidos. Nenhum órgão governamental nunca cogitou ou criou uma organização tão eficaz quanto a dos Alcoólicos Anônimos. Considero que as iniciativas locais de recuperação oferecem mais esperança para a solução de problemas urgentes das nossas cidades do que a "revitalização urbana" governamental.[7] E haveria muitos outros desenvolvimentos semelhantes se o hábito de recorrer ao governo, e o desejo míope de aplicar imediatamente e por toda parte as medidas agora visíveis, não levassem com tanta frequência a que todo setor fosse apropriado pelo governo, cujos primeiros esforços, não raro desajeitados, obstruem então o caminho para algo melhor.

A esse respeito, a reconhecida divisão em dois setores — público e privado — é um tanto enganosa. Como R. C. Cornuelle sustentou de maneira convincente,[8] é mais importante para uma sociedade saudável que entre o setor comercial e o governamental preservemos um terceiro, o *setor independente*, que muitas vezes pode e deve prover com mais eficiência a maior parte do que atualmente acreditamos que deve ser provido pelo governo. De fato, tal setor independente poderia, em concorrência direta com o governo em relação ao serviço público, mitigar em grande medida o perigo mais grave da ação governamental, especificamente a criação de um monopólio com todos os poderes e a ineficiência característicos de um monopólio. Simplesmente não é verdade que, como nos diz J. K. Galbraith, "não há alternativa à administração pública".[9] Em muitos casos há alternativa, e pelo menos nos Estados Unidos o povo deve a isso muito mais do que tem consciência. Fomentar esse setor independente e a sua capacidade produtiva é, em muitas áreas, a única maneira de afastar o perigo do domínio completo da vida social pelo governo. R. C. Cornuelle mostrou o caminho; e o seu otimismo em relação ao que o setor independente poderia obter se deliberadamente cultivado e fortificado, ainda que aparentemente ilusório a princípio, não parece exagerado. Considero o seu pequeno livro sobre o assunto uma das manifestações mais promissoras de ideias políticas nos últimos anos.

Ainda que as realizações reais e potenciais desse setor independente constituam uma excelente ilustração de uma das argumentações básicas deste livro, podemos apenas lhes dar uma atenção passageira, pois o nosso objetivo principal é criar limites eficazes aos poderes governamentais. Eu gostaria de poder escrever em detalhes sobre o assunto, mesmo que fosse apenas para inculcar que o espírito público nem sempre significa demanda ou apoio de ação governamental. No entanto, não devo me afastar muito do tema propriamente dito deste capítulo, ou seja, as funções que o governo pode desempenhar de forma proveitosa como prestador de serviços, e não aquelas que ele não precisa assumir.

A tributação e o tamanho do setor público

O grau de interesse de diferentes indivíduos pelos diversos serviços prestados pelo governo difere muito; uma verdadeira concordância entre eles tende a ser alcançada apenas quanto ao volume dos serviços a serem prestados, desde que cada um possa esperar receber em serviços aproximadamente tanto quanto paga em impostos. Isso, como vimos, não deve ser interpretado como se cada um concordasse em arcar com os custos de todos os serviços governamentais, mas sim como se cada um consentisse em pagar segundo o mesmo princípio uniforme pelos serviços que recebe à custa do fundo comum. Portanto, é a decisão sobre o nível de tributação que deveria determinar o tamanho total do setor público.

Porém, se é apenas por meio de acordo sobre o volume total de serviços governamentais — isto é, um acordo sobre o total de recursos a serem confiados ao governo — que uma decisão racional concernente aos serviços que o governo deve prestar pode ser alcançada, isso pressupõe que cada cidadão que vota a favor de determinado gasto deveria saber que terá de arcar com a sua fração predeterminada no ônus. No entanto, toda a prática das finanças públicas foi desenvolvida numa tentativa de ludibriar o pagador de impostos e induzi-lo a pagar mais do que ele está ciente, fazendo-o concordar com uma despesa na crença de que outra pessoa será obrigada a pagar por ela. Mesmo na teoria das finanças públicas foram apresentados todos os fatores possíveis para a determinação dos princípios da tributação, exceto aquele que parece ser o mais importante numa democracia: o de que o processo de decisão deveria levar a uma limitação racional do volume dos gastos públicos. Aparentemente, isso exigiria que os princípios segundo os quais o ônus deve ser distribuído entre os indivíduos fossem estipulados antecipadamente, e que quem vota a favor de uma determinada despesa soubesse que deveria contribuir para ela a uma taxa predeterminada e, assim, ser capaz de confrontar as vantagens e os custos.

No entanto, o principal interesse das finanças públicas foi, desde o início, arrecadar o maior montante com a menor resistência; e o que deveria ter sido a principal questão, ou seja, que a forma de arrecadar os recursos deveria atuar como um controle do gasto total, foi pouco levada em conta. Porém, um sistema tributário que estimula a crença de que "o outro pagará por isso", juntamente com a admissão do princípio de que uma maioria tem o direito de tributar minorias conforme normas que não se aplicam à primeira (como em qualquer progressão geral da carga tributária), deve gerar um crescimento contínuo dos gastos públicos além do que o indivíduo realmente deseja. Uma decisão racional e responsável sobre o volume dos gastos públicos por meio do voto democrático pressupõe que, em cada decisão, os eleitores tenham consciência de que deverão arcar com o gasto decidido. Quando os que concordam com um item de despesa não sabem que terão que arcar com ele, e a questão que é principalmente levada em conta é saber para quem o ônus pode ser transferido, e quando a maioria percebe, em consequência, que as suas decisões se referem a despesas a serem pagas por outros, o resultado é que não é o gasto que se ajusta aos recursos disponíveis, mas que os recursos serão encontrados para satisfazer um gasto que é determinado independentemente dos custos. Esse processo acaba levando a uma atitude geral que considera a pressão política e a coação dos demais como uma maneira barata de remunerar a maior parte dos serviços desejados.

Uma decisão racional sobre o volume dos gastos públicos só deve ser esperada se os princípios pelos quais se estima a contribuição de cada um assegurarem que, ao votar por qualquer gasto, o contribuinte levará em conta os custos e, portanto, apenas se cada eleitor entender que terá que contribuir para todo gasto que aprove segundo uma norma predeterminada, não podendo prescrever que algo seja feito à custa de outrem. Em vez disso, o sistema vigente propicia um estímulo inerente ao gasto irresponsável e perdulário.

A tendência de crescimento progressivo e indefinido do setor público levou, há quase cem anos, à formulação de uma "lei do gasto governamental crescente".[10] Atualmente, em alguns países como a Grã-Bretanha o gasto governamental cresceu a tal ponto que a parcela da renda nacional controlada pelo governo equivale a mais de cinquenta por cento. Isso não é senão uma consequência daquele viés intrínseco das instituições existentes para a expansão da máquina do governo; e não podemos esperar outra coisa num sistema em que primeiro se determinam as "necessidades" e depois se providenciam os recursos por meio da decisão das pessoas que, em sua maioria, têm a ilusão de que não terão que provê-los.

Embora haja algumas razões para acreditar que com o aumento da riqueza geral e da densidade demográfica a parcela de todas as necessidades que só podem ser satisfeitas por ação coletiva continuará a crescer, não há muitos motivos para crer que a parcela que os governos, e sobretudo os governos centrais, já controlam é propícia a um uso econômico dos recursos.

O que em geral é ignorado por aqueles que favorecem essa evolução é que cada passo dado nessa direção significa uma transformação cada vez maior da ordem espontânea da sociedade que atende as diversas necessidades dos indivíduos numa organização que só pode satisfazer um conjunto específico de fins decidido pela maioria — ou cada vez mais, já que essa organização está se tornando complexa demais para ser compreendida pelos eleitores, pela burocracia a quem se delega a administração desses recursos.

Nos últimos tempos vem sendo dito a sério que as instituições políticas existentes geram uma provisão insuficiente de recursos para o setor público.[11] Talvez seja verdade que alguns dos serviços que o governo deve prestar são fornecidos de forma inadequada. Todavia, isso não significa que o total dos gastos governamentais seja muito pequeno. Pode ser verdade que, tendo assumido um número excessivo de atribuições, o governo esteja negligenciando algumas das mais importantes. No entanto, o caráter atual do procedimento pelo qual se determina qual parcela dos recursos deve ser confiada ao governo parece aumentar a probabilidade de que o total já seja muito maior do que a maioria dos indivíduos aprova ou está a par. Isso parece ser mais do que confirmado pelos resultados de diversas pesquisas de opinião. A mais recente, realizada na Grã-Bretanha, indicou que cerca de oitenta por cento dos entrevistados de todas as classes sociais e faixas etárias desejam uma redução, e não mais de cinco por cento de qualquer faixa etária é a favor de um aumento na alíquota do imposto de renda — o único encargo de cuja magnitude pareciam ter pelo menos uma ideia aproximadamente correta.[12]

Segurança

Não há necessidade aqui de nos estendermos a respeito da segunda função inquestionável do governo, que ele teria de desempenhar mesmo num "estado mínimo": a defesa contra inimigos externos. Juntamente com todo o campo das relações exteriores, devemos mencioná-la apenas como um lembrete de quão grande é a esfera das atividades governamentais que não podem ser estritamente limitadas por normas gerais (ou mesmo efetivamente orientadas por uma assembleia representativa), e na qual o executivo deve receber amplos poderes discricionários. Neste momento, pode ser útil recordar que sempre foi o desejo de fortalecer os governos centrais nas suas relações com os outros países que levou a que também lhes fossem confiadas outras tarefas que provavelmente poderiam ser realizadas com mais eficiência por autoridades regionais ou locais. A principal causa da progressiva centralização dos poderes governamentais sempre foi o perigo da guerra.

Porém, o perigo representado por inimigos externos (ou talvez pela insurreição interna) não é a única ameaça a todos os membros da sociedade que só pode ser eficazmente enfrentada por uma organização com poderes compulsórios. Poucos questionarão que somente tal organização pode dar conta dos efeitos de desastres naturais como tempestades, inundações, terremotos, epidemias e similares, e tomar medidas para preveni-los ou remediá-los. Novamente, isso é mencionado apenas para nos recordar de outra razão pela qual é importante que o governo controle os recursos materiais que tem grande liberdade de usar a seu critério.

No entanto, há ainda outra categoria de riscos comuns em relação aos quais a necessidade de ação governamental não era, até há pouco, geralmente admitida e em que, como consequência da dissolução dos laços da comunidade local e do desenvolvimento de uma sociedade aberta de grande mobilidade, um número crescente de pessoas já não está mais intimamente ligado a grupos específicos com cujo apoio e ajuda podem contar em situação de infortúnio. Nesse caso, o problema é sobretudo em relação ao destino daqueles que, por diversas razões, não conseguem ganhar a vida no mercado, como os enfermos, os velhos, os deficientes físicos ou mentais, as viúvas e os órfãos — isto é, todas as vítimas de condições adversas que podem afetar qualquer um e contra as quais a maioria dos indivíduos não pode, por si só, fazer uma provisão adequada, mas para as quais uma sociedade que alcançou certo nível de riqueza pode se dar ao luxo de prover os devidos recursos para todos.

A garantia de uma renda mínima para todos, ou uma espécie de piso abaixo do qual ninguém precisa descer mesmo quando incapaz de se sustentar por si mesmo, parece ser não só uma proteção perfeitamente legítima contra um risco comum a todos, mas também parte indispensável da Grande Sociedade, em que o indivíduo já não tem mais direitos específicos sobre os membros do pequeno grupo particular no qual nasceu. Um sistema que visa incitar um número muito grande de pessoas a deixar a relativa segurança proporcionada pela condição de membro do pequeno grupo logo geraria grande descontentamento e reação violenta quando aqueles que primeiro desfrutaram dos seus benefícios se vissem sem nenhuma ajuda quando, não por culpa própria, perdessem a sua capacidade de ganhar a vida.[13]

É lastimável que o esforço para assegurar uma renda mínima uniforme a todos que não podem se sustentar tenha ficado associado com o objetivo totalmente diferente de assegurar uma distribuição "justa" de renda, o que, como vimos, leva à tentativa de garantir aos indivíduos o padrão específico que eles alcançaram. Essa segurança seria evidentemente um privilégio que não poderia ser concedido a todos e só poderia ser concedido a alguns à custa de piora das perspectivas dos demais. Quando os recursos necessários para esse fim são arrecadados por meio da tributação geral, isso provoca até o efeito inesperado de aumentar a desigualdade além do grau que constitui a condição necessária de uma ordem de mercado funcional; porque, em contraste com o caso em que essas pensões para idosos, deficientes ou dependentes são pagas pelo empregador, como parte do contrato de trabalho (isto é, como uma espécie de pagamento adiado) ou por seguro voluntário ou compulsório, não haverá nenhuma redução correspondente da remuneração recebida durante a prestação dos serviços de preço mais elevado, com o resultado de que o pagamento contínuo dessa renda maior pelos fundos públicos, após a cessação da prestação dos serviços, constituirá um acréscimo líquido à maior renda que foi auferida no mercado.

Mesmo o reconhecimento do direito de todo cidadão ou habitante de um país a um certo padrão mínimo, dependente do nível médio de riqueza desse país, envolve, contudo, o reconhecimento de uma espécie de propriedade coletiva dos recursos do país, o que é incompatível com a ideia de uma sociedade aberta e suscita sérios problemas. É óbvio que, ainda por muito tempo, será totalmente impossível garantir um padrão mínimo adequado e uniforme para todos os seres humanos em toda parte, ou pelo menos que os países mais ricos não se contentariam em garantir aos seus cidadãos padrões não superiores aos que podem ser assegurados a todos os homens. Porém, limitar aos cidadãos de determinados países condições em favor de um padrão mínimo superior ao universalmente aplicado transforma esse padrão num privilégio e exige certas limitações à livre circulação dos homens através das fronteiras. Há, sem dúvida, outras razões pelas quais essas restrições parecem inevitáveis enquanto existirem certas diferenças nas tradições nacionais ou étnicas (sobretudo diferenças na taxa de natalidade) — que, por sua vez, provavelmente não desaparecerão enquanto as restrições à migração continuarem. Devemos encarar o fato de que, nesse caso, deparamo-nos com um limite para a aplicação universal dos princípios políticos liberais, que os fatos existentes do mundo atual tornam inevitáveis. Esses limites não constituem falhas fatais na argumentação, pois implicam apenas que, como a tolerância em especial, os princípios liberais só podem ser aplicados sistematicamente àqueles que obedecem esses princípios, e nem sempre podem ser estendidos àqueles que não o fazem. O mesmo se aplica a alguns princípios morais. Portanto, tais exceções necessárias à norma geral não justificam exceções semelhantes na esfera em que é possível que o governo siga sistematicamente os princípios liberais.

Não podemos tentar examinar aqui os detalhes técnicos do arranjo adequado de um sistema de "segurança social" que não destrua a ordem de mercado ou infrinja os princípios básicos da liberdade individual. Já tentamos fazê-lo em outra ocasião.[14]

O monopólio dos serviços pelo governo

Há duas áreas muito importantes relativas a serviços em que os governos reivindicaram por tanto tempo um monopólio (ou prerrogativa) que este passou a ser considerado um atributo necessário e natural do governo, ainda que não tenha sido introduzido em benefício do público, nem redundado nele: o direito exclusivo da emissão de moeda e o da prestação de serviços postais. Os dois monopólios não foram estabelecidos para que o público fosse mais bem atendido, mas unicamente para aumentar os poderes do governo; e como consequência, o público não só é atendido muito pior do que seria de outra forma como, pelo menos no caso da moeda, é exposto, em suas iniciativas normais para ganhar a vida, a perigos e riscos indissociáveis de uma política de controle monetário de que logo teria descoberto uma maneira de se proteger se isso lhe tivesse sido permitido.

No que concerne ao monopólio postal (nos Estados Unidos apenas em relação à entrega de cartas), basta dizer que ele deve a sua existência exclusivamente ao desejo do governo de controlar as comunicações entre os cidadãos, e não há outra justificativa além disso.[15] Não foi o governo quem primeiro criou esse serviço, mas ele assumiu o controle do que a empresa privada havia proporcionado. Longe de assegurar melhores comunicações, ou mesmo renda para o governo, nos últimos tempos, ao redor do mundo, o monopólio postal vem se deteriorando constantemente, tornando-se não só um ônus crescente para o contribuinte como também um obstáculo sério para os negócios. Por terem descoberto que o governo é o mais indefeso dos empregadores, os sindicatos do funcionalismo público alcançaram um poder cada vez maior de chantagear a todos mediante a paralisação da vida pública. Porém, mesmo para além das greves e coisas do gênero, a crescente ineficiência do serviço postal monopolizado pelo governo está se tornando um obstáculo real ao uso eficiente dos recursos. Também se aplicam a esse serviço todas as demais objeções contra a política de administrar os diversos outros "serviços públicos" na área dos transportes, das comunicações e do fornecimento de energia como monopólios governamentais que consideraremos mais adiante.

Por outro lado, no presente contexto, o problema do sistema monetário apropriado é grande demais e difícil de ser abordado adequadamente.[16] Entender o que está envolvido nesse caso exige se livrar de hábitos profundamente arraigados e repensar grande parte da teoria monetária. Se a abolição do monopólio monetário governamental levasse ao uso generalizado de diversas moedas concorrentes, isso seria em si mesmo um aperfeiçoamento em relação a esse monopólio que, sem exceção, foi usado de modo abusivo para ludibriar os cidadãos; mas o seu principal propósito seria impor uma disciplina extremamente necessária à emissão governamental de moeda por meio da ameaça de ser substituída por outra mais confiável. Nesse caso, o cidadão comum ainda poderia utilizar nas suas transações diárias o tipo de moeda com que está familiarizado, e em que finalmente poderia confiar. Então, o governo seria privado não só de um dos principais meios de prejudicar a economia e submeter os indivíduos a restrições da sua liberdade como também de uma das principais causas da sua constante expansão. Claro que é absurdo afirmar que o governo seja sempre necessário para "proteger" a moeda utilizada no país contra qualquer ameaça (exceto a falsificação, que, como toda fraude, as normas jurídicas comuns proíbem) além da que provenha do próprio governo — é sobretudo contra o estado que a moeda deve ser protegida. Os exportadores de moeda, os fornecedores de outros tipos de moeda e similares, contra quem os políticos direcionam habilmente a indignação dos cidadãos, são, na realidade, os melhores cães de guarda que, se pudessem exercer livremente o seu ofício, forçariam o governo a fornecer moeda honesta. O controle cambial e afins apenas ajudam o governo a manter a sua prática nefasta de concorrer no mercado com os cidadãos em busca de recursos, desperdiçando moeda fabricada para esse propósito.

Não há justificativa para o mito assiduamente fomentado de que deve haver, num dado território, um tipo uniforme de dinheiro ou moeda legal. No passado, o governo pode ter desempenhado uma função útil ao certificar o peso e a pureza das moedas, embora até isso já fosse feito pelo menos de modo tão confiável e honesto por alguns mercadores respeitados. Contudo, quando os príncipes reivindicaram a prerrogativa da cunhagem das moedas, foi para lucrar com a senhoriagem e para levar a sua imagem para os rincões mais remotos dos seus territórios, mostrando aos habitantes de quem eles eram súditos. Esses príncipes e os seus sucessores abusaram despudoradamente dessa prerrogativa como instrumento de poder e fraude. Além disso, a transferência cega dos direitos relativos à cunhagem a formas modernas de moeda foi reivindicada unicamente como instrumento de poder e finanças, e não por causa de qualquer convicção de que isso beneficiaria o povo. Em 1694, o governo britânico deu ao Banco da Inglaterra o monopólio (ligeiramente limitado) de emissão de papel-moeda porque foi pago por isso, não porque fosse para o bem comum. E embora a ilusão de que o monopólio governamental garantiria aos países uma moeda melhor do que o mercado tenha regido desde então toda a evolução das instituições monetárias, o fato é que, naturalmente, sempre que o exercício desse poder não foi limitado por algum mecanismo automático, como o padrão-ouro, foi exercido de modo abusivo para enganar o povo. Um estudo da história monetária revela que nenhum governo que teve o controle direto da quantidade de moeda em circulação foi confiável por muito tempo sem que abusasse dessa prerrogativa. Não teremos uma moeda decente até que outros tenham a liberdade de nos oferecer uma melhor do que a fornecida pelo governo. Enquanto as práticas de desfalque não forem impedidas pelo rápido abandono da moeda oficial pelo povo, os governos serão repetidas vezes compelidos a tais práticas pela falsa crença de que podem, e por isso devem, assegurar o pleno emprego mediante a manipulação monetária — o que chegou mesmo a ser alegado como a razão pela qual estamos irrevogavelmente comprometidos com uma economia "planejada", "dirigida", "orientada" ou "conduzida". É óbvio que a experiência confirmou mais uma vez que são as próprias políticas inflacionárias a que os governos recorrem que provocam a doença que procuram curar; pois, ainda que possam reduzir o desemprego momentaneamente, só o fazem ao preço de um desemprego muito maior mais à frente.

Considerações semelhantes se aplicam aos monopólios de prestação de outros serviços que o governo, sobretudo o governo local, pode prestar de forma útil, mas de que qualquer monopolista tende a abusar. Aliás, provavelmente será forçado a abusar. Nesse caso, o abuso mais prejudicial não é o que o público mais teme, especificamente, a cobrança de preços extorsivos, mas, ao contrário, a coerção política para fazer um uso antieconômico dos recursos. Os monopólios de transporte, comunicações e fornecimento de energia, que não só impedem a concorrência como tornam necessárias tarifas politicamente determinadas, que são definidas por supostos fatores de equidade, são os principais responsáveis por fenômenos como o da expansão das cidades. Esse é naturalmente o resultado inevitável se todos, por mais remoto e inacessível o local em que escolhem para morar, devem ter o direito de ser atendidos, independentemente dos custos, pelos mesmos preços daqueles que vivem no centro de uma cidade densamente habitada.

Por outro lado, é mero senso comum que o governo, como maior gastador e investidor, cujas atividades não podem ser totalmente orientadas pela lucratividade, e que, em relação às finanças, é em grande parte independente da situação do mercado de capitais, deve, tanto quanto possível, distribuir os seus gastos ao longo do tempo de maneira que intervenham quando o investimento privado se reduz e, assim, empregar recursos no investimento público ao menor custo e com o maior benefício para a sociedade. As razões pelas quais essa velha prescrição tem sido, na realidade, tão pouco utilizada — quase nunca de modo mais eficaz desde que se tornou moda do que quando era apoiada por apenas alguns economistas — são de caráter político e administrativo. Ocasionar as mudanças requeridas na taxa de investimento governamental com rapidez suficiente para atuar como um estabilizador, e não, como é geralmente o caso, com tanto atraso que provoca mais mal do que bem, exigiria que todo o programa de investimento governamental fosse concebido para que a velocidade da sua execução pudesse ser acelerada ou retardada de uma hora para a outra. Para conseguir isso, seria necessário que todo o dispêndio de capital do governo fosse fixado antecipadamente a uma certa taxa média por um período tão longo quanto cinco ou sete anos, com a previsão de que essa fosse apenas a velocidade média. Se a chamarmos de "velocidade 3", então deveria ser, pela direção central, temporariamente aumentada para todos os ministérios em vinte ou quarenta por cento para a "velocidade 4" ou a "velocidade 5", ou reduzida em vinte ou quarenta por cento para a "velocidade 2" ou para a "velocidade 1". Cada ministério saberia que depois teria que compensar esse aumento ou redução e se empenharia para deixar o peso dessas mudanças recair sobre as atividades em que os custos dessas variações fossem os menores e, em particular, onde ganhasse mais com a adaptação à abundância ou escassez temporária de mão de obra e outros recursos. É desnecessário salientar o quanto seria difícil a execução eficaz desse programa ou o quanto ainda estamos longe de possuir o tipo de máquina governamental necessária para tamanha tarefa.

Informação e educação

Esta também é uma área que só podemos abordar aqui de maneira resumida. O leitor encontrará uma abordagem mais completa a seu respeito na minha reflexão anterior do assunto.[17]

Naturalmente, a informação e a educação se confundem. O argumento a favor do seu fornecimento com recursos públicos é semelhante nos dois casos, mas não exatamente o mesmo como no caso dos bens públicos. Ainda que a informação e a educação possam ser vendidas para determinadas pessoas, aquelas que não possuem nenhuma das duas muitas vezes não saberão que seria vantajoso adquiri-las; no entanto, pode ser vantajoso para outros que eles as possuam. Isso é evidente no que concerne ao conhecimento que os indivíduos devem ter para cumprir as leis e participar dos processos democráticos do governo. Porém, o processo do mercado, embora um dos instrumentos mais eficientes de transmissão de informações, também funcionará de maneira mais eficaz se o acesso a certos tipos de informação for livre. Ademais, o conhecimento útil, que poderia ajudar os indivíduos nas suas atividades, resulta acidentalmente do processo governamental, ou só pode ser obtido pelo governo, como aquele contido em estatísticas, cadastros fundiários etc. De novo, muito conhecimento, uma vez adquirido, em sua natureza, não é mais um bem escasso e pode ser disponibilizado em geral por uma fração dos custos da primeira aquisição. Este não é necessariamente um argumento válido para incumbir ao governo a sua distribuição: sem dúvida, não desejaríamos que o governo adquirisse uma posição dominante na distribuição de notícias; e, em alguns países, a concessão do monopólio de radiodifusão aos governos é provavelmente uma das decisões políticas mais perigosas tomadas nos tempos modernos.

Contudo, mesmo que muitas vezes seja bastante questionável que o governo seja a entidade mais eficaz para distribuir qualquer tipo particular de informação, e embora haja o perigo de que, ao se apossar dessa tarefa, ele impeça que outros a realizem melhor, seria difícil sustentar que o governo não deve ingressar nessa área. O verdadeiro problema é de que forma e em que medida o governo deve fornecer esses serviços.

No concernente à educação, o argumento principal a favor de que seja secundada pelo governo é que as crianças ainda não são cidadãs responsáveis, não se podendo presumir que saibam o que precisam, e não controlam recursos que possam dedicar à aquisição de conhecimento; e que os pais nem sempre são capazes ou estão dispostos a investir na educação dos filhos o suficiente para que o retorno desse capital intangível corresponda ao do capital material. Este argumento se aplica apenas a crianças e jovens. Porém, é suplementado por outra consideração que também se aplica aos adultos, especificamente que a educação pode despertar naqueles que a recebem capacidades que não sabiam que possuíam. Nesse caso, também pode muitas vezes suceder que só se o indivíduo for ajudado nos primeiros estágios ele será capaz de desenvolver as suas potencialidades por iniciativa própria posteriormente.

O forte argumento a favor do financiamento governamental, pelo menos da educação básica, não implica, no entanto, que esta também deva ser administrada pelo governo, e menos ainda que o governo deva obter o monopólio dela. Pelo menos no que diz respeito à educação básica, e não à formação profissional avançada, a proposta do professor Milton Friedman já mencionada[18] de dar aos pais *vouchers* com os quais possam pagar a educação dos filhos em escolas da sua própria escolha parece ter grandes vantagens sobre o sistema vigente. Ainda que a escolha dos pais tivesse que se limitar a um conjunto de escolas que atendesse a certos padrões mínimos, e que os *vouchers* cobrissem integralmente as mensalidades de apenas algumas dessas escolas, o sistema teria, em relação às escolas administradas pelo governo, a grande vantagem de permitir que os pais pagassem os custos adicionais da forma especial de educação que preferissem. Na formação profissional especializada etc., em que os problemas surgem depois que os alunos alcançaram a idade da razão, um sistema de crédito educativo reembolsável como resultado dos salários mais elevados propiciados por essa formação, tal como o Unites Student Aid Fund, Inc., criado por Richard Cornuelle, oferece possibilidades alternativas e provavelmente preferíveis.[19]

Outras questões críticas

Diversas outras questões importantes que careceriam de consideração mesmo num breve exame em relação ao campo da legítima política governamental mal podem ser mencionadas aqui. Uma delas consiste no problema da *certificação*, pelo governo ou outros órgãos, da qualidade de alguns bens e serviços, podendo incluir uma espécie de *licenciamento* de determinadas atividades pelo governo. É inegável que a escolha do consumidor será facilitada e que o funcionamento do mercado será aprimorado se a posse de certas qualidades das coisas ou de capacidades por parte daqueles que oferecem serviços se tornar reconhecível pelo leigo, ainda que não seja de modo algum óbvio que apenas o governo mereça a confiança necessária. Códigos de obras, leis referentes à pureza dos alimentos, a certificação de certas profissões, as restrições à venda de produtos perigosos (como armas, explosivos, venenos e drogas), assim como algumas normas de segurança e saúde referentes a processos de produção e a disponibilização de instituições públicas como teatros, quadras esportivas etc., certamente ajudam a escolha inteligente e podem, às vezes, ser indispensáveis a ela. Que os produtos oferecidos para consumo humano satisfaçam certos padrões mínimos de higiene (por exemplo, que a carne de porco não contenha triquinas ou que o leite não provoque brucelose) ou que alguém que se caracteriza por meio de um documento que geralmente indica determinada competência (como o diploma de médico) realmente possua essa competência será mais eficazmente assegurado mediante algumas normas gerais aplicáveis a todos os que fornecem esses produtos ou serviços. Provavelmente, é apenas uma questão de conveniência se será suficiente ter uma maneira de compreensão geral pela qual esses produtos e serviços possam ser caracterizados, ou se a sua venda só será permitida se eles forem assim certificados. Tudo o que é necessário para a preservação do estado de direito e de uma ordem de mercado funcional é que todos que satisfazem os padrões prescritos tenham direito legal à certificação exigida, o que significa que o controle das autoridades responsáveis pelas admissões *não* deve ser usado para influenciar a oferta.

Um problema que suscita dificuldades especiais é o da regulamentação da *expropriação* ou da *compra compulsória*, direito que parece ser necessário ao governo para desempenhar algumas das suas funções desejáveis. Pelo menos para o propósito de prover um sistema adequado de comunicações, esse direito parece ser indispensável, e sob a designação de "domínio eminente" (poder do governo de desapropriação), parece de fato ter sido concedido ao governo em todas as épocas.[20] Desde que a atribuição desses poderes esteja estritamente limitada a ocorrências capazes de ser definidas por normas jurídicas gerais, em que o pagamento de indenizações pelo valor integral é exigido, e em que as decisões das autoridades administrativas estão sujeitas ao controle de tribunais independentes, esses poderes não precisam interferir seriamente no funcionamento do processo do mercado ou nos princípios do estado de direito. No entanto, é indiscutível que, nesse contexto, surge à primeira vista um conflito entre os princípios básicos de uma ordem libertária e o que aparentam ser necessidades inquestionáveis de política governamental, e que ainda carecemos de princípios teóricos adequados para a solução satisfatória de alguns dos problemas que surgem nessa área.

Também deve haver diversas áreas em que o governo ainda não deu ao indivíduo a proteção de que ele precisa para perseguir os seus objetivos de forma mais eficaz e para o maior benefício da comunidade. Uma das mais importantes delas parece ser a *proteção da privacidade e do sigilo*, problema que o aumento da densidade demográfica contemporânea suscitou de forma aguda, e em relação ao qual o governo até agora evidentemente não conseguiu fornecer normas apropriadas ou aplicá-las.[21] A delimitação de algumas dessas áreas em que o indivíduo está protegido contra a curiosidade dos seus vizinhos ou mesmo dos representantes do público em geral, como a imprensa, parece-me um importante requisito da plena liberdade.

Finalmente, devemos mais uma vez lembrar ao leitor que para reduzir a discussão desses problemas a dimensões administráveis foi necessário discuti-los em termos de governo central, unitário. No entanto, uma das conclusões mais importantes a serem extraídas da nossa abordagem geral é a conveniência de transferir muitas dessas funções de governo a autoridades regionais ou locais. De fato, há muito a ser dito em favor de restringir a tarefa, independentemente da autoridade suprema, àquela essencialmente limitada de impor a lei e a ordem a todos os indivíduos, organizações e órgãos setoriais de governo, deixando toda a prestação de serviços práticos para organizações governamentais menores. Grande parte das funções governamentais como prestador de serviços seria provavelmente desempenhada e controlada com muito mais eficiência se essas autoridades locais, sob os termos da lei que não pudessem alterar, tivessem de competir em busca de habitantes. Foi a lastimável necessidade de fortalecer os governos centrais para a tarefa de defesa contra inimigos externos que gerou a situação em que o estabelecimento de normas gerais e a prestação de determinados serviços acabaram sendo entregues ao mesmo organismo, com a consequência de que essas duas funções se confundiram cada vez mais.

CAPÍTULO 15

POLÍTICA GOVERNAMENTAL E O MERCADO

A economia de mercado pura presume que o governo, o aparelho social da compulsão e coerção, tem a intenção de preservar o funcionamento do sistema de mercado, abstém-se de impedir o seu funcionamento e o protege contra a intromissão por parte de outras pessoas.

LUDWIG VON MISES*

As vantagens da concorrência não dependem de que seja "perfeita"[1]

Em certas condições, a concorrência ocasiona uma alocação dos recursos para a produção de diferentes mercadorias e serviços que leva a um resultado tão grande dessa combinação específica de produtos quanto o que poderia ser ocasionado por uma única mente que tivesse conhecimento de todos os fatos realmente conhecidos apenas por todas as pessoas tomadas em conjunto e que fosse plenamente capaz de utilizar esse conhecimento da maneira mais eficiente. O caso especial em que esses resultados derivam do processo competitivo de mercado foi considerado intelectualmente tão satisfatório pelos teóricos da economia que eles tenderam a tratá-lo como paradigmático. Em consequência, o argumento a favor da concorrência foi regularmente formulado como se a concorrência fosse desejável porque, via de regra, alcança esses resultados, ou mesmo como se só fosse desejável quando de fato os alcança. No entanto, ao basear o argumento a favor do mercado nesse caso especial de concorrência "perfeita", não se está muito longe de perceber que se trata de um caso excepcional, que ocorre apenas em algumas situações, e que, consequentemente, se a defesa da concorrência se baseasse no que ela alcança sob essas condições especiais, a defesa dela como princípio geral seria na verdade muito frágil. Assim, o estabelecimento de um padrão excessivamente alto e totalmente irrealista do que a concorrência deveria obter costuma levar a uma estimativa indevidamente mais baixa do que ela de fato consegue.

Esse modelo de concorrência perfeita se baseia na suposição de fatos que só existem em alguns setores da vida econômica e que, em muitos setores, não está em nosso poder criar e às vezes nem seria desejável criar se pudéssemos. A suposição crucial em que esse modelo se baseia é que qualquer mercadoria ou serviço que se diferencia de outros pode ser fornecido à maioria dos consumidores ao mesmo custo por um grande número de produtores, com o resultado de que nenhum destes pode determinar deliberadamente o preço porque, se ele tentasse alterar mais do que os seus custos marginais, seria do interesse dos outros vender por preço inferior ao dele. A situação ideal, em que para cada concorrente o preço é dado e na qual os seus interesses o induzirão a aumentar a sua produção até que os custos marginais sejam iguais ao preço, passou a ser considerada como o modelo e foi utilizada como o padrão pelo qual o desempenho da concorrência no mundo real era avaliado.

É verdade que, se conseguíssemos viabilizar essa condição, seria desejável que a produção de cada artigo se ampliasse até o ponto em que os preços igualassem os custos marginais, porque, enquanto isso não acontecesse, um aumento adicional da produção da mercadoria em questão significaria que os fatores de produção necessários seriam usados de maneira mais produtiva do que em outro lugar. Contudo, isso não significa que quando precisamos usar o processo de concorrência para descobrir o que as pessoas querem e são capazes de fazer também estamos em condições de viabilizar a condição ideal, ou que os resultados, mesmo da concorrência "imperfeita", não serão preferíveis a qualquer condição que possamos viabilizar por qualquer outro método conhecido, como o da direção governamental.

Evidentemente, não é desejável nem possível que toda mercadoria ou serviço significativamente diferente de outros seja produzido por um grande número de produtores, ou que sempre haja um grande número de produtores capazes de produzir qualquer coisa específica ao mesmo custo. Via de regra, existirá a qualquer momento não só um tamanho ideal da unidade produtiva, abaixo e acima do qual os custos aumentarão, mas também vantagens especiais de habilidade, localização, tradições etc. que apenas algumas empresas possuem. Frequentemente, algumas empresas, ou talvez apenas uma,

CAPÍTULO 15 • POLÍTICA GOVERNAMENTAL E O MERCADO

são capazes de fornecer a quantidade de uma determinada mercadoria que pode ser vendida a preços que cobrem os seus custos que podem ser mais baratos do que os de qualquer outra empresa. Nesse caso, algumas empresas (ou uma única empresa) não terão a necessidade de reduzir os seus preços ao nível dos custos marginais, ou de produzir uma quantidade tal do seu produto que só possa ser vendido a preços que cobrem exatamente os seus custos marginais. Tudo o que os interesses da empresa a induzirão a fazer será manter os preços abaixo do valor a que os novos produtores seriam tentados a ingressar no mercado. De fato, dentro desses limites, essas empresas (ou essa empresa) teriam a liberdade de agir como monopolistas ou oligopolistas e fixar os seus preços (ou as quantidades dos bens produzidos) no nível que lhes trouxesse os maiores lucros, limitados apenas pela consideração de que eles devem ser suficientemente baixos para impedir a entrada de outras empresas.

Em todos esses casos, um ditador onisciente poderia de fato aprimorar o uso dos recursos disponíveis exigindo que as empresas expandissem a produção até que os preços apenas cobrissem exatamente os custos marginais. De acordo com esse padrão, habitualmente aplicado por alguns teóricos, grande parte dos mercados existentes do mundo é, sem dúvida, bastante imperfeita. No entanto, para todos os problemas práticos, esse padrão é totalmente irrelevante, porque se baseia numa comparação, não com alguma outra condição que poderia ser alcançada por meio de algum processo conhecido, mas com uma que poderia ter sido alcançada se certos fatos que não podemos alterar fossem diferentes do que na realidade são. O uso dos arranjos hipotéticos realizados por um ditador onisciente como padrão pelo qual medimos o desempenho real da concorrência ocorre naturalmente ao economista, cuja análise procede da suposição fictícia de que *ele* conhece todos os fatos que determinam a ordem de mercado. Porém, isso não nos propicia um teste válido que pode ser aplicado de forma significativa ao desempenho da política prática. O teste não deveria ser o grau de aproximação a um resultado inatingível, mas sim se os resultados de uma determinada política superam ou ficam aquém dos resultados de outros processos disponíveis. O verdadeiro problema é saber até que ponto podemos elevar a eficiência acima do nível preexistente, e *não* o quão perto podemos chegar do que seria desejável se os fatos fossem diferentes.

Em outras palavras, esse padrão para avaliar o desempenho da concorrência não deve consistir nos arranjos que seriam feitos por alguém que tivesse pleno conhecimento de todos os fatos, mas sim na probabilidade, que só a concorrência pode assegurar, de que as diferentes coisas sejam realizadas por aqueles que com isso produzem mais do que os outros querem do que fariam normalmente.

A concorrência como um processo de descoberta

Em geral, tanto fora quanto dentro da esfera econômica, a concorrência será um processo lógico a ser empregado apenas se não soubermos de antemão quem se sairá melhor. Todavia, em exames ou competições esportivas, assim como no mercado, ela nos diz apenas quem se saiu melhor na ocasião específica, e não necessariamente que cada um deu o melhor de si — ainda que também propicie um dos estímulos mais eficazes ao desempenho. Ela gera um incentivo para superar o competidor mais próximo, mas, se este estiver muito atrás, a margem na qual o melhor tem a liberdade para decidir o quanto se empenhar pode ser bastante grande. Apenas se o competidor mais próximo estiver no seu encalço, e ele não souber o quão melhor este realmente é, ele achará necessário se esforçar ao máximo. E só se houver uma classificação mais ou menos contínua de capacidades, e todos estiverem ansiosos para alcançar a melhor colocação possível, cada um prestará atenção para verificar se o competidor mais próximo o está alcançando.

Portanto, acima de tudo, a concorrência é, assim como a experimentação em ciência, um processo de descoberta. Nenhuma teoria pode lhe fazer justiça se partir da suposição de que os fatos a serem descobertos já são conhecidos.[2] Não há um conjunto predeterminado de fatos conhecidos ou "dados" que sempre serão levados em conta. Tudo o que podemos esperar conseguir é um processo que, em geral, tenda a viabilizar uma situação em que um número maior de fatos objetivos potencialmente úteis será levado em conta do que em qualquer outro processo que conhecemos. São as circunstâncias que tornam tão irrelevante, na escolha de uma política desejável, toda avaliação dos resultados da concorrência que parte da suposição de que todos os fatos pertinentes são conhecidos por uma única mente. A verdadeira questão é como podemos ajudar a utilização ideal do conhecimento, das habilidades e das oportunidades para adquirir conhecimento, que estão dispersos entre centenas de milhares de pessoas, mas não conferidos a ninguém na sua totalidade. A concorrência deve ser vista como um processo em que as pessoas adquirem e transmitem conhecimento; tratá-la como se todo esse conhecimento estivesse disponível para qualquer um desde o início significa esvaziá-la de sentido. E é tão absurdo julgar os resultados concretos da concorrência por meio de alguma ideia preconcebida dos produtos que ela "deve" produzir quanto seria julgar os resultados da experimentação científica pela sua correspondência com o que havia sido esperado. Como acontece com os resultados da experimentação científica, só podemos julgar o valor dos resultados pelas condições sob as quais a concorrência foi realizada, e não pelos resultados. Desse modo, não se pode dizer da concorrência mais do que de qualquer outro tipo de experimentação que leva à maximização de quaisquer resultados mensuráveis. Sob condições favoráveis, apenas leva ao uso de um número maior de habilidades e conhecimentos do que qualquer outro processo conhecido. Embora todo uso bem-sucedido de habilidade e conhecimento possa ser considerado um ganho e, portanto, cada ato adicional de troca, em que ambas as partes preferem o que obtêm pelo que cedem, ser considerado uma vantagem, nunca conseguimos dizer em que montante total aumentaram os benefícios líquidos disponíveis para o povo. Não temos que lidar com grandezas mensuráveis ou aditivas, mas devemos aceitar como o ideal possível os resultados daquelas condições gerais que são mais propensas a levar à descoberta do maior número de oportunidades.

Como um indivíduo agirá sob a pressão da concorrência e que circunstância específica encontrará em tais condições são elementos que nem ele mesmo sabe antecipadamente, e devem ser ainda mais desconhecidos por qualquer outra pessoa. Portanto, é realmente absurdo exigir dele que aja "como se" existisse concorrência, ou como se esta fosse mais completa do que é. Veremos, em particular, que uma das principais fontes de erro nessa área é a concepção resultante da suposição fictícia de que as "curvas de custo" do indivíduo são um fato objetivamente dado por meio de inspeção, e não algo que só pode ser determinado com base no seu conhecimento e julgamento — conhecimento que será totalmente diferente quando ele atua num mercado mais competitivo do que seria se ele fosse o único produtor ou um dos poucos.

Ainda que explicar os resultados da concorrência seja um dos principais objetivos da teoria econômica (ou catalática), os fatos que consideramos restringem significativamente o grau pelo qual essa teoria pode prever os resultados específicos da concorrência no tipo de situação em que estamos interessados do ponto de vista prático. De fato, a concorrência tem valor justamente porque constitui um processo de descoberta do que não precisaríamos se pudéssemos prever os seus resultados. A teoria econômica é capaz de elucidar o funcionamento desse processo de descoberta concebendo modelos em que se supõe que o teórico dispõe de todo o conhecimento que orienta todos os diversos indivíduos cuja interação o seu modelo representa. Estamos interessados nesse modelo apenas porque ele informa como funcionará um sistema desse tipo. Contudo, precisamos aplicá-lo a situações reais cujo conhecimento das particularidades não possuímos. O que só o economista pode fazer é tirar — a partir de modelos mentais em que ele supõe que, por assim dizer, é capaz de ver as cartas de todos os jogadores individuais — conclusões que ele talvez consiga pôr à prova conforme modelos artificialmente concebidos, mas que são interessantes apenas nos casos em que ele não pode testá-los porque não dispõe do conhecimento de que precisaria.

Se as condições factuais da concorrência "perfeita" estão ausentes, não é possível fazer as empresas agirem "como se" ela existisse

A concorrência enquanto processo de descoberta deve se valer do interesse próprio dos produtores, ou seja, deve permitir que eles utilizem o seu conhecimento para os próprios propósitos, porque ninguém mais possui as informações em que eles devem basear a sua decisão. Quando as condições da concorrência "perfeita" estiverem ausentes, alguns considerarão proveitoso vender os seus produtos a preços acima dos custos marginais, ainda que possam auferir um lucro adequado vendendo a preços mais baixos. É com isso que não concordam os que usam como padrão a situação de concorrência perfeita. Eles sustentam que, nessas condições, os produtores devem ser forçados a agir como se existisse concorrência perfeita, embora o seu interesse próprio não os leve a fazê-lo. Porém, nós nos valemos do interesse próprio porque só por meio dele podemos induzir os produtores a empregar conhecimentos que não possuímos e a empreender ações cujos efeitos só eles podem determinar. Ao mesmo tempo, não podemos recorrer ao interesse próprio para descobrir o método mais econômico de produção e não permitir que produzam os gêneros e as quantidades de produtos pelos métodos que melhor atendem aos seus interesses. O estímulo para aprimorar o modo de produção consistirá muitas vezes no fato de que quem o realizar primeiro obterá com isso um lucro temporário. Diversos aprimoramentos da produção são decorrentes do esforço de cada um em busca desses lucros, mesmo sabendo que serão temporários e só durarão enquanto estiver na liderança.

Se os custos futuros de produção de um produtor (e, em particular, os seus custos marginais em relação a qualquer quantidade adicional produzida) fossem uma grandeza objetivamente avaliável que pudesse ser determinada inequivocamente por uma autoridade supervisora, talvez fosse pertinente exigir que os produtores vendessem aos custos marginais. Porém, embora tenhamos o hábito de discutir teoricamente como se os custos fossem um "dado", isto é, um conhecimento fornecido, os menores custos pelos quais uma coisa pode ser produzida são exatamente o que queremos que a concorrência descubra. Eles não são necessariamente conhecidos por ninguém, exceto por aquele que conseguiu descobri-los — e mesmo ele muitas vezes não saberá o que lhe permite produzir de forma mais barata do que os outros.

Em geral, portanto, também não é possível para um observador externo determinar objetivamente se um grande excesso de preço em relação aos custos — expresso em lucros elevados e decorrente de algum aprimoramento na técnica ou na organização — é apenas um retorno "adequado" do investimento. Neste contexto, "adequado" deve significar um retorno cuja expectativa foi suficiente para justificar o risco incorrido. Na produção tecnologicamente avançada, o custo de um determinado produto quase sempre será um fato objetivamente determinável, mas dependerá em grande medida da opinião do produtor acerca dos prováveis desdobramentos futuros. O sucesso da empresa individual e a sua eficiência a longo prazo dependerão do grau de exatidão das expectativas que se refletem na estimativa de custos do empresário.

Se uma empresa que fez grandes investimentos na melhoria das suas instalações deve aumentar imediatamente a produção até o ponto em que os preços caiam aos seus novos custos marginais, isso dependerá da avaliação acerca da probabilidade de futuros desdobramentos. Sem dúvida, é desejável que seja feito algum investimento numa instalação nova e mais eficiente que só será lucrativa se, por algum tempo após a entrada em operação, os preços permanecerem acima do custo operacional da instalação já existente. A construção de uma nova instalação só se justificará se existir a expectativa de que os preços pelos quais os produtos podem ser vendidos permanecerão suficientemente acima dos custos marginais, não só para possibilitar a amortização do capital investido nela, mas também para compensar o risco de criá--la. Quem pode dizer quão grande esse risco parecia, ou deveria ter parecido, para aqueles que, em primeiro lugar, tomaram a decisão de construir a nova instalação? Seria evidentemente impossível correr esses riscos se, depois de o empreendimento ter se mostrado bem-sucedido, a empresa fosse obrigada a reduzir os preços ao que então aparentariam ser os seus custos marginais. Em grande medida, o aprimoramento competitivo das técnicas produtivas baseia-se no empenho de cada um para auferir lucros monopolistas temporários enquanto estiver na liderança; e é em grande parte desses lucros que os bem-sucedidos obtêm capital para novas melhorias.

Tampouco é absurdo que, em tais situações, algumas das vantagens que os produtores poderiam oferecer aos consumidores ainda sejam mais bem atendidas pelo produtor que utiliza um novo equipamento do que por qualquer outro, e isso é tudo o que podemos exigir enquanto nos valemos do uso que ele faz do seu conhecimento. Não se sair tão bem quanto se poderia não pode ser considerado uma transgressão numa sociedade livre em que todos podem escolher a maneira de utilizar a sua pessoa e os seus bens.

Independentemente da dificuldade prática de verificar se um monopolista *de facto* aumenta a sua produção até o ponto em que os preços apenas cobrirão exatamente os custos marginais, não é de modo algum evidente que a exigência desse aumento possa ser conciliada com os princípios gerais de conduta justa em que se baseia a ordem de mercado. Na medida em que o seu monopólio resulta da sua habilidade superior ou da posse de algum fator de produção especificamente adequado ao produto em questão, isso dificilmente seria justo. Pelo menos enquanto permitirmos que as pessoas dotadas de habilidades especiais ou objetos únicos não os utilizem, seria paradoxal que, tão logo comecem a empregá-los com propósitos comerciais, sejam obrigadas a usá-los o máximo possível. Não temos maior justificativa para prescrever com que intensidade uma pessoa deve usar as suas habilidades ou as suas posses do que temos para proibi-la de usar a sua habilidade para resolver palavras cruzadas ou o seu capital para adquirir uma coleção de selos. Quando a origem de uma posição de monopólio é uma habilidade singular, seria absurdo punir o detentor por ser melhor que todos os outros, insistindo que deve dar o melhor de si. E mesmo quando uma posição de monopólio resulta da posse de algum objeto que confere uma vantagem singular, como um local especial, não pareceria menos absurdo permitir que uma pessoa usasse, na sua piscina particular, uma fonte de água que proporcionaria vantagens únicas para uma cervejaria ou destilaria de uísque, e depois, quando ela a convertesse para tal propósito, insistir que ela não deveria obter um lucro monopolístico com isso.

O poder de determinar o preço ou a qualidade de um produto no valor mais lucrativo para o proprietário de um recurso tão raro usado na sua produção é uma consequência necessária do reconhecimento da propriedade privada em coisas específicas, não podendo ser eliminada sem o abandono da instituição da propriedade privada. A esse respeito, não há diferença entre um fabricante ou comerciante que criou uma organização singular, ou adquiriu um local particularmente adequado, e um pintor que limita a sua produção à quantidade que lhe proporcionará a maior renda. Não existe maior argumento moral ou sobre justiça contra o monopolista que obtém um lucro monopolístico do que contra qualquer pessoa que decida trabalhar somente o quanto considere que vale a pena.

Veremos que a situação é totalmente diferente quando o "poder de mercado" consiste no poder de impedir que outros atendam melhor os clientes. Em certas circunstâncias, é verdade que mesmo o poder em relação aos preços etc. pode conferir a um monopolista o poder de influenciar o comportamento dos demais no mercado de uma maneira que o protege contra a concorrência indesejada. Nesses casos, veremos que, de fato, existe um argumento de peso para impedi-lo de fazer isso.

Às vezes, todavia, o surgimento de um monopólio (ou de um oligopólio) pode até ser um efeito desejável da concorrência, isto é, a concorrência terá feito o seu melhor quando, naquele momento, levou a um monopólio. Ainda que — exceto num caso especial que consideraremos mais adiante — a produção não tenda a ser mais eficiente *por ser* conduzida por um monopólio, será muitas vezes conduzida de forma mais eficaz por uma empresa específica que, por alguma razão especial, é mais eficiente do que as demais.[3] Embora isso não forneça uma justificativa para a proteção de posições monopolísticas ou para a defesa da sua preservação, torna desejável não só tolerar monopólios, mas até permitir que estes explorem as suas posições monopolísticas — desde que as mantenham unicamente para servir os seus clientes melhor do que qualquer outro produtor, e não para impedir os que acham que podem fazer ainda melhor de tentar fazê-lo. Na medida em que um produtor ocupa uma posição de monopólio porque consegue produzir a custos menores do que qualquer outro, e vender a preços menores do que qualquer outro é capaz de vender, isso é tudo o que podemos esperar alcançar — ainda que possamos conceber teoricamente um melhor uso dos recursos que, no entanto, não temos como realizar.

Se essa posição parece censurável para muitos, isso se deve sobretudo à falsa insinuação de que a palavra "monopólio" constitui um privilégio. Mas o simples fato de que um produtor (ou alguns) possa satisfazer a demanda a preços que ninguém mais consegue igualar não constitui um privilégio, desde que a incapacidade dos demais de fazer o mesmo não se deva a eles serem impedidos de tentar. O termo "privilégio" só é utilizado de forma legítima para designar um direito conferido por decreto especial (*privi-legium*) que os demais não têm, e não em relação a uma possibilidade objetiva que as circunstâncias apenas oferecem a alguns.

Na medida em que o monopólio não se baseia em privilégio no sentido estrito, é de fato sempre censurável quando isso depende de pessoas serem impedidas de tentar fazer melhor do que outras. Porém, esses monopólios ou oligopólios de que falamos nesta seção não se baseiam nesse tipo de discriminação. Baseiam-se no fato de que os homens e as coisas não são perfeitamente semelhantes e de que, muitas vezes, alguns ou mesmo apenas um deles possui certas vantagens sobre todos os demais. Sabemos como induzir esses indivíduos ou organizações a servir os seus semelhantes melhor do que qualquer outro. Contudo, não temos meios de fazê-los sempre servir a público tão bem quanto poderiam.

As realizações do mercado livre

Então, o que queremos que a concorrência gere e o que ela normalmente gera se não for impedida? É um resultado tão simples e óbvio que a maioria de nós tende a aceitá-lo como coisa natural; e desconhecemos totalmente que é algo notável o que é produzido e que nunca poderia ser obtido por qualquer autoridade que dissesse ao produtor individual o que fazer. A concorrência, quando não impedida, tende a ocasionar um estado de coisas em que: *primeiro*, será produzido tudo o que alguém sabe como produzir e que pode vender com lucro a um preço pelo qual os compradores preferirão às alternativas disponíveis; *segundo*, tudo o que se produz é produzido por pessoas capazes de fazê-lo pelo menos tão barato quanto qualquer outra pessoa que na realidade não o está produzindo;[4] e *terceiro*, tudo será vendido a preços mais baixos, ou pelo menos tão baixos quanto aqueles a que poderia ser vendido por qualquer pessoa que de fato não o faz.

Há três aspectos que devem ser considerados se quisermos entender o significado desse estado de forma adequada: primeiro, trata-se de um estado de coisas que nenhuma direção central jamais poderia produzir; segundo, chega-se extremamente perto desse estado em todas as áreas em que a concorrência não é impedida pelo governo, ou onde os governos não toleram esse impedimento por pessoas ou organizações privadas; terceiro, setores muito amplos da atividade econômica nunca chegaram perto desse estado porque os governos restringiram a concorrência ou permitiram e muitas vezes ajudaram pessoas ou organizações a fazer isso.

Por mais modestas que possam parecer à primeira vista essas realizações da concorrência, o fato é que não conhecemos nenhum outro método que traga melhores resultados; e sempre que a concorrência é impedida ou frustrada, as condições para a sua realização ficam em geral muito longe de serem satisfeitas. Considerando que a concorrência sempre foi impedida de alcançar isso em diversas áreas por meio de políticas governamentais deliberadas, enquanto se chegou muito perto dos resultados sempre que a concorrência tenha conseguido atuar, deveríamos, sem dúvida, estar mais preocupados em torná-la possível globalmente do que fazê-la funcionar conforme um padrão inatingível de "perfeição".

Em que medida, numa sociedade de funcionamento normal, o resultado descrito é de fato alcançado em todos os setores em que não há impedimento da concorrência é demonstrado pela dificuldade de descobrir oportunidades de ganhar a vida atendendo os clientes melhor do que já está sendo feito. Sabemos muito bem como isso é realmente difícil e quanta inventividade é necessária numa catalaxia em funcionamento para descobrir essas oportunidades.[5] A esse respeito, também é instrutivo comparar a situação de um país que possui uma grande classe comercialmente ativa, em que a maioria das oportunidades existentes já foram aproveitadas, com a de outro país cuja população seja menos versátil ou empreendedora, e que, em consequência, oferecerá com frequência grandes oportunidades de ganho rápido para pessoas de mentalidade diferente.[6] Nesse caso, o importante é que um espírito comercial muito desenvolvido é em si tanto o resultado quanto a condição da concorrência eficaz, e que não conhecemos outro método de gerá-lo a não ser abrindo a concorrência a todos os que desejam aproveitar as oportunidades que ela oferece.

Concorrência e racionalidade

A concorrência não é apenas o único método sabido para utilizar o conhecimento e as habilidades que outras pessoas podem possuir como também é o método pelo qual todos nós fomos levados a adquirir grande parte do conhecimento e das habilidades que possuímos. Isso não é compreendido por aqueles que sustentam que o argumento a favor da concorrência se baseia na suposição do comportamento racional daqueles que dela participam. Porém, o comportamento racional não é uma premissa da teoria econômica, ainda que costume ser apresentado como tal. Ao contrário, a alegação básica da teoria é que a concorrência faz com que seja necessário que as pessoas ajam racionalmente para se sustentarem. Baseia-se não na suposição de que maioria ou a totalidade dos participantes do processo de mercado são racionais, mas, ao contrário, na suposição de que, em geral, será por meio da concorrência que alguns indivíduos relativamente mais racionais tornarão necessário que os demais os imitem a fim de se sobressair.[7] Numa sociedade em que o comportamento racional confere uma vantagem ao indivíduo, os métodos racionais serão progressivamente desenvolvidos e difundidos por imitação. Não adianta ser mais racional do que os outros se não for possível obter benefícios dessa condição. E portanto, em geral, não é a racionalidade que é necessária para fazer a concorrência funcionar, mas a concorrência, ou as tradições que permitem a concorrência, que produzem o comportamento racional.[8] A iniciativa de fazer melhor do que pode ser feito da maneira usual é o processo pelo qual se desenvolve essa capacidade de pensar, que se manifesta posteriormente na discussão e na crítica. Nenhuma sociedade que não desenvolveu primeiro uma classe mercantil, na qual o aperfeiçoamento dos instrumentos de pensamento trouxe benefícios para o indivíduo, jamais adquiriu a capacidade de pensamento racional sistemático.

Isso deveria ser lembrado em particular pelos que tendem a sustentar que a concorrência não funcionará entre pessoas que carecem de espírito empreendedor: que se permita que algumas pessoas ascendam socialmente e sejam estimadas e poderosas porque trilharam com sucesso novos caminhos, ainda que sejam inicialmente intrusos estrangeiros, e permita-se que aqueles tentados a imitá-los tenham liberdade para fazê-lo, por pouco numerosos que sejam inicialmente, e o espírito empreendedor emergirá pelo único método que pode produzi-lo. A concorrência é tanto um método de criar certos tipos de pensamento como de criar qualquer outra coisa:

CAPÍTULO 15 • POLÍTICA GOVERNAMENTAL E O MERCADO

o próprio modo de pensar dos grandes empreendedores não existiria se não fosse o ambiente em que desenvolveram os seus dons. A mesma capacidade inata de pensar tomará um rumo totalmente diferente de acordo com a tarefa que lhe for atribuída.

Esse desenvolvimento só será possível se a maioria tradicionalista não tiver o poder de tornar compulsórios os modos e costumes tradicionais para todos, que impediriam a experimentação de novas possibilidades inerentes à concorrência. Isso significa que os poderes da maioria devem ser limitados à aplicação das normas gerais que impedem os indivíduos de invadir os domínios protegidos dos seus semelhantes, e não devem se estender a prescrições positivas do que os indivíduos devem fazer. Se o ponto de vista da maioria, ou qualquer ponto de vista *único*, prevalecer em relação a como as coisas devem ser feitas, essas evoluções, como esboçamos, pelas quais os processos mais racionais substituem gradualmente os menos racionais tornam-se impossíveis. O desenvolvimento intelectual de uma comunidade se baseia na difusão gradual das concepções de alguns, mesmo em detrimento daqueles que relutam em aceitá-las; e, embora ninguém deva ter o poder de impor aos relutantes novas concepções por considerá-las melhores, se o sucesso provar que estas são mais eficazes, aqueles que se apegam aos seus velhos hábitos não devem ser protegidos contra um declínio relativo, ou mesmo absoluto, da sua posição. Afinal, a concorrência sempre é um processo em que uma minoria obriga uma maioria a fazer o que não gosta: seja trabalhar mais, mudar hábitos ou dedicar ao seu trabalho um grau de atenção, de aplicação contínua ou de regularidade que não seria necessário sem a concorrência.

Se numa sociedade em que o espírito empreendedor ainda não se difundiu e a maioria tem o poder de proibir tudo de que não gosta, é pouco provável que ela permita o surgimento da concorrência. Duvido que um mercado funcional tenha surgido recentemente numa democracia ilimitada, e parece provável que esta o destrua onde ele já amadureceu. Para aqueles com quem os outros competem, o fato de terem concorrentes sempre é um incômodo que impede uma vida tranquila; e esses efeitos diretos da concorrência sempre são muito mais visíveis do que os benefícios indiretos resultantes dela. Em particular, os efeitos diretos serão sentidos pelos membros do mesmo setor de atividade que percebem como a concorrência está atuando, enquanto o consumidor em geral não saberá muito bem a quem se devem as ações de redução de preços ou de melhoria da qualidade.

Tamanho, concentração e poder

A ênfase enganosa na influência de uma única empresa sobre os preços, em combinação com o preconceito popular contra as grandes empresas e com os diversos fatores "sociais" que deveriam tornar desejável a preservação da classe média, do empresário independente, do pequeno artesão ou lojista, ou, em geral, da estrutura social existente, atuou contra as mudanças provocadas pelo desenvolvimento econômico e tecnológico. O "poder" que as grandes empresas podem exercer é apresentado como perigoso por si só e exige medidas governamentais especiais para restringi-lo. Essa preocupação com o tamanho e o poder das corporações individuais gera conclusões basicamente antiliberais extraídas de premissas liberais talvez mais frequentemente do que qualquer outra consideração.

Veremos agora que há dois aspectos importantes em que o monopólio pode conferir ao seu detentor um poder nocivo. Mas nem o tamanho em si, nem a capacidade de determinar os preços pelos quais todos podem comprar o seu produto é uma medida desse poder nocivo. Ainda mais importante, não existe medida ou padrão possível pelo qual podemos concluir se determinada empresa é grande demais. Sem dúvida, o simples fato de uma grande empresa "dominar" o mercado em determinado setor industrial porque as demais empresas do setor acompanham a sua liderança nos preços não é prova de que essa situação pode ser de fato aprimorada de outra forma que não com o surgimento de um concorrente eficaz — acontecimento que podemos esperar, mas que não somos capazes de provocar enquanto não houver alguém disponível que desfrute das mesmas vantagens especiais que a empresa agora dominante possui ou de outras vantagens compensadoras.

O tamanho ideal de cada empresa é uma das incógnitas a serem descobertas pelo processo de mercado, assim como os preços, as quantidades e as qualidades dos produtos a serem produzidos e vendidos. Não pode haver nenhuma norma geral acerca de qual é o tamanho desejável, pois isso depende das condições tecnológicas e econômicas em constante mudança; e sempre haverá muitas mudanças que darão vantagens a empresas cujo tamanho, segundo os padrões anteriores, parecia excessivo. É indiscutível que as vantagens relativas ao tamanho nem sempre se baseiam em fatos que não podemos alterar, tal como a escassez de certos tipos de talentos ou recursos (incluindo fatos acidentais, porém inevitáveis, como o de uma pessoa ter trabalhado anteriormente na área e, por conseguinte, ter tido mais tempo para adquirir experiência e conhecimento específico); elas são muitas vezes determinadas por arranjos institucionais que acabam por conferir uma vantagem artificial à empresa maior, no sentido de não assegurar menores custos sociais da unidade de produção. Na medida em que a legislação tributária, a lei das sociedades anônimas ou a maior influência sobre a máquina administrativa do governo confere a uma grande empresa vantagens diferenciais que não se baseiam na superioridade genuína de desempenho, há de fato todas as razões para alterar a estrutura de modo a eliminar essas vantagens artificiais pertinentes a essas empresas. Todavia, há tão pouca justificativa para a discriminação contra as grandes empresas por meio da política quanto para o seu amparo.

O argumento de que o mero tamanho confere um poder nocivo sobre o comportamento dos concorrentes no mercado possui um certo grau de plausibilidade quando pensamos em termos de um "setor industrial" em que, ocasionalmente, pode de fato só haver espaço para uma grande empresa especializada. Mas em grande medida o desenvolvimento da megacorporação tornou sem sentido a noção de setores industriais distintos que uma empresa, graças à magnitude dos seus recursos, pode dominar. Um dos efeitos imprevistos do aumento do tamanho das empresas de grande porte que os teóricos ainda não assimilaram completamente é que o grande tamanho trouxe diversificação muito além dos limites de qualquer setor industrial definível. Em consequência, o tamanho das empresas em outros setores industriais se tornou o principal obstáculo ao poder que o tamanho poderia conferir a uma única grande empresa num setor industrial. É bem possível que, no setor elétrico de um país, por exemplo, nenhuma outra empresa tenha força ou capacidade de resistência para "enfrentar" um gigante estabelecido e decidido a defender o seu monopólio *de facto* de alguns dos produtos. Porém, como demonstra o desenvolvimento das grandes empresas automobilísticas ou químicas norte-americanas, elas não têm escrúpulos em invadir as áreas nas quais o respaldo de grandes recursos é essencial para tornar promissoras as perspectivas de ingresso. Assim, o tamanho se tornou o antídoto mais eficaz para o poder do tamanho: o que controlará o poder das grandes agregações de capital são outras grandes agregações de capital, e esse controle será muito mais eficaz do que qualquer fiscalização por parte do governo, cuja permissão de uma prática implica a sua **autorização**, quando não a sua proteção absoluta. Como nunca é demais repetir, o **monopólio** fiscalizado pelo governo sempre tende a se tornar um **monopólio protegido** pelo governo; e com demasiada frequência a luta contra a grande empresa resulta no impedimento dessas evoluções por meio das quais o próprio tamanho se converte no antídoto em relação ao tamanho.

Não pretendo negar que existem fatores sociais e políticos reais (distintos dos meramente econômicos) que fazem com que um grande número de pequenas empresas aparente ser uma estrutura mais desejável ou "saudável" do que um número menor de grandes empresas. Já tivemos oportunidade de nos referir ao perigo decorrente do fato de quantidades crescentes da população trabalharem em empresas cada vez maiores e, como resultado, estarem familiarizadas com o tipo de ordem organizacional, mas alheias ao funcionamento do mercado que coordena as atividades de diversas empresas. Fatores como esse costumam ser apresentados para justificar medidas concebidas para refrear o crescimento da empresa individual ou para proteger as empresas menores e menos eficientes contra a sua substituição ou absorção por uma grande empresa.

No entanto, mesmo admitindo que essas medidas possam ser convenientes de alguma forma, são uma dessas coisas que, embora desejáveis em si mesmas, não podem ser obtidas sem a concessão de um poder discricionário e arbitrário a alguma autoridade, devendo, portanto, dar lugar à consideração superior de que nenhuma autoridade deve receber tal poder. Já enfatizamos que essa limitação de todo poder é capaz de impossibilitar a realização de alguns objetivos específicos que podem ser desejados pela maioria das pessoas, e que, em geral, para evitar males maiores, uma sociedade livre deve se privar de certos tipos de poder, mesmo que as consequências previsíveis do seu exercício pareçam tão somente benéficas e constituam talvez o único método disponível de obter esse resultado específico.

Os aspectos políticos do poder econômico

O argumento de que o grande tamanho de uma empresa confere grande poder ao seus administradores, e que esse poder de alguns homens é politicamente perigoso e moralmente censurável, sem dúvida merece uma séria reflexão. No entanto, o seu poder de persuasão resulta, em grande parte, de uma confusão dos diferentes significados da palavra "poder" e de uma constante mudança de um dos sentidos em que a posse de grande poder é desejável para outro em que é condenável: poder sobre coisas materiais e poder sobre a conduta de outros homens. Esses dois tipos de poder não estão necessariamente ligados e podem, em grande parte, ser separados. Uma das ironias da história é que o socialismo, que conquistou influência ao prometer a substituição do poder sobre os homens pela administração das coisas, conduza inevitavelmente a um aumento desenfreado do poder exercido por homens sobre outros homens.

Na medida em que grandes agregações de recursos materiais permitem a obtenção de melhores resultados quanto a produtos aprimorados ou mais baratos, ou de serviços mais desejáveis que os prestados por organizações menores, toda ampliação desse tipo de poder deve ser considerada benéfica em si mesma. O fato de que grandes agregações de recursos sob uma única direção costumam aumentar esse tipo de poder em uma proporção maior do que o tamanho da empresa é, muitas vezes, a razão para o desenvolvimento das megaempresas. Ainda que o tamanho não constitua uma vantagem sob todos os aspectos, e embora sempre haja um limite para o aumento do tamanho que ainda causa um aumento da produtividade, sempre existirão áreas em que a mudança tecnológica confere uma vantagem a unidades maiores do que aquelas que existiam anteriormente. Da substituição do tecelão artesanal pela fábrica ao desenvolvimento do processo contínuo de produção do aço e ao supermercado, os avanços no conhecimento tecnológico tornaram as unidades maiores cada vez mais eficientes. Contudo, se esse aumento de tamanho leva a um uso mais eficaz dos recursos, não aumenta necessariamente o poder sobre a conduta das pessoas, exceto o poder limitado que o chefe de uma empresa exerce sobre aqueles que ingressam nela em benefício próprio. Mesmo que uma firma que vendia por catálogo, como a Sears Roebuck & Co., tenha crescido e se tornado uma das cem maiores empresas do mundo, excedendo em muito o tamanho de qualquer empresa semelhante, e embora as suas atividades tenham afetado profundamente os padrões e os hábitos de milhões de pessoas, não se pode dizer que ela exerça o poder em nenhum outro sentido que não seja o de prestar serviços que as pessoas preferem quando estão disponíveis. Tampouco uma única empresa teria poder sobre a conduta de outros homens se fosse tão eficiente na produção de um item de equipamento mecânico de emprego universal, como, por exemplo, rolamentos de esferas, que afugentasse toda a concorrência: desde que estivesse pronta para atender todos os que esperavam o seu produto nas mesmas condições, ainda que lucrasse muito com isso, não só todos os seus clientes estariam numa situação melhor por causa da sua existência como também não se poderia dizer que dependiam do seu poder.

Na sociedade moderna, não é tanto o montante total dos recursos controlado por uma empresa que lhe dá poder sobre a conduta de outras pessoas, mas sim a sua capacidade de negar serviços de que as pessoas dependem. Como veremos na próxima seção, tampouco é, portanto, o simples poder sobre os preços dos seus produtos, mas sim o poder de exigir condições diferentes de clientes diversos que confere poder sobre a conduta. No entanto, esse poder não é diretamente dependente do tamanho, e nem sequer é resultado inevitável do monopólio — se bem que será possuído por um monopolista de qualquer produto essencial, seja ele grande ou pequeno, enquanto ele tiver liberdade para fazer uma venda dependente de condições não exigidas da mesma forma de todos os clientes. Veremos que não é só o poder discriminatório do monopolista, juntamente com a influência que pode exercer sobre o governo, que possui poderes semelhantes, que é realmente nocivo e deve ser contido. Porém, esse poder, embora muitas vezes associado à grande empresa, não é consequência necessária do tamanho, nem se limita a grandes organizações. O mesmo problema surge quando uma pequena empresa ou um sindicato de trabalhadores, que controla um serviço essencial, consegue manter uma comunidade como refém, recusando-se a atendê-la.

Antes de considerarmos mais detalhadamente o problema do controle dessas ações nocivas dos monopolistas devemos, no entanto, avaliar algumas outras razões pelas quais o tamanho costuma ser encarado como nocivo.

O fato de o bem-estar de um número muito maior de pessoas ser afetado pelas decisões de uma grande empresa e não pelas de uma pequena não significa que outros fatores devam ser envolvidos nessas decisões, ou que seja desejável ou possível, no caso daquelas primeiras, proteger-se contra erros por meio de algum tipo de fiscalização pública. Grande parte do ressentimento contra as grandes empresas resulta da crença de que elas não levam em conta as consequências que achamos que deveriam levar porque são grandes, ainda que seja certo que uma empresa menor não poderia fazê-lo: se uma grande empresa fechar uma fábrica não lucrativa, haverá um protesto porque ela "poderia ter se dado ao luxo" de mantê-la operando com prejuízo para preservar os empregos, ao passo que se a mesma fábrica fosse uma empresa independente, todos aceitariam o seu fechamento como inevitável.

Todavia, não é menos desejável que uma fábrica antieconômica seja fechada se pertencer a uma grande empresa, ainda que fosse possível mantê-la com os lucros do restante da organização, do que é no caso de uma empresa que não pode recorrer a outras fontes de receita.

Existe um sentimento generalizado de que uma grande empresa, por ser grande, deveria levar mais em conta as consequências indiretas das suas decisões, e que deveria ser obrigada a assumir responsabilidades não impostas às menores. Contudo, é justamente aqui que reside o perigo de uma grande empresa conseguir poderes indesejavelmente grandes. Na medida em que a direção tem o dever primordial de administrar os recursos sob o seu controle como interventores dos acionistas e para benefício deles, ela fica de mãos atadas e não terá nenhum poder arbitrário para favorecer esse ou aquele interesse específico. No entanto, uma vez que a direção de uma grande empresa é considerada não só no direito como também obrigada a levar em conta nas suas decisões tudo o que é considerado de interesse público ou social, ou a apoiar boas causas e agir em geral em prol do benefício público, ela adquire, de fato, um poder incontrolável — um poder que não poderia ser confiado por muito tempo aos administradores privados, mas inevitavelmente se tornaria objeto de crescente controle público.[9]

Na medida em que as empresas têm o poder para favorecer grupos de indivíduos, o mero tamanho também se tornará uma fonte de influência sobre o governo e, assim, gerará um poder de um tipo bastante questionável. Veremos logo em seguida que essa influência, muito mais grave quando exercida por grupos de interesse organizados do que pela maior das empresas individuais, só pode ser evitada privando o governo do poder de beneficiar determinados grupos.

Por fim, devemos mencionar outro caso em que é inegável que o mero tamanho da empresa cria uma situação extremamente indesejável: especificamente quando, por causa das consequências do que acontece com uma grande empresa, o governo não pode deixar que ela vá à falência. Pelo menos na medida em que a expectativa de que a grande empresa será assim protegida fizer com que o investimento nela pareça menos arriscado do que em empresas menores, isso gerará uma das vantagens "artificiais" referentes à empresa de grande porte que não se baseia em melhor desempenho e que a política deveria eliminar. Parece claro que isso só pode ser feito privando efetivamente o governo do poder de prover essa proteção, pois enquanto tiver esse poder, será vulnerável à pressão.

O ponto principal a lembrar, que costuma ser obscurecido pela atual discussão acerca do monopólio, é que não é o monopólio como tal que é nocivo, mas tão somente o impedimento da concorrência. Os dois fatos estão tão longe de ser a mesma coisa que deve ser repetido que um monopólio que se baseia totalmente num desempenho superior é absolutamente louvável — mesmo que esse monopolista mantenha os preços num nível em que obtém grandes lucros e apenas baixos o suficiente para impossibilitar que outros concorram com ele com sucesso, porque ele ainda utiliza uma quantidade menor de recursos que os outros utilizariam se produzissem a mesma quantidade do produto. Também não pode haver uma alegação legítima de que esse monopolista tem a obrigação moral de vender o seu produto tão barato quanto possível para obter um lucro "normal" — tão pouco quanto temos a obrigação moral de trabalhar com o máximo empenho possível, ou vender um objeto raro com um lucro moderado. Assim como ninguém sonha em atacar o preço "monopólico" referente à habilidade única de um pintor ou cirurgião, também não há nada de errado no lucro "monopólico" de uma empresa capaz de produzir a preços mais baixos que os de qualquer outra.

Não é o monopólio, mas sim o impedimento da concorrência (e todo impedimento da concorrência, quer conduza ou não ao monopólio) que é moralmente reprovável — e isso deve ser especialmente lembrado por aqueles "neoliberais" que acreditam que devem demonstrar a sua imparcialidade esbravejando contra todo monopólio empresarial, tanto quanto contra os monopólios de mão de obra, esquecendo que grande parte do monopólio empresarial é resultado de um melhor desempenho, enquanto todo o monopólio laboral ocorre devido à supressão coercitiva da concorrência. Quando o monopólio empresarial se baseia em um semelhante impedimento da concorrência, ele é tão condenável quanto o monopólio laboral, também deve ser impedido e precisa ser enfrentado duramente. Porém, a existência do monopólio e o tamanho da empresa não são, enquanto tais, indesejáveis ou comparáveis, em bases econômicas ou morais, a quaisquer atos que visem impedir a concorrência.

Quando o monopólio se torna nocivo

Deliberadamente deixamos de fora aqui um caso exemplar em que é necessário admitir que os monopólios tendem a surgir: aquele referente aos recursos escassos e esgotáveis, como os depósitos de certos minérios e similares. O motivo da omissão é que os problemas que surgem a esse respeito são demasiado complexos para que seja proveitosa qualquer análise sucinta. Precisamos apenas assinalar que esse único caso em que a criação de um monopólio pode ser inevitável, também é um caso em que não é de modo algum claro que um monopólio é nocivo, já que esse monopólio tende apenas a estender por um período mais longo a exploração do recurso em questão, mas não leva a nenhuma retenção permanente dos bens ou serviços em detrimento da produção total.

Em geral, pode-se dizer que o nocivo não é a existência de monopólios decorrentes de uma maior eficiência ou do controle de determinados recursos limitados, mas sim a capacidade de alguns monopólios de proteger e preservar a sua posição monopolista após o desaparecimento da causa original da sua superioridade. A principal razão para isso é que esses monopólios serão capazes de usar o seu poder não apenas sobre os preços que cobram uniformemente de todos, mas sobre os preços que podem cobrar de determinados clientes. Esse poder sobre os preços que cobrarão de determinados clientes, ou o poder de discriminação, pode ser usado sob vários aspectos para influenciar o comportamento destes no mercado e, em particular, para dissuadir ou, de outra forma, influenciar concorrentes em potencial.

Provavelmente não é muito exagerado dizer que quase todo o poder realmente nocivo dos monopólios não privilegiados reside nesse poder de discriminação, porque só ele, além da violência, lhes dá o poder sobre concorrentes em potencial. Na medida em que um monopolista desfruta dessa posição porque oferece a todos condições melhores do que qualquer um pode oferecer, mesmo que essas condições não sejam tão favoráveis quanto as que poderia oferecer, todos estão em uma situação melhor por causa da sua existência. Mas se, pelo fato de ele poder atender a maioria das pessoas em melhores condições do que qualquer um, nenhuma outra empresa estiver disposta a suprir o produto em questão, qualquer um a quem ele se recusar atender naquelas condições não terá possibilidade alternativa de satisfazer suas necessidades. Embora a maioria das pessoas ainda possa estar numa situação melhor por causa da existência desse monopolista, qualquer uma delas pode ficar à sua mercê na medida em que a natureza do produto ou serviço possibilite a discriminação dirigida, e desde que o monopolista opte por praticá-la para fazer com que o comprador se comporte, em certa medida, de uma maneira que convenha ao monopolista. Em particular, ele pode utilizar esse poder para impedir a entrada de um concorrente em potencial oferecendo condições especialmente favoráveis apenas aos clientes da região restrita na qual uma empresa ingressante será capaz de competir.

A tarefa de impedir esse uso da discriminação é especialmente difícil, porque certos tipos de discriminação de um monopolista serão muitas vezes desejáveis. Já mencionamos que há um caso em que um monopolista pode prestar melhores serviços *porque* é monopolista. É o caso em que o seu poder de discriminar entre diferentes usuários do seu produto lhe permite cobrir grande parte dos seus custos fixos a partir daqueles que podem pagar um preço relativamente maior e, então, atender outros por um preço pouco maior do que os custos variáveis. Em áreas como transporte e serviços públicos talvez ocorra de alguns serviços não poderem ser prestados com lucro sem a existência da possibilidade de discriminação conferida pelo monopólio.

Portanto, não se consegue resolver o problema impondo a todos os monopolistas a obrigação de atender todos os clientes da mesma forma. Contudo, como o poder de discriminação do monopolista pode ser empregado para coagir determinados indivíduos ou empresas, e tende a ser utilizado para restringir a concorrência de maneira indesejável, sem dúvida ele deve ser refreado por normas de conduta apropriadas. Ainda que não seja desejável tornar ilegal toda discriminação, deve ser expressamente proibida a discriminação voltada para impor uma certa conduta no mercado. No entanto, é duvidoso se isso seria alcançado eficazmente convertendo a discriminação numa transgressão passível de punição e não apenas a base de um pedido de indenização. Nesse caso, o conhecimento necessário para um processo judicial bem-sucedido não é o tipo de conhecimento que qualquer autoridade tende a possuir.

O problema da legislação antimonopólio

Parece mais promissor dar aos concorrentes em potencial um direito à igualdade de tratamento quando a discriminação não pode ser justificada por outros motivos que não o desejo de impor determinada conduta no mercado, oferecendo um estímulo para fazer valer esse direito sob a forma de múltiplas indenizações a todos os que se sentem vítimas de discriminação sem motivo razoável. Assim, encarregar os concorrentes em potencial de fiscalizar o monopolista e lhes dar um recurso contra o uso da discriminação nos preços pareceria um controle mais promissor dessas práticas do que confiar a aplicação das leis a uma autoridade supervisora. Sobretudo se a lei autorizasse explicitamente que parte das indenizações concedidas pudesse ser cobrada pelos advogados responsáveis por esses processos judiciais, em vez de honorários e despesas processuais, provavelmente logo surgiriam consultores jurídicos bastante especializados que, como deveriam a totalidade da sua atividade a tais processos, não seriam inibidos pelo receio de irritar as grandes empresas.

Em grande medida, o mesmo se aplica ao caso que não envolve um único monopolista, mas pequenos grupos de empresas que atuam em conjunto para controlar o mercado. Em geral, considera-se necessário proibir esses acertos monopólicos, ou cartéis, por meio de penalidades. O exemplo dado nos Estados Unidos pela Sherman Act de 1890 foi amplamente imitado. Parece também que as disposições da lei foram bastante bem-sucedidas em criar no mundo dos negócios um ambiente de opinião que considerou impróprios esses acordos explícitos para restringir a concorrência. Não tenho a menor dúvida de que essa proibição genérica de todos os cartéis, se fosse sistematicamente levada a cabo, seria preferível a qualquer poder discricionário concedido a autoridades com o simples propósito de impedir "abusos". Esta última leva a uma distinção entre bons e maus monopólios e, em geral, os governos se preocupam mais em proteger os bons monopólios do que combater os maus. Não há razão para acreditar que qualquer organização monopólica mereça proteção contra a concorrência ameaçadora, mas há muitas razões para acreditar que algumas associações de empresas totalmente voluntárias, que não se valem da coação, são não apenas não nocivas como, na verdade, são benéficas. Aparentemente, a proibição sujeita a penalidades não pode ser levada a cabo sem um poder discricionário de conceder isenções, ou de impor aos tribunais a difícil tarefa de decidir se determinado acordo é ou não de interesse público. Mesmo nos Estados Unidos, sob a Sherman Act e suas diversas emendas e suplementos, emergiu uma situação em que se tornou possível afirmar: "(...) a lei diz a alguns empresários que eles não devem baixar os preços, a outros que não devem aumentar os preços, e a outros ainda que não é bom fixar preços iguais".[10] Portanto, parece-me que uma terceira possibilidade, menos abrangente do que a proibição sujeita a penalidades, mas mais genérica do que a fiscalização discricionária para impedir abusos, seria mais eficaz e mais em conformidade com o estado de direito. Essa terceira possibilidade consistiria em declarar inválido e juridicamente inexequível todo acordo de restrição de comércio (reserva de mercado), sem nenhuma exceção, e em impedir todas as tentativas de impô-lo por meio de discriminação dirigida ou algo parecido, proporcionando aos que sofrem essas pressões o direito de reivindicar indenizações múltiplas, como sugerido anteriormente.

Não precisamos examinar aqui novamente a ideia equivocada de que isso seria contrário ao princípio da liberdade contratual. A liberdade contratual, como qualquer outro tipo de liberdade, significa apenas que o gênero de contrato executável nos tribunais depende somente das normas jurídicas gerais, e não da aprovação prévia do conteúdo específico do contrato pela autoridade. Diversos gêneros de contratos, como os de jogos de azar, de propósitos imorais ou de serviço contínuo, foram há muito tempo considerados não válidos e não executáveis. Não há razão para que o mesmo não se aplique também a todos os contratos de restrição de comércio [reserva de mercado], e não há motivo para que todas as tentativas de fazer alguém obedecer certas normas de conduta, sob a ameaça de suspensão dos serviços usuais, não sejam tratadas como interferência indevida no seu domínio privado, o que lhe dá o direito à indenização. A solução prática do nosso problema pode ser bastante facilitada pela necessidade que surgirá, como veremos adiante, de impor ao poder das "pessoas jurídicas" (empresas e todas as outras organizações formais ou informais) limitações especiais que não se aplicam às pessoas físicas.

A razão pela qual um objetivo assim modesto da legislação parece-me prometer melhores resultados é que ela pode ser aplicada universalmente sem exceções, ao passo que todas as tentativas mais ambiciosas são geralmente enfraquecidas por tantas exceções que não se tornam nem de longe tão eficazes quanto seria a aplicação geral de uma norma menos abrangente — para não mencionar o poder discricionário absolutamente indesejável que, no primeiro sistema, confere ao governo o poder de determinar o caráter da atividade econômica.

Provavelmente não há melhor exemplo do fracasso da tentativa mais ambiciosa do que a lei contra a restrição da concorrência da República Federal da Alemanha.[11] Ela começa com a disposição abrangente que, inteiramente no sentido que sugerimos, declara sem validade todos os acordos restritivos da concorrência. Porém, após também tornar esses acordos uma transgressão passível de punição, acaba por abrir tantas exceções na norma geral, eximindo totalmente vários gêneros de contratos ou conferindo às autoridades poderes discricionários de autorizá-los, que, por fim, limitam a aplicação da lei a um setor tão limitado da economia que priva o conjunto de grande parte da sua eficácia. Não teria havido necessidade da maioria das exceções, senão de todas elas, se a lei tivesse se limitado ao que determinou no primeiro parágrafo e não acrescentasse uma proibição sujeita a penalidades à declaração da nulidade dos acordos de restrição da concorrência.

Como existem certamente todos os tipos de acordos sobre os padrões e afins que devem ser aplicados a menos que outras condições sejam acordadas explicitamente em casos específicos, e que são totalmente benéficos desde que a adesão a eles seja puramente voluntária e nenhuma pressão possa ser exercida sobre os que consideram do seu interesse desviar-se deles, toda proibição cabal desses acordos seria nociva. Tanto no que diz respeito aos tipos de produtos quanto aos termos do contrato, o estabelecimento dessas normas, como seria do interesse da maioria observar em situações normais, geraria economias consideráveis. Nessas situações, todavia, não será tanto que a norma seja obrigatória, mas que compense para o indivíduo seguir uma prática padrão estabelecida que trará a sua conformidade. O controle necessário desses acordos sobre padrões que se tornam obstrutivos será proporcionado por qualquer empresa individual que tenha a liberdade explícita de se afastar da norma ao firmar um contrato sempre que isso for do interesse de ambas as partes contratantes.

Antes de deixar esse assunto em particular, algumas palavras podem ser acrescentadas sobre a atitude curiosamente contraditória da maioria dos governos em relação ao monopólio. Embora nos últimos tempos tenham em geral procurado controlar os monopólios na produção e distribuição de bens manufaturados e, neste setor, aplicado com frequência padrões demasiado rigorosos, ao mesmo tempo, em setores muito mais amplos — transportes, serviços públicos, mão de obra, agricultura e, em diversos países, também finanças — eles têm apoiado deliberadamente o monopólio ou o utilizaram como instrumento de política governamental. Ademais, na maioria das vezes, a legislação anticartel ou antitruste teve como objetivo a associação de algumas grandes empresas e raramente atingiu de forma efetiva as práticas restritivas dos grandes grupos de empresas menores organizadas em associações de classe e afins. Se acrescentarmos a isso o grau em que os monopólios foram favorecidos com taxas alfandegárias, patentes industriais, alguns aspectos do direito empresarial e os princípios de tributação, é justo perguntar se o monopólio teria alguma vez sido um problema sério se o governo tivesse simplesmente se abstido de privilegiá-lo. Embora acredite que deveria ser um dos objetivos da evolução do direito reduzir o poder pessoal sobre o comportamento de outras pessoas no mercado, e que alguns efeitos benéficos resultariam disso, não me parece que isso se compare em importância com o que poderia ser obtido pelo governo se ele se abstivesse de privilegiar o monopólio por meio de normas discriminatórias ou medidas políticas.

A principal ameaça não é o egoísmo individual, mas sim o grupal

Embora a indignação pública e, em consequência, também a legislação tenham sido dirigidas quase exclusivamente contra as ações egoístas dos monopolistas individuais, ou de algumas empresas proeminentes atuando em conjunto, o que acima de tudo ameaça destruir a ordem de mercado não é a ação egoísta de empresas individuais, mas sim o egoísmo de grupos organizados. Em grande medida, estes conquistaram o seu poder mediante o auxílio que receberam do governo para suprimir as manifestações de egoísmo individual que teriam mantido a sua ação sob controle. Até que ponto o funcionamento da ordem de mercado já foi prejudicado, e ameaça se tornar cada vez mais inoperante, decorre não tanto do surgimento de grandes unidades produtivas, como da organização deliberadamente promovida das unidades produtivas em relação a interesses coletivos. O que está impedindo cada vez mais o funcionamento das forças espontâneas do mercado não é o que o público tem em mente quando se queixa dos monopólios, mas as associações de classe e os sindicatos de diferentes categorias. Em grande medida, eles atuam por meio da pressão que conseguem exercer sobre o governo para "regulamentar" o mercado em seu próprio interesse.

Foi uma infelicidade que esses problemas tenham se tornado agudos pela primeira vez em relação aos sindicatos de trabalhadores quando a solidariedade generalizada com os seus objetivos resultou na tolerância de métodos que decerto não poderiam ser permitidos em geral e que, mesmo no domínio laboral, precisarão ser contidos, ainda que a maioria dos trabalhadores tenha passado a considerá-los como direitos arduamente adquiridos e sagrados. Basta perguntar quais seriam os efeitos se as mesmas técnicas fossem usadas em geral para propósitos políticos em vez de econômicos (como na verdade elas às vezes já são), para perceber que são incompatíveis com a preservação do que conhecemos como uma sociedade livre.

A própria expressão "liberdade de organização", consagrada pelo seu uso como brado de guerra não só pelos sindicatos de trabalhadores como também pelas organizações políticas indispensáveis ao governo democrático, contém implicações que não estão de acordo, mas em conflito com o domínio do direito em que se baseia uma sociedade livre. Sem dúvida, qualquer controle dessas atividades por meio da fiscalização discricionária do governo seria incompatível com uma ordem livre. Porém, a expressão "liberdade de organização", assim como "liberdade de contrato", não deveria ser interpretada como significando que as atividades das organizações não devem estar sujeitas a normas que restrinjam os seus métodos, ou mesmo que a ação coletiva das organizações não deve ser restringida por normas que não se aplicam às pessoas físicas. Provavelmente, os novos poderes criados pelo aperfeiçoamento das técnicas organizacionais e pelo direito concedido a eles pelas leis existentes exigirão limitações mediante normas jurídicas gerais muito mais restritas do que aquelas que se considerou necessário impor por lei às ações das pessoas físicas.

É fácil entender por que o indivíduo fraco muitas vezes sentirá bem-estar ao saber que faz parte de um grupo organizado composto por pessoas com objetivos comuns e que, como grupo organizado, é mais forte do que a pessoa mais forte. No entanto, é uma ilusão acreditar que esse indivíduo se beneficiaria, ou que a maioria em geral se beneficiaria à custa da minoria se todos os interesses fossem assim organizados. O efeito dessa organização na sociedade em geral seria tornar o poder mais opressivo, e não menos. Ainda que os grupos possam então valer mais do que os indivíduos, os pequenos grupos ainda podem ser mais poderosos do que os grandes, simplesmente porque os primeiros são mais passíveis de organização, ou pelo fato de o conjunto da sua produção ser mais indispensável do que o conjunto da produção dos grupos maiores. E mesmo que, para o indivíduo, o seu interesse pessoal mais importante possa ganhar reforço ao ingressar numa organização, este interesse, que é organizável, talvez ainda seja menos importante para ele do que a soma de todos os seus outros interesses que serão infringidos por outras organizações e que ele próprio não será capaz de defender associando-se a um número correspondente de outras organizações.

A importância e o respeito dados aos organismos coletivos resultam de uma crença compreensível, embora incorreta, de que quanto maior se tornar o grupo, mais os seus interesses corresponderão ao interesse de todos. O termo "coletivo" ficou envolvido com a mesma aura de aprovação estabelecida pelo termo "social". Porém, longe de os interesses coletivos de diversos grupos serem os mais próximos dos interesses da sociedade em geral, ocorre exatamente o oposto. Enquanto é possível se afirmar de forma legítima, como ideia aproximada, que o egoísmo individual induzirá o indivíduo, na maioria das vezes, a agir de maneira propícia à preservação da ordem espontânea da sociedade, o egoísmo de um grupo fechado, ou o desejo dos seus membros de se tornar um grupo fechado, será sempre em oposição ao verdadeiro interesse comum dos membros de uma Grande Sociedade.[12]

Isso é o que a economia clássica já tinha revelado claramente e a análise marginal moderna apresentou de forma mais satisfatória. O valor de qualquer serviço específico que um indivíduo presta aos membros da sociedade é sempre apenas o referente às últimas adições (ou adições marginais) que ele faz a todos os serviços daquele tipo; e se é para deixar o máximo possível para os outros, independentemente do que qualquer membro da sociedade retire do conjunto de produtos e serviços, isso requer que não os grupos como tais, mas os indivíduos distintos que os compõem, por meio da sua livre circulação entre os grupos, se esforcem para aumentar tanto quanto possível as suas respectivas rendas. No entanto, o interesse comum dos membros de qualquer grupo organizado será fazer com que o valor dos seus serviços corresponda não ao valor do último incremento, mas ao valor que o agregado dos serviços prestados pelo grupo possui para os usuários. Desse modo, os fornecedores de alimentos, de energia elétrica, de transportes ou de serviços médicos etc. terão como objetivo usar o seu poder conjunto de determinar o volume desses serviços para obter um preço que será muito superior ao que os consumidores estariam dispostos a pagar pelo último incremento. Não existe nenhuma relação necessária entre a importância de um tipo de mercadoria ou serviço em geral e o valor da última adição que ainda é fornecida. Se ter algum alimento é essencial para a sobrevivência, isso não significa que a última adição à oferta de alimentos também seja mais importante que a produção de uma quantidade adicional de algo pouco importante, ou que a produção de alimentos deva ser mais bem remunerada que a produção de coisas cuja existência é, sem dúvida, muito menos importante que a disponibilidade de alimentos.

No entanto, o interesse especial dos fornecedores de alimentos, eletricidade, transportes ou serviços médicos será obter uma remuneração não apenas segundo o valor marginal do tipo de serviços prestados, mas segundo o valor que a oferta total de serviços em questão tem para os usuários. A opinião pública, que continua a enxergar o problema em termos da importância desse tipo de serviço como tal, tende por isso a dar algum apoio a essas demandas, porque considera que a remuneração deveria ser adequada à importância absoluta da mercadoria em questão. Apenas pelos esforços dos produtores marginais, que podem ganhar a vida prestando os seus serviços por um valor muito abaixo do que os consumidores estariam dispostos a pagar se a oferta total fosse menor, que temos garantia de abundância e melhores oportunidades para todos. Por outro lado, os interesses coletivos dos grupos organizados sempre serão contrários a esse interesse geral e visam impedir que esses indivíduos marginais acrescentem à oferta total.

Portanto, qualquer controle exercido pelos membros de um setor empresarial ou de uma categoria profissional sobre o montante total de bens ou serviços a serem ofertados sempre será contrário ao verdadeiro interesse geral da sociedade, enquanto os interesses egoístas dos indivíduos os impulsionarão habitualmente a fazer essas contribuições marginais que custarão, aproximadamente, tanto quanto o preço pelo qual podem ser vendidas.

É uma concepção totalmente equivocada que uma barganha entre grupos — em que os produtores e os consumidores de cada uma das diferentes mercadorias ou serviços, respectivamente, estão associados — conduziria a uma situação que assegurasse eficiência na produção ou um tipo de distribuição que aparentasse ser justo sob qualquer ponto de vista. Mesmo que todos os diferentes interesses (ou mesmo todos os interesses "importantes") pudessem ser organizados (e, como veremos, eles não podem), a espécie de equilíbrio entre as forças de distintos grupos organizados que algumas pessoas esperam como o resultado necessário ou até desejável dos desenvolvimentos que já estão acontecendo há algum tempo produziria, de fato, uma estrutura que seria comprovadamente irracional, ineficiente e injusta ao extremo, em função de qualquer prova de justiça que exija um tratamento em relação a todos segundo as mesmas normas.

A razão decisiva para isso é que nas negociações entre grupos organizados existentes os interesses dos que promovem os ajustes necessários às mudanças, especificamente aqueles que poderiam melhorar a sua situação transferindo-se de um grupo para outro, são sistematicamente desprezados.

No que concerne ao grupo para o qual desejam se transferir, o principal objetivo deste será mantê-los afastados. E os grupos que desejam abandonar não terão estímulo para ajudar o seu ingresso no que será, frequentemente, uma grande variedade de outros grupos. Assim, num sistema em que as organizações dos produtores existentes de diversas mercadorias e serviços determinam preços e quantidades a serem produzidas, aqueles que promovem o ajuste contínuo à mudança serão privados de influenciar os acontecimentos. Não é verdade, como supõe o argumento em defesa dos diversos sistemas sindicalistas ou corporativistas, que o interesse de qualquer um está atrelado ao interesse de todos os outros que produzem os mesmos bens. Pode ser muito mais importante para alguns produtores a possibilidade de se transferir para outro grupo, e esses movimentos são, sem dúvida, muito importantes para a preservação da ordem geral. No entanto, são essas mudanças que, possíveis num mercado livre, os acordos entre grupos organizados visarão impedir.

Os produtores organizados de determinadas mercadorias ou serviços procurarão, em geral, justificar as políticas excludentes alegando que ainda conseguem satisfazer toda a demanda e que, se e quando não conseguirem fazê-lo, estarão totalmente dispostos a deixar que outros ingressem no ramo. O que eles não dizem é que isso significa apenas que conseguem satisfazer a demanda aos preços vigentes, os quais lhes proporcionam o que consideram como lucros adequados. No entanto, o desejável é que a demanda seja satisfeita aos preços mais baixos que outros poderiam ser capazes de ofertar — deixando para aqueles que agora estão no ramo talvez apenas um rendimento que reflita o fato de que a sua habilidade específica já não é escassa ou que o seu equipamento já não é moderno. Em particular, embora devesse ser tão lucrativo para os produtores organizados introduzir aperfeiçoamentos técnicos quanto o é para todos os produtores ingressantes, isso envolverá riscos para os primeiros e, muitas vezes, a necessidade de levantar capital externo que perturbará a sua confortável posição estabelecida e parecerá não valer a pena, a menos que a sua posição seja ameaçada por aqueles insatisfeitos com as suas próprias posições. Deixar que os produtores estabelecidos decidam quando os novos concorrentes devem ser permitidos levaria simplesmente à preservação do *status quo*.

Mesmo numa sociedade em que todos os diversos interesses estivessem organizados como grupos fechados e diferentes, isso levaria apenas a um congelamento da estrutura existente e, como resultado, a um declínio gradual da economia à medida que ela se tornasse gradualmente menos ajustada às novas condições. Desse modo, não é verdade que semelhante sistema seria insatisfatório e injusto apenas na medida em que nem todos os grupos estivessem igualmente organizados. Assim, é incorreta a crença de autores como G. Myrdal e J. K. Galbraith[13] de que as falhas da ordem existente são só de tipo transitório, que serão sanadas quando o processo de organização estiver concluído. O que torna ainda viável a maioria das economias ocidentais é que a organização de interesses é até agora apenas parcial e incompleta. Se estivesse concluída, teríamos um impasse entre esses grupos de interesse, gerando uma estrutura econômica completamente rígida que não poderia ser rompida por nenhum acordo entre os interesses estabelecidos, mas unicamente pela força de um poder ditatorial.

As consequências da determinação política dos rendimentos dos diferentes grupos

O interesse comum a todos os membros de uma sociedade não é a soma dos interesses comuns aos membros dos grupos existentes de produtores, mas apenas o interesse pela adaptação contínua a condições em constante transformação que alguns grupos específicos sempre considerarão da sua conveniência impedir. Portanto, o interesse dos produtores organizados sempre é contrário ao único e permanente interesse de todos os membros individuais da sociedade, especificamente o interesse pela contínua adaptação a mudanças imprevisíveis, necessária mesmo que apenas o nível de produção existente seja mantido (cf. Capítulos 8 e 10). O interesse dos produtores organizados sempre é impedir o ingresso de outros que querem compartilhar a sua prosperidade ou evitar a sua exclusão de um grupo pelos produtores mais eficientes quando a demanda declinar. Com isso, todas as decisões estritamente econômicas, ou seja, todos os novos ajustes a mudanças imprevistas, serão impedidas. No entanto, a viabilidade de uma sociedade depende da realização suave e contínua dessas mudanças graduais e de não serem impedidas por obstáculos que só podem ser derrubados com suficiente acúmulo de pressão. Todos os benefícios que recebemos da ordem espontânea do mercado são os resultados dessas mudanças e só se manterão se as mudanças puderem prosseguir. Porém, toda mudança desse tipo prejudicará alguns grupos de interesse; e, portanto, a preservação da ordem de mercado dependerá de que esses interesses não possam impedir o que lhes desagrada. Assim, o tempo todo é do interesse da maioria que alguns sejam submetidos à necessidade de fazer algo que lhes desagrada (como mudar de emprego ou aceitar um ganho menor), e esse interesse geral só será satisfeito se for admitido o princípio de que cada pessoa deve se sujeitar a mudanças quando circunstâncias que ninguém consegue controlar determinam que é ela que está submetida a essa necessidade. Esse risco em si é inseparável da ocorrência de mudanças imprevistas; e a única escolha que temos é permitir que os efeitos dessas mudanças recaiam, mediante o mecanismo impessoal do mercado, sobre os indivíduos aos quais o mercado exigirá que façam a mudança ou aceitem uma redução de ganhos, ou decidir, de forma arbitrária ou por uma luta pelo poder, quem deve arcar com o ônus que, nesse caso, será necessariamente maior do que teria sido se tivéssemos permitido que o mercado promovesse a mudança necessária.

Em alguns países, o impasse já provocado pela determinação política de preços e salários por grupos de interesse gerou a reivindicação de uma "política de rendas" destinada a substituir a determinação pelo mercado da remuneração dos diferentes fatores de produção pela sua fixação pela autoridade. A reivindicação se baseia no reconhecimento de que, se os salários e os outros rendimentos não são mais determinados pelo mercado, mas sim pela força política dos grupos organizados, alguma coordenação deliberada se torna necessária — e em particular, se essa determinação política tiver de ser realizada quanto aos salários quando tal determinação se tornar mais evidente, isso só será possível se um controle semelhante também for aplicado a todos os demais rendimentos.

No entanto, o perigo imediato resultante da reivindicação de uma "política de rendas" foi o processo inflacionário gerado pela pressão competitiva por um aumento de todos os rendimentos. Como forma de conter esse movimento ascendente de todos os rendimentos monetários, essas "políticas de rendas" estavam fadadas ao fracasso. E as políticas inflacionárias pelas quais estamos tentando atualmente superar aquela "rigidez" não passam de paliativos que, no final das contas, não resolverão o problema, mas apenas o agravarão: porque o alívio temporário das dificuldades proporcionado por essas políticas só permite o fortalecimento da rigidez. Nenhum congelamento de salários e preços consegue alterar o mal-estar básico, e toda tentativa de provocar as necessárias alterações dos preços relativos por meio da decisão da autoridade deve fracassar, não só porque nenhuma autoridade é capaz de saber quais são os preços adequados, mas principalmente porque ela deve, em tudo o que faz, empenhar-se em parecer justa, ainda que as mudanças necessárias não tenham nada a ver com justiça. Em consequência, todas as medidas de "política de rendas" que foram tomadas não chegaram nem perto de resolver o problema realmente central, o da restauração do processo pelo qual os rendimentos relativos dos diferentes grupos são ajustados às condições em transformação; e, ao tratar isso como uma questão de decisões políticas, só pioraram as coisas. Como vimos, o único conteúdo definido que pode ser dado ao conceito de "justiça social" é o da preservação das posições relativas dos diferentes grupos; mas são essas que devem ser alteradas para que o ajuste das novas condições seja obtido. Se a mudança só puder ocorrer por decisão política, o efeito apenas poderá ser, já que não existe base para um acordo real, uma crescente rigidez de toda a estrutura econômica.

Como a Grã-Bretanha foi o único grande país que, num momento em que era necessária uma completa readaptação da aplicação dos seus recursos, se viu numa situação de extrema rigidez gerada por uma estrutura salarial de determinação essencialmente política, as dificuldades resultantes passaram a ser conhecidas como a "doença inglesa". Contudo, em diversos outros países, em que a situação não é muito diferente, métodos semelhantes estão sendo atualmente adotados em vão para resolver o mesmo gênero de dificuldades.

O que ainda não é geralmente reconhecido é que, na nossa sociedade atual, os verdadeiros exploradores não são capitalistas ou empresários egoístas, e de fato tampouco indivíduos distintos, mas organizações cujo poder resulta do apoio moral referente à ação coletiva e ao sentimento de lealdade grupal. É o viés intrínseco das instituições existentes em favor dos grupos de interesse que confere a essas organizações uma preponderância artificial sobre as forças de mercado e que é a causa principal da injustiça real na nossa sociedade e da distorção da sua estrutura econômica. Provavelmente, mais injustiças reais são realizadas em nome da lealdade grupal do que por quaisquer razões de egoísmo individual. Quando reconhecemos que a capacidade de organização de um interesse não guarda nenhuma relação com a sua importância de qualquer ponto de vista social, e que os interesses só podem ser organizados efetivamente se estiverem em condições de exercer poderes antissociais de coerção, a noção ingênua de que, se o poder dos grupos de interesse for controlado por um "poder compensatório",[14] isso produzirá uma ordem social viável, aparenta ser um despropósito. Se por "mecanismo regulatório", do qual fala o principal expositor dessas ideias, se entende um mecanismo propício ao estabelecimento de uma ordem benéfica ou racional, os "poderes compensatórios" certamente não produzem semelhante mecanismo. Toda a ideia de que o poder dos grupos de interesse pode ser ou será neutralizado pelo "poder compensatório" constitui uma recaída nos métodos de resolução de conflitos que outrora prevaleceram entre os indivíduos e dos quais a evolução e a aplicação das normas de conduta justa nos libertaram aos poucos. O problema do desenvolvimento das normas de conduta justa semelhantes para grupos organizados continua a ser, em grande medida, um problema para o futuro, e a principal preocupação nos esforços para resolvê-lo terá que ser a proteção dos indivíduos contra a pressão grupal.

Grupos de interesse organizáveis e não organizáveis

Durante o último meio século, aproximadamente, a opinião dominante que norteou a política tem sido a de que o crescimento dos grupos de interesse com o propósito de exercer pressão sobre o governo é inevitável, e que os seus efeitos obviamente nocivos se devem ao fato de que apenas alguns grupos já estão assim organizados; essa falha, acredita-se, desaparecerá logo que todos os grupos de interesse importantes estiverem igualmente organizados, de modo a se contrabalançarem mutuamente. Os dois pontos de vista são comprovadamente falsos. Em primeiro lugar, só vale a pena pressionar o governo se ele tiver o poder de favorecer determinados interesses, sendo que esse poder só existe se o governo tiver autoridade para estabelecer e aplicar normas dirigidas e discriminatórias. Em segundo lugar, como foi demonstrado num importante estudo de M. Olson,[15] exceto no caso de grupos relativamente pequenos, a existência de interesses comuns normalmente *não* leva à formação espontânea de uma organização abrangente desses grupos de interesse, o que de fato só aconteceu quando o governo apoiou positivamente as iniciativas para organizar todos os membros desses grupos, ou pelo menos tolerou o uso da coerção ou discriminação para viabilizar essa organização. No entanto, pode-se demonstrar que esses métodos nunca conseguem viabilizar uma organização abrangente de todos os grupos de interesse importantes, mas sempre gerarão uma condição em que os grupos de interesse não organizáveis serão sacrificados e explorados pelos grupos de interesse organizáveis.

A demonstração de Olson de que, *primeiro*, em geral, apenas grupos relativamente pequenos formam uma organização; *segundo*, de que as organizações dos grandes grupos econômicos que hoje controlam o governo em grande medida só surgiram com a ajuda do poder desse governo; e, *terceiro*, de que é impossível, *a priori*, organizar todos os grupos e que, em consequência, a organização de determinados grandes grupos, com o apoio do governo, acarretando uma persistente exploração de grupos não organizados ou não organizáveis, é aqui de fundamental importância. A estes últimos parecem pertencer grupos importantes como os consumidores em geral, os pagadores de impostos, as mulheres, os idosos e muitos outros que, em conjunto, constituem uma parte bastante substancial da população. Todos esses grupos estão fadados a sofrer com o poder dos grupos de interesse organizados.

CAPÍTULO 16

O FRACASSO DO IDEAL DEMOCRÁTICO: UMA RECAPITULAÇÃO

An nescis, mi fili, quantilla prudentia regitur orbis?

AXEL OXENSTIERNA (1648)*

O fracasso do ideal democrático

Não é mais possível ignorar que um número cada vez maior de pessoas criteriosas e bem-intencionadas está pouco a pouco perdendo a fé no que antigamente foi para elas o ideal inspirador da democracia.

Isso vem acontecendo ao mesmo tempo que ocorre uma constante ampliação do campo ao qual o princípio da democracia está sendo aplicado, e ocorre em parte talvez em consequência disso. Porém, claramente, as dúvidas crescentes não se limitam a esses abusos óbvios de um ideal político: elas dizem respeito ao seu verdadeiro cerne. A maioria dos que estão perturbados por sua perda de confiança numa esperança que por longo tempo os guiou se mantém sabiamente calada. Contudo, meu temor acerca dessa situação me faz erguer a voz.

Parece-me que a desilusão que tantos experimentam se deve não ao fracasso do princípio da democracia como tal, mas ao fato de o termos testado de maneira errada. É porque me sinto ansioso para resgatar o verdadeiro ideal do descrédito em que está caindo que venho tratando de descobrir o erro que cometemos e como podemos evitar as consequências negativas do processo democrático que temos observado.

CAPÍTULO 16 • O FRACASSO DO IDEAL DEMOCRÁTICO: UMA RECAPITULAÇÃO

Claro que, para evitar frustrações, qualquer ideal deve ser abordado com espírito sensato. No caso da democracia, em particular, não devemos esquecer que a palavra se refere unicamente a um método específico de governo. Originalmente, significava apenas certo procedimento para se chegar a decisões políticas, não nos dizendo nada acerca de quais deveriam ser os objetivos do governo. Contudo, como o único método de mudança pacífica de governo já descoberto pelos homens, é, apesar de tudo, valioso e digno de luta.

Uma democracia de "barganha"

No entanto, não é difícil entender por que o resultado do processo democrático, na sua forma atual, frustra amargamente os que acreditavam no princípio de que o governo deveria ser norteado pela opinião da maioria.

Ainda que alguns afirmem que essa seja a situação hoje em dia, ela é falsa demais para enganar pessoas observadoras. De fato, em toda a história, os governos nunca estiveram tão pressionados quanto agora pela necessidade de satisfazer os desejos particulares de numerosos grupos de interesse. Os críticos da democracia atual gostam de falar em "democracia de massa". Porém, se o governo democrático estivesse realmente comprometido com aquilo com que as massas estão de acordo, haveria pouco a objetar. A causa das queixas não é que os governos satisfazem uma opinião consensual da maioria, mas sim que estão obrigados a atender os diversos interesses de um conglomerado de numerosos grupos. Embora improvável, é pelo menos concebível que um governo autocrático exerça um autocontrole; todavia, um governo democrático onipotente simplesmente não é capaz de fazê-lo. Se os seus poderes não forem limitados, ele simplesmente não poderá se restringir a atender os pontos de vista consensuais da maioria do eleitorado. Será forçado a reunir e manter unida uma maioria satisfazendo as exigências de uma infinidade de grupos de interesse, cada um dos quais consentindo com a concessão de benefícios especiais a outros grupos na medida em que os seus próprios interesses especiais sejam igualmente considerados. Essa democracia de barganha nada tem a ver com os conceitos utilizados para justificar o princípio da democracia.

O jogo de interesses dos grupos

Quando refiro-me aqui à necessidade de o governo democrático ser limitado, ou mais resumidamente da necessidade de uma democracia limitada, evidentemente não estou querendo dizer que a parte do governo democraticamente gerida deveria ser limitada, mas que *todo* governo, sobretudo se democrático, deveria ser limitado. A razão é que o governo democrático, embora nominalmente onipotente, torna-se em decorrência dos poderes ilimitados muito fraco, o jogo de todos os distintos interesses que tem que satisfazer para garantir o apoio da maioria.

Como ocorreu essa situação?

Durante dois séculos, desde o fim da monarquia absolutista até a ascensão da democracia ilimitada, o grande objetivo do governo constitucional foi limitar todos os poderes governamentais. Entre os princípios essenciais estabelecidos gradualmente para impedir todo exercício arbitrário do poder incluíram-se a separação dos poderes, a soberania ou o estado de direito, o governo nos termos da lei, a distinção entre direito público e privado e as normas de procedimento judicial. Todos esses princípios ajudaram a definir e limitar as condições sob as quais qualquer coerção em relação aos indivíduos era admissível. Considerava-se que a coerção só se justificava no interesse geral. E apenas a coerção de acordo com normas uniformes aplicáveis igualmente a todos era considerada de interesse geral.

Todos esses importantes princípios liberais ficaram em segundo plano e foram quase esquecidos quando se passou a acreditar que o controle democrático do governo tornara desnecessárias quaisquer outras salvaguardas contra o uso arbitrário do poder. O que houve não foi tanto o esquecimento dos velhos princípios, mas o fato de que sua expressão verbal tradicional foi privada de significado mediante a mudança gradual das palavras-chaves usadas neles. O mais importante desses termos cruciais em que o significado das fórmulas clássicas da constituição liberal se transformou foi "Lei"; e todos os velhos princípios perderam o seu sentido conforme o conteúdo desse termo foi sendo modificado.

CAPÍTULO 16 • O FRACASSO DO IDEAL DEMOCRÁTICO: UMA RECAPITULAÇÃO

Leis *versus* prescrições

Para os fundadores do constitucionalismo, o termo "Lei" tivera um sentido restrito muito preciso. Somente ao se limitar o governo por meio da lei nesse sentido é que se podia esperar a proteção da liberdade individual. Afinal, os filósofos do direito do século XIX a definiram como normas que regulam a conduta das pessoas em relação às demais, aplicáveis a um número desconhecido de ocorrências futuras e contendo proibições que delimitam (mas sem especificar, é claro) as fronteiras do domínio protegido de todas as pessoas e grupos organizados. Após longas discussões, em que os juristas alemães, em particular, tinham, por fim, elaborado essa definição do que chamaram de "lei no sentido material", ela acabou sendo de súbito abandonada pelo que atualmente pode parecer uma objeção quase cômica. Nos termos dessa definição, as normas de uma constituição não seriam lei no sentido material.

É claro que não são normas de conduta, mas sim normas de organização governamental, e, como todo o direito público, tendem a mudar frequentemente, ao passo que o direito privado (e penal) pode perdurar.

A lei foi concebida para prevenir a conduta injusta. A justiça se referia a princípios aplicáveis igualmente a todos, e contrastava com todas as prescrições ou privilégios específicos referentes a determinados indivíduos ou grupos. Porém, quem acredita ainda hoje, como James Madison acreditava há duzentos anos, que a Câmara dos Deputados seria incapaz de criar "leis que não tivessem pleno efeito sobre os próprios legisladores e seus amigos, assim como sobre a grande massa da sociedade"?

O que aconteceu com a aparente vitória do ideal democrático foi que o poder de estabelecer leis e o poder governamental de emitir direções foram parar nas mãos das mesmas assembleias. O efeito disso foi necessariamente que a autoridade governamental suprema ficou livre para dar a si mesma quaisquer leis que a ajudassem a alcançar os propósitos particulares do momento. Mas isso significou forçosamente o fim do princípio do governo *nos termos* da lei. Embora fosse bastante razoável exigir que não só a legislação propriamente dita como também as medidas governamentais fossem determinadas por processos democráticos, confiar ambos os poderes à mesma assembleia (ou assembleias) significou, na verdade, o retorno ao governo com poderes ilimitados.

Também invalidou a crença original de que uma democracia, porque tinha de obedecer à maioria, só poderia fazer o que fosse do interesse geral.

Isso teria sido verdade em relação a um organismo que só pudesse fornecer leis *gerais* ou decidir sobre questões de interesse verdadeiramente *geral*. Porém, isso não só *não* é verdade como também cabalmente *impossível* em relação a um organismo que dispõe de poderes ilimitados e deve usá-los para comprar votos de grupos de interesse, incluindo os de alguns pequenos grupos ou mesmo de indivíduos poderosos. Tal organismo, que não deve sua autoridade à demonstração da sua crença na justiça das suas decisões comprometendo-se com as normas gerais, está constantemente sob a necessidade de conceder vantagens especiais para recompensar o apoio dado por diferentes grupos. As "necessidades políticas" da democracia contemporânea estão longe de serem todas reivindicadas pela maioria!

Leis e governo arbitrário

O resultado dessa evolução não foi apenas que o governo não estava mais de acordo com a lei. Também contribuiu para que o próprio conceito de lei perdesse o seu significado. O suposto legislativo já não estava limitado (como John Locke pensara que deveria ser) à elaboração de lei no sentido de normas gerais. *Tudo* o que o "legislativo" decidia passou a ser chamado de "lei", e não era mais chamado de legislativo porque criava leis, e sim porque "leis" se tornou o nome de tudo que emanava do "legislativo". Assim, o santificado termo "lei" perdeu todo o seu antigo significado, tornando-se o nome para as prescrições do que os pais do constitucionalismo teriam chamado de governo arbitrário. A função de governar se transformou na principal atividade do "legislativo", e a função de legislar se tornou subsidiária a ela.

O termo "arbitrário" também perdeu o seu significado clássico. A palavra significara "sem normas" ou algo determinado por vontade particular, e não conforme normas reconhecidas. Nessa verdadeira acepção, até a decisão de um governante autocrático pode ser legal, enquanto a decisão de uma maioria democrática pode ser inteiramente arbitrária. Mesmo Rousseau, o principal responsável por trazer para uso político o infeliz conceito de "vontade", entendeu, pelo menos ocasionalmente, que, para ser justa, essa vontade deve ter *intenção geral*. Porém, nas assembleias legislativas contemporâneas, é óbvio que a decisão das maiorias não precisa ter esse atributo. Tudo é válido, desde que aumente o número de votos a favor das medidas governamentais.

Um parlamento soberano e onipotente, não limitado a estabelecer normas gerais, significa que temos um governo arbitrário. Pior ainda, um governo que não pode, mesmo que queira, obedecer quaisquer princípios, mas deve se manter por meio da distribuição de favores especiais a determinados grupos, precisa comprar a sua autoridade mediante a discriminação. Lamentavelmente, o Parlamento britânico, que fora o modelo para a maioria das instituições representativas, também introduziu a ideia de soberania (isto é, onipotência) do parlamento. Mas a soberania do *direito* e a soberania de um *parlamento* ilimitado são incompatíveis. Todavia, hoje, quando Enoch Powell afirma que "uma Declaração de Direitos é incompatível com a livre constituição desse país", Gallagher se apressa em assegurar que ele entende isso e concorda com Powell.[1]

Acontece que os norte-americanos tinham razão duzentos anos atrás e que um parlamento todo-poderoso significa a morte da liberdade individual. Ao que tudo indica, uma constituição livre já não significa a liberdade do indivíduo, mas *a licença para a maioria do parlamento agir tão arbitrariamente quanto lhe satisfaça*. Podemos ter um parlamento livre ou um povo livre. A liberdade pessoal requer que toda autoridade seja contida por princípios de longo prazo e aprovados pela opinião do povo.

Do tratamento desigual à arbitrariedade

Levou algum tempo para que essas consequências da democracia ilimitada se revelassem.

Durante algum tempo, as tradições desenvolvidas no período do constitucionalismo liberal atuaram como uma contenção à ampliação do poder governamental. Sempre que essas formas de democracia foram imitadas em partes do mundo onde essas tradições não existiam, é óbvio que elas, invariavelmente, logo fracassaram. Mas nos países com maior experiência de governos representativos, as barreiras tradicionais ao uso arbitrário do poder foram solapadas, inicialmente, a partir de motivos inteiramente benevolentes. A discriminação para ajudar os menos afortunados não parecia ser discriminação. (Mais recentemente, até inventamos a expressão absurda "menos privilegiados" para ocultar isso.) Contudo, para colocar em situação material mais igualitária pessoas que são inevitavelmente bastante diferentes em muitas das condições das quais depende o seu sucesso mundano, é necessário tratá-las de forma desigual.

No entanto, a quebra do princípio da *igualdade de tratamento nos termos da lei* mesmo em prol da caridade abriu inevitavelmente as comportas para a arbitrariedade. Para disfarçá-la, recorreu-se ao espectro da fórmula da "justiça social"; ninguém sabe exatamente o que significa, mas, por isso mesmo, serviu como a varinha de condão que derrubou todas as barreiras às medidas parciais. Distribuir gratificações à custa de outrem *que não pode ser facilmente identificado* tornou-se a maneira mais atraente de comprar o apoio da maioria. Todavia, um parlamento ou governo que se transforma numa instituição de caridade fica com isso exposto a uma chantagem incontível. E em pouco tempo deixa de ser o "merecimento", mas se torna exclusivamente a "necessidade política" que determina quais grupos devem ser favorecidos à custa de todos.

Essa corrupção legalizada não é culpa dos políticos; eles não podem evitá-la se querem conquistar cargos em que possam fazer algum bem. Essa corrupção se torna uma característica inerente de qualquer sistema em que o apoio da maioria autoriza medidas especiais para aliviar descontentamentos particulares. Tanto um legislativo limitado a estabelecer normas gerais quanto um órgão governamental que só pode usar a coerção para aplicar normas gerais que não é capaz de alterar conseguem resistir a essa pressão. Já uma assembleia onipotente não é capaz. Privado de todo poder de coerção discricionária, naturalmente o governo ainda poderia discriminar na prestação de serviços — mas isso seria menos nocivo e poderia ser mais facilmente evitado. Porém, uma vez que o governo central não possua nenhum poder de coerção discriminatória, a maioria dos serviços poderia, e provavelmente deveria, ser delegada a empresas regionais ou locais competindo em busca de consumidores mediante a prestação dos melhores serviços a custos mais baixos.

A separação dos poderes para impedir o governo com poderes ilimitados

Parece evidente que uma assembleia representativa nominalmente ilimitada ("soberana") será paulatinamente levada a uma ampliação constante e ilimitada dos poderes do governo. Parece igualmente claro que isso só pode ser evitado pela divisão do poder supremo entre duas assembleias distintas democraticamente eleitas, isto é, pela aplicação do princípio da separação dos poderes no mais alto nível.

CAPÍTULO 16 • O FRACASSO DO IDEAL DEMOCRÁTICO: UMA RECAPITULAÇÃO

É óbvio que essas duas assembleias distintas teriam que ser compostas de maneira diferente para que uma, a assembleia *legislativa*, representasse a *opinião* do povo acerca de que gênero de ações governamentais são justas ou não, e a outra, a assembleia *governamental*, fosse orientada pela *vontade* do povo a respeito de medidas específicas a serem tomadas no âmbito das normas estabelecidas pela primeira. Para essa segunda função — que tem sido a principal ocupação dos parlamentos existentes —, as práticas e organizações parlamentares se tornaram bem adaptadas, sobretudo com a sua organização em linhas partidárias, que é, de fato, indispensável para a condução do governo.

Contudo, não era sem razão que os grandes pensadores políticos do século XVIII, sem exceção, desconfiavam profundamente das divisões partidárias num verdadeiro legislativo. É inegável que os parlamentos existentes são, em grande medida, inaptos para a atividade legislativa propriamente dita. Eles não têm nem o tempo nem a disposição de espírito correta para fazer isso bem.

CAPÍTULO 17

UM MODELO DE CONSTITUIÇÃO

Em todos os casos, deve ser vantajoso saber qual é a mais perfeita no gênero, para que possamos ser capazes de levar qualquer constituição ou forma de governo real o mais próximo possível da sociedade, por meio de alterações e inovações tão sutis que não causem a ela excessiva perturbação.

DAVID HUME[*]

O mau caminho tomado pelo desenvolvimento das instituições representativas

O que podemos fazer hoje para alcançar, em função da experiência adquirida, os objetivos que, há quase duzentos anos, os pais da Constituição dos Estados Unidos da América, pela primeira vez, tentaram assegurar por meio de uma construção deliberada? Embora os nossos objetivos ainda possam ser os mesmos, há muita coisa que deveríamos ter aprendido com essa notável experiência e as suas numerosas imitações. Sabemos agora por que se frustrou a esperança dos autores daqueles documentos de conseguirem, por meio deles, limitar efetivamente os poderes do governo. Eles esperavam, mediante uma separação entre os poderes legislativo, executivo e judiciário, subordinar governo e indivíduos a normas de conduta justa. Não teriam podido prever que, pelo fato de o legislativo também ficar incumbido da direção do governo, a função de estabelecer normas de conduta justa e de direcionar determinadas atividades governamentais para fins específicos viriam a se confundir irremediavelmente, e que o termo "lei" deixaria de significar apenas normas de conduta justa universais e uniformes que limitassem toda coerção arbitrária. Em consequência, nunca conseguiram realmente a separação dos poderes que tinham almejado. Em vez disso, criaram nos Estados Unidos um sistema em que o poder de organizar e conduzir o governo, muitas vezes em detrimento da sua eficiência, foi dividido entre o chefe do executivo e uma assembleia representativa, eleitos em momentos diferentes e com base em princípios diferentes e, portanto, frequentemente em mútuo desacordo.

Já vimos que o desejo de que tanto o estabelecimento das normas de conduta justa quanto a direção do governo existente estejam sob responsabilidade dos órgãos representativos não necessariamente significa que ambos os poderes devem ser confiados ao mesmo órgão. Com efeito, a possibilidade de uma solução diferente para o problema[1] é sugerida por uma fase anterior do desenvolvimento das instituições representativas. Pelo menos a princípio, o controle da direção do governo foi realizado sobretudo por intermédio do controle da receita governamental. Por uma evolução que começou na Grã-Bretanha já no fim do século XIV, o poder em relação ao erário foi gradualmente delegado à Câmara dos Comuns. Quando, no fim do século XVII, o direito exclusivo dos Comuns de legislar sobre matérias financeiras foi, afinal, definitivamente concedido pela Câmara dos Lordes, esta, enquanto a mais alta corte do país, ainda conservou o controle último quanto ao aprimoramento das normas do direito consuetudinário. O que teria sido mais natural do que a Câmara dos Lordes, ao conceder aos Comuns o controle exclusivo da direção do governo existente, ter reivindicado, em troca, o direito exclusivo de alterar por lei as normas aplicáveis de conduta justa?

Essa evolução não seria realmente possível enquanto a Câmara Alta representasse uma pequena classe privilegiada. Porém, em princípio, uma divisão por funções, em vez de uma divisão de acordo com as diferentes classes representadas, poderia ter levado a uma situação em que os Comuns obteriam pleno poder sobre o aparelho governamental e sobre todos os recursos materiais colocados à sua disposição, mas só poderiam empregar a coerção nos limites das normas estabelecidas pela Câmara dos Lordes. Ao organizar e dirigir o que era a função governamental propriamente dita, os Comuns teriam completa liberdade. Para orientar as ações dos funcionários do governo em relação ao que fosse propriedade do estado, poderiam estabelecer quaisquer normas que acordassem. Mas nem eles nem os seus servidores poderiam coagir cidadãos, exceto para fazê-los obedecer às normas reconhecidas ou estabelecidas pela Câmara Alta. Então, teria sido inteiramente lógico que os assuntos correntes do governo fossem dirigidos por um comitê da Câmara Baixa, ou melhor, da sua maioria. Desse modo, esse governo, em seus poderes sobre os cidadãos, estaria inteiramente sob uma lei que não teria poder para alterar a fim de adequá-la aos seus propósitos particulares.

Essa separação de funções teria exigido e produzido aos poucos uma nítida distinção entre normas de conduta justa e instruções ao governo. Logo teria demonstrado a necessidade de uma autoridade judicial superior, capaz de resolver conflitos entre dois organismos representativos e, dessa forma, criar gradualmente uma distinção cada vez mais precisa entre os dois tipos de normas, as do direito privado (incluindo o penal) e as do direito público, que atualmente se confundem porque são designadas pelo mesmo termo: "lei".

Em vez desse esclarecimento progressivo da distinção fundamental, a combinação de funções totalmente diferentes sob a responsabilidade de um único órgão levou a uma crescente imprecisão do conceito de lei. Vimos que a distinção não é fácil de traçar e que a tarefa apresenta problemas complicados até para o pensamento jurídico moderno. Todavia, não se trata de uma tarefa impossível. Ainda que uma solução totalmente satisfatória possa exigir progresso adicional da nossa compreensão, é por meio desse progresso que toda a legislação se desenvolveu.

O valor de um modelo de constituição ideal

Supondo que uma distinção entre os dois gêneros de normas, que atualmente chamamos de leis, possa ser traçada claramente, o seu significado ganhará contornos mais nítidos se traçarmos com algum detalhe o tipo de disposição constitucional que asseguraria uma real separação de poderes entre dois órgãos representativos distintos, pela qual a elaboração de leis em sentido estrito e a função governamental propriamente dita seriam conduzidas democraticamente, mas por órgãos diferentes e mutuamente independentes. Ao apresentar esse esboço, meu intento não é propor um esquema constitucional para a presente aplicação. Certamente não desejo insinuar que um país com uma tradição constitucional firmemente estabelecida substitua a sua constituição por uma nova, formulada nos moldes aqui sugeridos.

CAPÍTULO 17 • UM MODELO DE CONSTITUIÇÃO

Contudo, além do fato de que os princípios gerais discutidos nas páginas precedentes adquirirão uma forma mais definida se eu esboçar aqui uma constituição que os incorpore, há duas outras razões que parecem fazer valer a pena esse esboço.

Em primeiro lugar, pouquíssimos países do mundo estão na auspiciosa situação de possuir uma forte tradição constitucional. De fato, além do mundo anglófono, provavelmente apenas os pequenos países do norte da Europa e a Suíça possuem essas tradições. A maioria dos outros países nunca preservou uma constituição por tempo suficiente para que ela se tornasse uma tradição profundamente arraigada. Além disso, em muitos deles também falta o antecedente de tradições e crenças que, nos países mais afortunados, fizeram funcionar as constituições que não enunciavam explicitamente todos os seus pressupostos ou que nem sequer existiam na forma escrita. Isso é ainda mais verdadeiro em relação aos novos países que, sem uma tradição ao menos remotamente semelhante ao ideal do estado de direito que as nações europeias mantêm há muito tempo, adotaram as instituições da democracia destas últimas sem dispor dos fundamentos de crenças e convicções pressupostos por essas instituições.

Para que essas tentativas de transplantar a democracia não fracassem, grande parte desse antecedente de tradições e crenças não escritas, que por muito tempo contiveram o abuso do poder majoritário nas democracias bem-sucedidas, terá que ser explicitado nos instrumentos de governo em relação às novas democracias. O fato de a maior parte dessas tentativas ter fracassado até agora não prova que as concepções básicas da democracia são inaplicáveis, mas apenas que as instituições específicas que por algum tempo funcionaram razoavelmente bem no Ocidente pressupõem a aceitação tácita de alguns outros princípios que, até certo ponto, eram observados ali, mas que, onde ainda não são reconhecidos, devem se tornar parte da constituição escrita tanto quanto os demais. Não temos o direito de presumir que as formas específicas de democracia que funcionaram nos nossos países também deverão funcionar em outros. A experiência parece mostrar que isso não acontece. Portanto, justifica-se plenamente perguntar de que modo essas concepções, que nosso tipo de instituições representativas pressupunha tacitamente, podem ser explicitamente inseridas nessas constituições.

Em segundo lugar, os princípios incorporados no esquema a ser esboçado podem ser relevantes em relação aos esforços contemporâneos para criar novas instituições supranacionais. Parece haver um sentimento crescente de que podemos esperar obter algum tipo de direito internacional, mas é duvidoso se podemos, ou mesmo se devemos, criar um governo supranacional além de alguns órgãos exclusivamente de serviços. No entanto, se algo precisa ficar claro é que, para que esses esforços não fracassem, ou não sejam mais nocivos do que benéficos, essas novas instituições supranacionais terão, por muito tempo, que se limitar a impedir que governos nacionais pratiquem ações prejudiciais a outros países, mas sem possuir poderes para ordená-los a fazer coisas específicas. Várias das objeções que compreensivelmente as nações têm a confiar a uma autoridade internacional o poder de dar ordens a diversos governos nacionais poderiam muito bem ser enfrentadas se essa nova autoridade se restringisse ao estabelecimento de normas gerais que apenas proibissem certas formas de ações dos estados-membros ou dos seus cidadãos. Porém, para isso, ainda precisamos descobrir de que modo o poder de legislar, no sentido em que foi entendido por aqueles que acreditavam na separação dos poderes, pode ser efetivamente separado dos poderes de governar.

Os princípios básicos

A cláusula básica dessa constituição teria que enunciar que, em tempos normais, e com exceção de certas situações de emergência claramente definidas, os homens só poderiam ser impedidos de fazer o que desejassem, ou coagidos a fazer determinadas coisas, em conformidade com as normas reconhecidas de conduta justa concebidas a delimitar e proteger o domínio individual de cada um; e que o conjunto aceito de normas desse tipo só poderia ser alterado pelo que chamaremos de Assembleia Legislativa. Em geral, esta só teria poder na medida em que provasse a sua intenção de ser justa, comprometendo-se com normas universais destinadas a serem aplicadas em um número desconhecido de ocorrências futuras e sobre cuja aplicação a casos específicos ela não teria poder adicional. A cláusula básica teria que conter uma definição do que pode ser lei nesse sentido restrito de *nomos*, o que permitiria que um tribunal decidisse se determinada resolução da Assembleia Legislativa possuía as propriedades formais para torná-la lei nesse sentido.

Vimos que essa definição não poderia se basear em critérios puramente lógicos, mas teria que exigir que as normas se destinassem a ser aplicadas a um número indefinido de ocorrências futuras desconhecidas, para atender a formação e preservação de uma ordem abstrata cujos conteúdos concretos seriam imprevisíveis, mas não a obtenção de propósitos concretos específicos e, finalmente, para excluir todas as disposições destinadas a afetar principalmente determinados indivíduos ou grupos identificáveis, ou conhecidas por afetá-los. Também precisaria reconhecer que, embora as alterações do conjunto reconhecido de normas de conduta justa já existentes fossem um direito exclusivo da Assembleia Legislativa, o conjunto inicial dessas normas abarcaria não só os produtos da legislação anterior como também aquelas concepções ainda não enunciadas e implícitas em decisões anteriores às quais os tribunais deveriam estar sujeitos e que seria o seu trabalho explicitar.

Naturalmente, a cláusula básica não pretenderia definir as funções do governo, mas apenas definir os limites dos seus poderes coercitivos. Ainda que restringisse os meios que o governo poderia empregar na prestação de serviços aos cidadãos, não imporia nenhum limite direto ao conteúdo dos serviços que ele poderia prestar. Deveremos voltar a essa questão quando tratarmos das funções do segundo órgão representativo, a Assembleia Governamental.

Essa cláusula, por si só, obteria tudo que as Declarações de Direitos tradicionais pretendiam assegurar, e mais ainda; e, portanto, tornaria desnecessária qualquer enumeração à parte de uma lista de direitos fundamentais especiais protegidos. Isso fica claro quando se considera que nenhum dos Direitos Humanos tradicionais, como a liberdade de expressão, de imprensa, de religião, de reunião e associação, ou a inviolabilidade de domicílio e correspondência etc., pode ser ou jamais foi direito absoluto que não pode ser limitado por normas jurídicas gerais. É óbvio que a liberdade de expressão não significa que temos liberdade para caluniar, difamar, ludibriar, incitar ao crime, causar pânico por alarme falso e assim por diante. Todos esses direitos só são tácita ou explicitamente protegidos contra restrições "salvo nos termos da lei". Todavia, essa limitação, como ficou muito claro nos tempos modernos, é significativa e não priva a proteção desses direitos de toda eficácia contra o "legislativo", apenas se por "lei" entendermos não toda resolução devidamente aprovada por uma assembleia representativa, mas somente as normas que podem ser qualificadas como leis no sentido estrito aqui definido.

Os direitos fundamentais, tradicionalmente protegidos por Declarações de Direitos, não são os únicos que devem ser protegidos para se evitar o poder arbitrário, nem todos esses direitos essenciais que constituem a liberdade individual podem ser enumerados totalmente. Embora, como foi mostrado anteriormente, as iniciativas para ampliar o conceito hoje chamado direitos sociais e econômicos tenham sido equivocadas (ver o apêndice ao Capítulo 9), há diversos exercícios imprevisíveis de liberdade individual que não são menos merecedores de proteção do que aqueles enumerados em várias Declarações de Direitos. Em geral, os mencionados explicitamente são os que, em determinadas épocas, foram especialmente ameaçados, e em particular os que pareciam precisar de proteção para que o governo democrático funcionasse. Porém, distingui-los como especialmente protegidos sugere que, em outras áreas, o governo pode usar a coerção sem se submeter às normas jurídicas gerais.

De fato, foi por isso que, a princípio, os primeiros autores da Constituição norte-americana não quiseram incluir nela uma Declaração de Direitos, e que, quando foi acrescentada, a ineficaz e praticamente esquecida Nona Emenda determinou que "a enumeração de certos direitos na Constituição não deve ser interpretada como negação ou menosprezo de outros direitos que o povo detém". A enumeração de determinados direitos como protegidos contra violações "salvo nos termos da lei" poderia, de fato, implicar que, em outros pontos, o legislativo tem liberdade para restringir ou coagir as pessoas sem se comprometer com uma norma geral. E a ampliação do termo "lei" a praticamente qualquer resolução do legislativo tornou sem sentido, ultimamente, até essa proteção. No entanto, o propósito de uma constituição é justamente coibir até mesmo o legislativo de todas as restrições e coerções arbitrárias. E, como salientou de forma convincente um distinto jurista suíço,[2] as novas possibilidades criadas pelos desenvolvimentos tecnológicos podem, no futuro, tornar outras liberdades ainda mais importantes do que aquelas protegidas pelos direitos fundamentais tradicionais.

O que os direitos fundamentais visam proteger é simplesmente a liberdade individual no sentido da ausência de coerção arbitrária. Isso exige que a coerção só seja usada para impor as normas universais de conduta justa que protegem os domínios individuais e para arrecadar recursos para sustentar os serviços prestados pelo governo; e uma vez que o que está implícito aqui é que o indivíduo só pode ser restringido em condutas que possam invadir o domínio protegido de outrem, ele, sob tal disposição, teria total liberdade em todas as ações que afetassem apenas o seu domínio pessoal ou o de outras pessoas responsáveis em comum acordo, sendo-lhe então assegurada toda a liberdade capaz de ser garantida pela ação política. Que essa liberdade talvez tenha que ser suspensa temporariamente quando as instituições que se destinam a preservá-la a longo prazo estiverem ameaçadas, ocasião em que se torna necessário unir-se em ação comum em prol do objetivo supremo de defendê-las, ou evitar algum outro risco comum para toda a sociedade, é outra questão que abordaremos mais adiante.

Os dois órgãos representativos com funções distintas

A ideia de confiar a tarefa de enunciar as normas gerais de conduta justa a um órgão representativo distinto daquele encarregado da função de governar não é inteiramente nova. Algo assim foi tentado pelos antigos atenienses quando permitiram que apenas a *nomothetae*, um órgão distinto, alterasse o *nomos* fundamental.[3] Como *nomos* é praticamente o único termo que conservou, pelo menos aproximadamente, o significado de normas gerais de conduta justa, e como o termo *nomothetae* foi restabelecido num contexto algo semelhante na Inglaterra do século XVII,[4] e novamente por J. S. Mill,[5] será conveniente empregá-lo de vez em quando como uma designação para aquele órgão puramente legislativo que os defensores da separação dos poderes e os teóricos do estado de direito tinham em mente sempre que for necessário distingui-lo de modo enfático do segundo órgão representativo, que chamaremos de Assembleia Governamental.

Evidentemente, uma assembleia legislativa tão singular só propiciaria um controle eficaz das decisões de um órgão governamental igualmente representativo se não fosse composta da mesma maneira; na prática, isso parece exigir que as duas assembleias não devem ser escolhidas do mesmo modo ou pelo mesmo período. Se as duas assembleias fossem simplesmente encarregadas de tarefas diferentes, mas compostas de proporções aproximadamente iguais de representantes dos mesmos grupos e, sobretudo, dos mesmos partidos, o legislativo provavelmente forneceria apenas as leis que o órgão governamental quisesse para os seus propósitos como se elas fossem um único órgão.

As diferentes atribuições também exigem que as diferentes assembleias representem os pontos de vista dos eleitores sob diferentes aspectos. Para os propósitos do governo propriamente dito, parece conveniente que os desejos concretos dos cidadãos por determinados resultados possam se expressar, ou, em outras palavras, que os seus interesses específicos sejam representados; portanto, para a condução do governo, uma maioria comprometida com um programa de ação e "capaz de governar" é obviamente necessária. O ato de legislar propriamente dito, por outro lado, não deve ser regido por interesses, mas por opiniões, isto é, por pontos de vista sobre que *tipo* de ação é certa ou errada — não como um instrumento para a obtenção de fins particulares, mas como uma norma permanente e independente do efeito sobre indivíduos ou grupos específicos. Ao escolher aqueles com maior probabilidade de cuidar eficazmente dos seus interesses particulares e ao escolher aqueles a quem se pode confiar a defesa imparcial da justiça, o povo provavelmente elegeria candidatos muito diferentes: a eficácia no primeiro tipo de tarefa exige qualidades muito diferentes da probidade, da sabedoria e do tirocínio, que são de primordial importância no segundo tipo.

O sistema de eleição periódica de todo o conjunto de representantes é bem concebido não só para torná-los sensíveis aos desejos flutuantes do eleitorado, mas também para fazê-los se organizar em partidos e torná-los dependentes dos objetivos acordados dos partidos comprometidos com a defesa de determinados interesses e programas de ação. Mas, na verdade, também obriga o membro individual a se submeter à disciplina partidária para obter o apoio do partido para a reeleição.

Não é razoável esperar de uma assembleia de representantes encarregada de cuidar de interesses particulares as qualidades que os teóricos clássicos da democracia esperavam de uma amostra representativa do povo em geral. Mas isso não significa que, se as pessoas fossem solicitadas a eleger representantes sem poder para lhes conceder favores particulares, elas não poderiam ser induzidas a responder designando aqueles cujo discernimento aprenderam a respeitar mais, sobretudo se precisassem escolher entre candidatos que já tivessem reputação estabelecida nas atividades comuns da vida.

Portanto, o que parece ser necessário para o propósito de legislar propriamente dito é uma assembleia de homens e mulheres eleitos em idade relativamente madura e por períodos razoavelmente longos, como quinze anos, para que não tenham que se preocupar com reeleição. Após esse período, para torná-los totalmente independentes da disciplina partidária, não seriam nem reelegíveis nem obrigados a voltar a ganhar a vida no mercado, mas teriam a garantia de um emprego público contínuo em cargos honoríficos, mas neutros, como o de juiz leigo, de modo que, durante o seu mandato de legisladores, não dependeriam do apoio partidário e tampouco se preocupariam com o seu futuro pessoal. Para garantir isso, apenas pessoas que já tivessem se realizado nas atividades comuns da vida deveriam ser eleitas. Ao mesmo tempo, para evitar que a assembleia tivesse uma proporção muito elevada de idosos, pareceria sensato recorrer à antiga experiência de que os juízes mais justos de um homem são os homens da mesma idade, e pedir aos integrantes de cada grupo de uma mesma idade que, uma vez na sua vida — por exemplo, quando atingissem a idade de quarenta e cinco anos —, escolhessem, do seu meio, representantes para servir durante quinze anos.

O resultado seria uma assembleia legislativa de homens e mulheres entre quarenta e cinco e sessenta anos, cuja décima quinta parte seria substituída anualmente. Assim, o conjunto espelharia a parcela da população que já ganhara experiência e tivera a oportunidade de conseguir boa reputação, mas que ainda estava nos seus melhores anos. Especificamente, convém notar que, embora a população com menos de quarenta e cinco anos não estivesse representada nessa assembleia, a idade média dos seus membros — cinquenta e dois anos e meio — seria inferior à da maioria dos órgãos representativos existentes, mesmo que a força da parcela mais idosa permanecesse constante mediante a substituição dos que deixassem o cargo por motivo de morte ou doença, o que, no curso normal dos acontecimentos, talvez fosse desnecessário e só aumentasse a proporção daqueles com pouca experiência na atividade legislativa.

Diversas salvaguardas adicionais poderiam ser empregadas para assegurar a total independência dessas *nomothetae* da pressão de interesses particulares ou partidos organizados. As pessoas que já tivessem cumprido mandatos na Assembleia Governamental ou em organizações partidárias poderiam ser consideradas inelegíveis para a Assembleia Legislativa. E mesmo que muitos membros tivessem uma ligação mais próxima com certos partidos, haveria pouco incentivo para obedecerem instruções da liderança partidária ou do governo no poder.

Os membros só seriam afastados por má conduta grave ou negligência no cumprimento do dever por meio de votação de um grupo de pares ou ex-pares com base nos princípios que hoje se aplicam aos juízes. A garantia de ter, após o fim do mandato e até a idade da aposentadoria remunerada (isto é, entre os sessenta e os setenta anos), um cargo digno como membros leigos de tribunais judiciários seria um fator importante que contribuiria para a sua independência; de fato, o seu salário poderia ser definido pela Constituição numa certa porcentagem da média dos, por exemplo, vinte cargos mais bem remunerados do governo.

Poder-se-ia esperar que esse cargo viesse a ser considerado por cada grupo etário uma espécie de prêmio a ser concedido aos mais respeitados entre os seus contemporâneos. Como a Assembleia Legislativa não deveria ser muito numerosa, relativamente poucos indivíduos teriam de ser eleitos anualmente. Isso poderia tornar aconselhável o emprego de um método indireto de eleição, que designasse delegados regionais para elegerem os representantes do meio deles. Assim, um estímulo adicional seria dado para que cada distrito indicasse como delegados pessoas cujo prestígio lhes conferisse maior probabilidade de ser eleitas na segunda votação.

A princípio, pode parecer que essa assembleia puramente legislativa teria muito pouco trabalho a fazer. Se pensássemos exclusivamente nas atribuições que até agora enfatizamos, especificamente a revisão do direito privado (incluindo o direito comercial e penal), de fato elas só pareceriam exigir ação de tempos em tempos, e não haveriam de proporcionar ocupação adequada e ininterrupta para um seleto grupo de pessoas muito competentes. No entanto, essa primeira impressão é enganosa. Ainda que tenhamos usado o direito privado e o penal como nossos principais exemplos, é preciso lembrar que todas as normas de conduta aplicáveis devem ter a sanção dessa assembleia. Embora, no âmbito deste livro, tenhamos tido poucas oportunidades de entrar em detalhes nessas questões, assinalamos repetidas vezes que essas atribuições abarcam não só os princípios da tributação como também todos os regulamentos de segurança e saúde, incluindo os de produção e construção, que devem ser aplicados no interesse geral e enunciados sob a forma de normas gerais. Estas abrangem não só o que costumava ser chamado de legislação de segurança, mas também todos os difíceis problemas referentes à criação de uma estrutura adequada em favor de um mercado competitivo e funcional e ao direito empresarial, que mencionamos no capítulo anterior.

No passado, em grande medida, essas questões tiveram que ser delegadas pelo legislativo, que carece de tempo para a análise meticulosa dos assuntos envolvidos, muitas vezes bastante técnicos, que, em consequência, acabaram sendo entregues à burocracia ou a órgãos especiais criados para esse fim. Na verdade, um "legislativo" ocupado sobretudo com questões prementes do governo vigente está fadado a enfrentar dificuldade para dar a essas matérias a devida atenção. No entanto, são matérias não de administração, mas de legislação propriamente dita, sendo considerável o risco de que a burocracia assuma, se as atribuições lhe são delegadas, poderes discricionários e essencialmente arbitrários. Não haveria razões intrínsecas para que a regulamentação dessas matérias não assumisse a forma de normas gerais (como ainda acontecia na Grã-Bretanha antes de 1914) se fosse empreendida a sério pelo legislativo, em vez de ela ser considerada do ponto de vista da conveniência dos administradores que ambicionam obter poder. Provavelmente, grande parte dos poderes obtidos pela burocracia, e que são de fato incontroláveis, são fruto da delegação realizada pelos legislativos.

No entanto, embora eu não esteja realmente preocupado com a falta de ocupação adequada dos membros do legislativo, acrescentarei que não considero lamentável, e sim desejável, que um grupo selecionado de homens e mulheres, que já tenham reputação estabelecida nas atividades comuns da vida, seja então liberado, durante um certo período, da necessidade ou obrigação de se dedicar a tarefas impostas pelas circunstâncias, para que possa refletir sobre os princípios de governo ou se ocupar de uma causa que pareça importante. Algumas pessoas com tempo livre são essenciais para que o espírito público se expresse nessas atividades voluntárias em que novos ideais podem se manifestar. Essa era a função do homem independente financeiramente, e embora eu acredite que isso seja um argumento de peso a favor da sua preservação, não há razão para que essas pessoas sejam as únicas a ter essa oportunidade. Se aqueles a quem os seus contemporâneos demonstram a mais elevada confiança possível estão livres para dedicar uma parte substancial do seu tempo a tarefas de sua própria escolha, eles podem contribuir muito para o desenvolvimento desse "setor voluntário", que é tão necessário para que o governo não assuma um poder esmagador. E ainda que o cargo de membro do legislativo não se revele muito oneroso, é preciso que tenha grande honra e dignidade, para que, sob certos aspectos, os membros desse órgão democraticamente eleito sejam capazes de desempenhar o papel que Max Weber chamou de *honoratiores*, ou seja, figuras públicas independentes que, à parte de suas funções de legisladores, e sem vínculos partidários, podem assumir a liderança de várias iniciativas voluntárias.

No que tange à principal incumbência dessas *nomothetae*, pode-se achar que o maior problema não seria o de elas terem ou não trabalho suficiente a fazer, mas sim se haveria estímulo suficiente para fazê-lo. Pode-se temer que o próprio grau de independência de que gozam seja capaz de instigá-las à indolência. Embora me pareça bastante improvável que pessoas que anteriormente se sobressaíram na vida ativa e cuja posição futura dependeria da reputação pública, uma vez que foram eleitas por quinze anos para um cargo em que seriam praticamente irremovíveis, não cumpram as suas obrigações, é possível a criação, em caso de negligência, de disposições semelhantes às que se aplicam no caso dos juízes. Ainda que os integrantes do legislativo devam ser totalmente independentes da organização governamental, pode muito bem haver alguma fiscalização por parte de algum grupo de ex-membros do órgão, que, em caso de negligência dos deveres, pode até ter o direito de afastar os representantes. Caberia também a esse grupo atribuir, no final do mandato dos membros da Assembleia Legislativa, cargos a cada representante que se retirasse, desde o de presidente do Tribunal Constitucional até o de assessor leigo de algum órgão judicial secundário.

No entanto, a Constituição também deveria prevenir contra a eventualidade de a Assembleia Legislativa se tornar totalmente inativa, estipulando que, embora ela deva ter poderes exclusivos para estabelecer normas gerais de conduta justa, estes poderiam ser temporariamente transferidos para a Assembleia Governamental caso a primeira não respondesse, num prazo razoável, a uma notificação do governo de que algumas normas fossem estabelecidas sobre determinada questão. Provavelmente, essa disposição constitucional tornaria desnecessária, por sua mera existência, a sua invocação. O zelo da Assembleia Legislativa possivelmente atuaria com força suficiente para assegurar que ela responderia, num prazo razoável, a qualquer questão suscitada de normas de conduta justa.

Observações adicionais sobre a representação por faixas etárias

Ainda que unicamente o princípio geral do modelo da constituição sugerido seja pertinente ao tema central deste livro, o método de representação por idade proposto para a Assembleia Legislativa oferece tantas possibilidades interessantes para o avanço das instituições democráticas que vale a pena detalhá-lo um pouco mais. O fato de os membros de cada faixa etária saberem que teriam algum dia uma importante missão comum a desempenhar poderia muito bem levar à formação antecipada de associações locais de contemporâneos, e, uma vez que isso contribuiria para a formação apropriada de candidatos adequados, essa tendência talvez merecesse apoio público, pelo menos por meio da provisão de locais e instalações para reuniões regulares e contatos entre grupos de diferentes localidades. A existência em cada localidade de um único grupo desses grupos apoiados com recursos públicos e reconhecidos quanto a cada faixa etária também poderia ajudar a evitar a cisão dos grupos em divisões partidárias.

As associações de contemporâneos poderiam ser formadas na idade de conclusão da escola ou, no máximo, quando cada grupo etário alcançasse a maioridade civil, por exemplo, aos dezoito anos. Possivelmente, as associações seriam mais atraentes se homens de determinado grupo etário fossem reunidos com mulheres cerca de dois anos mais jovens. Isso poderia ser realizado, sem nenhuma discriminação legal objetável, permitindo que homens e mulheres de dezoito anos ingressassem nas associações recém-constituídas ou em uma das constituídas nos dois ou três anos anteriores, caso em que provavelmente a maioria dos homens preferiria ingressar na sua própria nova associação, enquanto as mulheres tenderiam a ingressar numa daquelas formadas nos anos anteriores. É claro que essa escolha implicaria que aqueles que optassem pela associação de uma faixa etária mais elevada fariam parte permanente dela, votariam para delegado e seriam elegíveis como delegados e representantes mais cedo do que ocorreria em outro caso.

As associações, ao reunirem pessoas da mesma idade de todas as classes sociais e ao preservarem contatos entre os que frequentaram juntos a escola (e talvez o serviço militar), mas agora em caminhos totalmente diferentes, proporcionariam um vínculo verdadeiramente democrático que serviria para possibilitar contatos que transcenderiam todas as demais estratificações e para propiciar educação e incentivo relativo ao interesse pelas instituições públicas, assim como treinamento nos procedimentos parlamentares. Também ofereceriam um canal regular para a expressão da discordância daqueles que ainda não estivessem representados na Assembleia Legislativa. Se ocasionalmente também se tornassem tribunas de debates partidários, sua vantagem seria que aqueles propensos a diferentes partidos seriam induzidos a discutir os problemas em conjunto, e se conscientizariam de que tinham a tarefa comum de representar o ponto de vista da sua geração e de se habilitar para um possível serviço público posterior.

Embora a filiação individual devesse ser basicamente no grupo local, conferiria ao membro o direito de participar como visitante das associações da sua faixa etária em locais diferentes da sua residência permanente; e se fosse sabido que, em cada localidade, determinado grupo etário se reúne regularmente em determinado horário e local (como é o caso de rotarianos e organizações similares), isso poderia se tornar um importante meio de contatos interlocais. Sob muitos outros aspectos, essas associações provavelmente introduziriam um elemento relevante de coesão social, sobretudo na estrutura da sociedade urbana, contribuindo muito para reduzir as diferenças profissionais e de classe.

A presidência rotativa dessas associações proporcionaria aos seus membros a oportunidade de se familiarizar com a adequabilidade dos possíveis candidatos à eleição como delegados ou representantes; no caso de eleições indiretas, elas poderiam se basear, portanto, em conhecimento pessoal mesmo na segunda fase, e os delegados finalmente selecionados poderiam atuar a partir de então não só como dirigentes, mas também como porta-vozes voluntários, mas oficialmente reconhecidos, dos seus respectivos grupos etários, uma espécie de "ouvidores" honorários e especiais que protegeriam os interesses dos seus grupos etários contra as autoridades. A vantagem de desempenharem essas funções seria que, ao votar neles, os demais membros estariam mais propensos a eleger pessoas em cuja integridade confiassem.

Ainda que, após a eleição dos representantes, essas associações tivessem poucas tarefas formais adicionais, provavelmente permaneceriam como meio de contato social ao qual também se pudesse recorrer em caso de necessidade de restabelecer o número de representantes se, por acontecimentos inesperados, este tivesse se reduzido a uma composição muito abaixo do normal — talvez não até o número original, mas pelo menos para que a composição numérica do seu grupo etário fosse adequadamente representada.

A assembleia governamental

Pouco precisamos falar aqui acerca da segunda assembleia, ou Assembleia Governamental, porque, para ela, os órgãos parlamentares existentes, que se desenvolveram principalmente para atender as funções governamentais, poderiam servir de modelo. Não há razão para que não seja formada por reeleições periódicas de todo o conjunto de linhas partidárias[6] e para que a sua atividade principal não seja dirigida por um comitê executivo da maioria. Este constituiria o governo propriamente dito e atuaria sujeito ao controle e à crítica de uma oposição organizada e preparada para oferecer um governo alternativo. Quanto aos diversos arranjos possíveis em relação aos métodos de eleição, duração dos mandatos etc., os argumentos a se considerar seriam mais ou menos os mesmos que os atualmente discutidos e não precisam nos deter aqui. Talvez a tese a favor de assegurar uma maioria efetiva capaz de dirigir o governo sob esse regime fosse ainda mais forte do que a tese agora prevalecente a favor do espelhamento exato da distribuição proporcional dos diferentes interesses na população como um todo, e a tese contra a representação proporcional se tornaria, portanto, na minha opinião, ainda mais forte.

A única diferença importante entre a posição dessa Assembleia Governamental representativa e a dos órgãos parlamentares existentes seria, evidentemente, que, em todas as suas decisões, ela estaria sujeita às normas de conduta justa estabelecidas pela Assembleia Legislativa, e que, em particular, não poderia emitir quaisquer ordens aos cidadãos que não fossem decorrência direta e necessária das normas estabelecidas por esta última. Nos limites dessas normas, no entanto, o governo seria o principal responsável pela organização do aparelho governamental e pela decisão acerca do uso dos recursos humanos e materiais a ele confiados.

Uma questão que deveria ser reconsiderada é se, no que concerne ao direito de eleger representantes para essa Assembleia Governamental, não ganharia nova força o velho argumento de que os funcionários do governo e todos os que recebem pensões ou outros auxílios do governo não deveriam ter o direito de votar. O argumento claramente não era convincente na medida em que dizia respeito à votação para uma assembleia representativa, cuja função básica foi concebida como sendo o estabelecimento de normas universais de conduta justa. Sem dúvida, o servidor público ou pensionista do governo é tão competente quanto qualquer outra pessoa para formular uma opinião do que é justo, e teria parecido ultrajante para tais pessoas serem excluídas de um direito garantido a muita gente menos informada e menos instruída. Porém, é um problema completamente diferente quando o que está em questão não é uma opinião, mas sim um interesse franco pela obtenção de determinados resultados. Nesse caso, nem os que são instrumentos da política governamental, nem os que, sem contribuir para os recursos financeiros, participam apenas dos resultados parecem ter o mesmo direito que o cidadão comum. Não há de ser um arranjo razoável para servidores públicos, pensionistas idosos, desempregados etc. ter o direito de votar como eles próprios deveriam ser pagos com recursos arrecadados dos demais. Tampouco parece razoável que, além de formular planos de ação, os servidores públicos também opinassem se eles deveriam ser adotados ou não, ou que os servidores que estão sujeitos às ordens da Assembleia Governamental participassem da decisão concernente às ordens.

O trabalho da máquina governamental, ainda que tivesse que atuar conforme um arcabouço legal que não poderia alterar, ainda seria bastante considerável. Embora obrigada a não discriminar nos serviços que presta, a escolha, a organização e os objetivos desses serviços ainda lhe conferiram grande poder, limitado apenas na medida em que a coerção ou outro tratamento discriminatório dos cidadãos fosse excluído. E ainda que a maneira pela qual poderia arrecadar recursos ficasse assim restrita, o montante ou os propósitos gerais para os quais os recursos são despendidos não ficariam, exceto indiretamente.

O tribunal constitucional

Todo o arranjo se baseia na possibilidade de se traçar uma distinção clara entre as normas aplicáveis de conduta justa — a serem criadas pela Assembleia Legislativa e obrigatórias tanto para o governo como para os cidadãos — e todas aquelas normas referentes à organização e à condução do governo propriamente dito e que, nos limites da lei, caberia à Assembleia Governamental determinar. Embora tenhamos procurado esclarecer o princípio da distinção, e a cláusula básica da constituição tenha que tentar definir o que deve ser considerado lei no sentido pertinente de normas de conduta justa, na prática a aplicação da distinção suscitaria, sem dúvida, muitos problemas sérios, e todas as suas implicações só poderiam ser solucionadas por intermédio do empenho contínuo de um tribunal especial. Sobretudo, os problemas surgiriam sob a forma de um conflito de competência entre as duas assembleias, em geral pelo questionamento, por uma delas, da validade da resolução aprovada pela outra.

Para conferir ao tribunal de última instância nessas questões a autoridade exigida, e em virtude da qualificação especial necessária aos seus membros, talvez fosse desejável instituí-lo como um tribunal constitucional independente. Parece apropriado que, além de juízes profissionais, a sua composição incluísse ex-membros da Assembleia Legislativa e talvez também da Assembleia Governamental. No transcurso da construção de um corpo doutrinário, esse tribunal deveria provavelmente ficar sujeito às suas próprias decisões anteriores, enquanto qualquer anulação dessas decisões que pudesse parecer necessária deveria ser deixada para um processo de emendas previsto pela constituição.

A única outra questão acerca desse tribunal constitucional que precisa ser enfatizada aqui é que as suas decisões muitas vezes deveriam ser não que uma assembleia seria mais competente do que a outra para tomar certos tipos de iniciativa, mas sim que ninguém teria o direito de tomar certos tipos de medidas coercitivas. Exceto em períodos de emergência a serem considerados mais tarde, isso se aplicaria, em especial, a todas as medidas coercitivas não previstas por normas gerais de conduta tradicionalmente reconhecidas ou explicitamente estabelecidas pela Assembleia Legislativa.

O esquema proposto também suscita diversos problemas quanto à organização da administração da justiça em geral. Estruturar a máquina judicial pareceria claramente uma tarefa organizacional e, portanto, governamental, mas delegá-la ao governo poderia ameaçar a plena independência dos tribunais. No tocante à nomeação e promoção de juízes, isso poderia ser confiado ao comitê de ex-membros da Assembleia Legislativa, que sugerimos que deveria decidir acerca do emprego dos seus colegas como juízes leigos e afins. E a independência de cada juiz poderia ser assegurada por meio da fixação do seu salário da mesma maneira que propusemos para a determinação dos salários dos membros da Assembleia Legislativa, especificamente como uma certa porcentagem do salário médio de um número fixo dos mais altos cargos do governo.

Um problema bem diferente é o da organização técnica dos tribunais, o seu pessoal não judicial e as suas necessidades materiais. Essa organização pode parecer ainda mais uma questão de governo propriamente dito, mas há boas razões pelas quais, na tradição anglo-saxônica, a ideia de um ministério da justiça responsável por esses assuntos seja vista com desconfiança há muito tempo. Poder-se-ia ao menos considerar se essa tarefa, que evidentemente não deveria ser realizada pela Assembleia Legislativa, não poderia ser confiada àquele comitê já mencionado, selecionado entre os seus ex-membros, que com isso se tornaria o órgão organizacional permanente para o terceiro poder, o judiciário, controlando, para os fins deste, uma dotação global de recursos financeiros a ele destinados pelo governo.

Tudo isso está intimamente ligado a outra questão importante e difícil que ainda não analisamos e que, mesmo aqui, mal podemos abordar. Trata-se da competência para estabelecer o direito processual, em contraste com o direito substantivo. Em geral, como todas as normas subsidiárias à aplicação da justiça, esta deveria ser uma matéria para a Assembleia Legislativa, embora alguns aspectos de caráter mais organizacional, hoje também regulamentados nos códigos processuais, pudessem parecer questões a ser decididas pelo órgão especial sugerido ou pela Assembleia Governamental. No entanto, essas são questões técnicas que não podemos analisar aqui mais detalhadamente.

A estrutura geral da autoridade

A função da Assembleia Legislativa não deve ser confundida com a de um órgão criado para promulgar ou alterar a constituição. De fato, as funções desses dois órgãos seriam totalmente diferentes. Em rigor, uma constituição deve consistir integralmente em normas organizacionais, abordando o direito substantivo no sentido de normas universais de conduta justa só expondo os atributos gerais que essas leis devem possuir para autorizar o governo a usar a coerção para aplicá-las.

Porém, embora a constituição deva definir o que pode ser direito substantivo para alocar e limitar poderes entre as partes da organização que cria, ela deixa a elaboração do conteúdo sob a responsabilidade do legislativo e do judiciário. A constituição representa uma superestrutura protetora concebida para regular o processo contínuo de desenvolvimento da jurisprudência existente e para evitar qualquer confusão entre os poderes governamentais na aplicação das normas em que se baseia a ordem espontânea da sociedade e no uso dos recursos materiais confiados à sua administração para a prestação de serviços aos indivíduos e aos grupos.

Não há necessidade de discutir aqui o procedimento apropriado para a criação e alteração da constituição. Mas talvez a relação entre o órgão convocado para essa tarefa e aqueles instituídos *pela* constituição possa ser mais bem elucidada se dissermos que o esquema proposto substitui o arranjo existente de dois níveis por um de três níveis: embora a constituição aloque e restrinja poderes, ela não deveria prescrever positivamente como teriam que ser usados. O direito substantivo, no sentido de normas de conduta justa, seria desenvolvido pela Assembleia Legislativa, que seria limitada nos seus poderes apenas pela disposição da constituição definindo os atributos gerais que as normas aplicáveis de conduta justa devem possuir. Por outro lado, a Assembleia Governamental e o seu órgão executivo, o governo, seriam limitados tanto pelas normas da constituição como pelas normas de conduta justa estabelecidas ou reconhecidas pela Assembleia Legislativa. É isso que significa governo nos termos do direito. Naturalmente, o governo, órgão executivo da Assembleia Governamental, também estaria sujeito à decisão dessa assembleia e poderia, assim, ser considerado o quarto nível de toda a estrutura, com o aparato burocrático administrativo como o quinto.

Se for perguntado onde fica a "soberania" nesse tipo de arranjo, a resposta é que não fica em parte alguma — a menos que permaneça temporariamente em poder do órgão que cria ou altera a constituição. Como o governo constitucional é um governo com poder limitado, não poderá haver lugar nele para um órgão soberano se soberania for definida como governo com poder ilimitado. Vimos anteriormente que a ideia de que sempre deve haver um poder supremo ilimitado é uma superstição resultante da crença errônea de que toda lei emana da decisão deliberada de um órgão legislativo. Contudo, o governo nunca começa a partir de um estado sem lei; ele se baseia e obtém o seu apoio na expectativa de que imporá as opiniões predominantes sobre o que é certo.

É possível notar que a hierarquia de níveis de autoridade está relacionada com os períodos aos quais os diferentes órgãos têm que estabelecer disposições. Idealmente, a constituição deve ser destinada para todo o sempre, ainda que, naturalmente, como acontece com todo produto da mente humana, sejam descobertas falhas que precisarão ser corrigidas por meio de emendas. O direito substantivo, embora também destinado a um período indefinido, demandará aperfeiçoamentos e revisões contínuos à medida que surgirem problemas novos e imprevistos com os quais o judiciário não pode lidar adequadamente. A administração dos recursos confiados ao governo visando a prestação de serviços aos cidadãos está preocupada, por sua própria natureza, com problemas de curto prazo, tendo que satisfazer necessidades específicas, à medida que aparecem, e comandando, como meios para essa tarefa, não o cidadão comum, mas apenas os recursos colocados expressamente sob o seu controle.

Poderes de emergência

O princípio básico de uma sociedade livre — ou seja, o princípio de que os poderes coercitivos do governo se limitam à aplicação das normas universais de conduta justa, não podendo ser usados para a obtenção de propósitos particulares —, ainda que essencial ao funcionamento normal dessa sociedade, pode, mesmo assim, ser temporariamente suspenso quando a própria preservação dessa ordem a longo prazo está ameaçada. Embora normalmente os indivíduos só precisem se ocupar dos seus próprios objetivos concretos e, ao almejá-los, melhor servirão ao bem comum, podem surgir, temporariamente, circunstâncias em que a preservação da ordem geral se torna o propósito comum soberano e em que, como consequência, a ordem espontânea, em escala local ou nacional, deve ser convertida por algum tempo numa organização. Quando um inimigo externo ameaça, quando irrompe uma rebelião ou violência ilegal, ou quando uma catástrofe natural exige ação rápida por todos os meios possíveis, poderes de organização compulsória, que normalmente ninguém possui, devem ser outorgados a alguém. Como um animal em fuga de um perigo mortal, a sociedade pode, nessas situações, ter que suspender temporariamente até funções vitais de que depende a sua existência a longo prazo para escapar da destruição.

As condições em que esses poderes de emergência podem ser outorgados sem criar o risco de serem mantidos quando a necessidade absoluta desaparecer estão entre as questões mais difíceis e importantes a serem solucionadas por uma constituição. As "emergências" sempre serviram de pretexto para o solapamento das salvaguardas da liberdade individual — e, uma vez que sejam suspensas, não é difícil para quem adotou esses poderes de emergência fazer com que a emergência persista. De fato, se todas as necessidades experimentadas por grupos importantes e que só podem ser satisfeitas mediante o exercício de poderes ditatoriais constituírem uma emergência, toda situação será uma situação de emergência. Com alguma plausibilidade, já se afirmou que quem tem o poder de proclamar uma emergência e, por esse motivo, suspender qualquer parte da constituição é o verdadeiro soberano.[7] Isso seria verdade se uma pessoa ou um organismo fosse capaz de arrogar-se esses poderes de emergência declarando um estado de emergência.

No entanto, não é de modo algum necessário que um único e mesmo órgão tenha o poder de declarar uma emergência e assumir poderes de emergência. A melhor precaução contra o abuso dos poderes de emergência parece ser que a autoridade capaz de declarar um estado de emergência seja obrigada com isso a renunciar aos poderes que normalmente possui, mantendo apenas o direito de revogar, a qualquer momento, os poderes de emergência que conferiu a um outro órgão. No esquema sugerido, caberia evidentemente à Assembleia Legislativa não só delegar alguns dos seus poderes ao governo, mas também conferir-lhe poderes que, em circunstâncias normais, ninguém possui. Para esse fim, a Assembleia Legislativa deveria possuir um conselho permanente de emergência, acessível prontamente a qualquer momento. Esse conselho teria que ter o direito de conceder poderes de emergência limitados até que toda a assembleia pudesse ser convocada, a qual determinaria então tanto a extensão quanto a duração dos poderes de emergência outorgados ao governo. Desde que confirmada a existência de uma emergência, quaisquer medidas tomadas pelo governo, no âmbito dos poderes a ele concedidos, teriam plena vigência, incluindo prescrições específicas a determinadas pessoas que, em tempos normais, ninguém teria o poder de expedir. No entanto, a Assembleia Legislativa terá liberdade, a qualquer momento, para revogar ou restringir os poderes concedidos e, após o fim da emergência, confirmar ou revogar quaisquer medidas promulgadas pelo governo, bem como estipular indenizações para aqueles que, no interesse geral, tiverem sido obrigados a se submeter a esses poderes extraordinários.

Outra forma de emergência que toda constituição deveria prever é a possível descoberta de uma lacuna nas suas disposições, como o surgimento de questões de autoridade para as quais as normas constitucionais não dão resposta. A possibilidade da descoberta dessas lacunas em qualquer esquema, por mais bem pensado que seja, nunca pode ser excluída: e é bem possível que surjam questões que precisem de uma rápida resposta oficial para que toda a máquina governamental não fique paralisada. No entanto, ainda que alguém tenha o poder de dar uma resposta temporária a essas questões por decisões *ad hoc*, estas só deveriam permanecer em vigor até que a Assembleia Legislativa, o Tribunal Constitucional ou o aparato normal para alterar a constituição preenchesse a lacuna com a regulamentação apropriada. Enquanto isso, um chefe de estado, cargo puramente cerimonial em geral, poderia receber o poder de preencher essas lacunas com decisões provisórias.

A divisão dos poderes financeiros

Seria na área das finanças que as disposições constitucionais aqui esboçadas produziriam as mudanças mais abrangentes. Também é nessa área que a natureza dessas consequências pode ser mais bem ilustrada num esboço resumido como o que é aqui empreendido.

O problema central decorre do fato de que a cobrança das contribuições é necessariamente um ato de coerção e, portanto, deve ser realizada em conformidade com normas gerais estabelecidas pela Assembleia Legislativa, ao passo que a determinação tanto do montante dos gastos quanto da sua destinação é evidentemente um assunto governamental. Portanto, o nosso esquema exigiria que as normas uniformes segundo as quais os recursos totais a serem arrecadados são rateados entre os cidadãos fossem estabelecidas pela Assembleia Legislativa, ao passo que o montante total de gastos e a sua destinação deveriam ser decididos pela Assembleia Governamental.

Provavelmente, nada proporcionaria uma disciplina mais salutar dos gastos do que uma situação em que todos que votassem a favor de uma determinada despesa soubessem que os custos teriam de ser arcados por eles próprios e os seus eleitores conforme uma norma predeterminada que não poderiam alterar. Exceto nos casos em que os beneficiários de uma determinada despesa pudessem ser claramente identificados (ainda que o serviço, uma vez fornecido a todos, não pudesse ser negado aos que não pagam voluntariamente por ele e, portanto, os custos tivessem que ser arrecadados compulsoriamente), como no caso de uma taxa rodoviária para a construção e manutenção de estradas, de uma taxa de telecomunicações ou das diversas taxas municipais e comunitárias para o custeio de serviços específicos,

CAPÍTULO 17 • UM MODELO DE CONSTITUIÇÃO

toda despesa que se decidisse fazer provocaria automaticamente um aumento correspondente da carga tributária total para todos, segundo o esquema geral determinado pela Assembleia Legislativa. Então, não haveria apoio para nenhum gasto com base na expectativa de que o ônus pudesse ser posteriormente transferido para outros ombros: todos saberiam que teriam de arcar com uma parcela fixa de tudo o que seria gasto.

Em grande medida, os métodos vigentes de tributação foram moldados pela tentativa de arrecadar recursos de modo a provocar a menor resistência ou indignação na maioria que tinha que aprovar os gastos. Com certeza, eles não foram concebidos para assegurar decisões responsáveis sobre os gastos, mas, ao contrário, para criar a sensação de que outras pessoas pagariam por eles. Considera-se óbvio que os métodos de tributação devem ser ajustados ao montante a ser arrecadado, já que, no passado, a necessidade de receita adicional levava periodicamente à busca de novas fontes de tributação. Assim, gastos adicionais sempre suscitaram a questão de quem deveria pagar por eles. A teoria e a prática das finanças públicas foram moldadas quase inteiramente pela tentativa de disfarçar ao máximo o ônus imposto, tornando aqueles que, em última análise, deverão arcar com ele tão pouco conscientes disso quanto possível. É provável que toda a complexidade da estrutura tributária que construímos seja, em grande medida, o resultado das iniciativas para persuadir os cidadãos a dar ao governo mais do que conscientemente concordariam em dar.

Distinguir de forma eficaz entre a legislação das normas gerais relativas à repartição da carga tributária entre os indivíduos e a determinação dos montantes totais a serem arrecadados exigiria um reexame tão completo de todos os princípios das finanças públicas que, provavelmente, a primeira reação daqueles familiarizados com as instituições existentes será considerar esse esquema como totalmente impraticável. No entanto, provavelmente, só esse completo reexame do quadro institucional da legislação financeira pode interromper essa tendência de elevação contínua e progressiva da parcela de renda da sociedade controlada pelo governo. Essa tendência, caso continue, em pouco tempo irá tragar toda a sociedade na organização governamental.

É evidente que a tributação segundo uma norma uniforme não dá espaço a nenhuma progressão global da carga tributária total, embora, como já examinei em outro lugar,[8] alguma progressividade dos impostos diretos possa ser não só permissível como também necessária para contrabalançar a tendência regressiva dos tributos indiretos. No mesmo lugar, também propus alguns princípios gerais que nos permitiriam limitar a tributação de modo a impedir que uma maioria transferisse o ônus para uma minoria, mas, ao mesmo tempo, deixando aberta a possibilidade inquestionável de uma maioria conceder certas vantagens a uma minoria debilitada.

CAPÍTULO 18

A CONTENÇÃO DO PODER E O DESTRONAMENTO DA POLÍTICA

> *Vivemos numa época em que a justiça desapareceu. Os nossos parlamentos fabricam despreocupadamente leis contrárias à justiça. Os estados tratam os seus súditos arbitrariamente, sem procurar preservar um senso de justiça. Os homens que caem sob o poder de outra nação se veem proscritos para todos os efeitos. Já não há respeito algum pelo seu direito natural à sua pátria, à sua morada ou à sua propriedade, pelo seu direito de ganhar a vida, de sustento ou ao que quer que seja. A nossa confiança na justiça foi totalmente destruída.*
>
> ALBERT SCHWEITZER*

Poder limitado e ilimitado

A limitação eficaz do poder é o problema mais importante da ordem social. O governo é indispensável para a formação dessa ordem só para proteger a todos contra a coerção e a violência dos demais. Contudo, assim que, para conseguir isso, o governo reivindica com sucesso o monopólio da coerção e da violência, torna-se também a principal ameaça à liberdade individual. A limitação desse poder foi o grande objetivo dos fundadores do governo constitucional dos séculos XVII e XVIII. Porém, a tentativa de conter os poderes do governo foi praticamente abandonada quando se passou a acreditar equivocadamente que o controle democrático do exercício do poder proporcionaria uma salvaguarda suficiente contra o seu crescimento excessivo.[1]

Desde então, aprendemos que a própria onipotência conferida às assembleias representativas democráticas as expõe à pressão irresistível de usar o seu poder em benefício de grupos organizados, ou seja, uma pressão a que uma maioria com poderes ilimitados é incapaz de resistir para se manter como maioria. Essa evolução só pode ser evitada privando a maioria governante do poder de conceder benefícios discriminatórios a grupos ou indivíduos. Em geral, isso tem sido considerado impossível numa democracia porque parece exigir que outra vontade seja colocada acima da dos representantes eleitos da maioria. De fato, a democracia precisa de restrições ainda mais severas em relação aos poderes discricionários que o governo pode exercer do que formas de governo, porque está muito mais sujeita à pressão eficaz de grupos organizados, talvez em pequeno número, dos quais depende a sua maioria.

No entanto, o problema parecia insolúvel; isso porque um ideal mais antigo havia sido esquecido, especificamente que o poder de todas as autoridades exercendo funções governamentais deveria ser limitado por normas duradouras que ninguém tem o poder de alterar ou revogar a serviço de fins particulares: princípios que são as condições de associação da comunidade, que reconhece uma autoridade porque esta se encontra comprometida com essas normas duradouras. Foi a superstição construtivista-positivista que gerou a crença de que deve haver um poder supremo único e ilimitado do qual derivam todos os outros poderes, embora na verdade a autoridade suprema deva o seu respeito à sua restrição por normas gerais limitativas.

Como resultado da sua estrutura, o que hoje chamamos de governo democrático está a serviço não da opinião da maioria, mas dos diversos interesses de um conglomerado de grupos de pressão cujo apoio precisa comprar por meio da concessão de benefícios especiais, simplesmente porque não consegue conservar os seus apoiadores quando se recusa a lhes dar algo que tem o poder de conceder. O aumento progressivo resultante da coerção discriminatória agora ameaça sufocar o desenvolvimento de uma civilização baseada na liberdade individual. Uma interpretação construtivista errônea da ordem social, combinada com uma compreensão equivocada do significado de justiça, tornou-se de fato o principal perigo para o futuro não só da riqueza, mas também da moral e da paz. Ninguém consciente pode mais duvidar de que o risco à liberdade pessoal provém sobretudo da esquerda, não por causa de quaisquer ideais específicos que ela persiga, mas porque os diversos movimentos socialistas são os únicos grandes grupos organizados que, em virtude de objetivos que são atrativos para muitos, querem impor à sociedade um projeto preconcebido. Isso deve levar à extinção de toda responsabilidade moral do indivíduo e já eliminou, progressivamente, uma após a outra, grande parte das salvaguardas da liberdade individual acumuladas ao longo de séculos relativas à evolução do direito.

Para recuperar certas verdades fundamentais que gerações de demagogos destruíram, é necessário voltar a compreender por que os valores básicos de uma grande sociedade, ou sociedade aberta, devem ser negativos, assegurando ao indivíduo o direito, no âmbito de um domínio conhecido, de perseguir os seus próprios objetivos com base no seu próprio conhecimento. Apenas essas normas negativas possibilitam a formação de uma ordem autogeradora, que utiliza os conhecimentos e atende os desejos dos indivíduos. Teremos de nos conformar ao fato ainda estranho de que, numa sociedade de homens livres, a autoridade máxima não deve possuir, em tempos normais, nenhum poder em relação a prescrições positivas. O seu único poder deve ser o de proibição em conformidade com uma norma, de modo que a sua posição suprema se deva ao seu compromisso com cada ato a um princípio geral.

Paz, liberdade e justiça: os três grandes valores negativos

A razão fundamental pela qual o melhor que um governo pode dar a uma grande sociedade de homens livres é um valor negativo que consiste na ignorância inalterável de qualquer mente individual, ou de qualquer organização capaz de dirigir a ação humana, da imensurável infinidade de fatos particulares que determinam a ordem das suas atividades. Somente os tolos acreditam que sabem tudo, mas eles são muitos. Essa ignorância é o motivo pelo qual o governo só pode ajudar (ou talvez possibilitar) a formação de um padrão ou estrutura abstrato, em que as diversas expectativas dos membros se correlacionem aproximadamente, fazendo com que esses membros observem certas normas negativas ou proibições que são independentes de propósitos específicos. Só pode assegurar o caráter abstrato e não o conteúdo positivo da ordem que surgirá do uso pelos indivíduos do seu conhecimento em prol dos seus propósitos, delimitando os seus domínios, uns contra os outros, mediante normas abstratas e negativas. Todavia, a maioria das pessoas sente dificuldade em aceitar esse mesmo fato de que, para tornar mais eficaz o uso pelos indivíduos das informações que possuem para os seus próprios propósitos, o principal benefício que o governo pode lhes proporcionar deve ser "meramente" negativo. Em consequência, todos os construtivistas procuram solapar a concepção original desses ideais.

Talvez a paz seja o único dos ideais básicos em relação ao qual as pessoas estão em geral dispostas a aceitar o seu caráter negativo e rejeitariam de imediato qualquer tentativa de solapamento. Espero, pelo menos, que se, por exemplo, alguém como Krushchev tivesse usado a conhecida artimanha socialista de aceitar a paz desde que fosse uma "paz positiva", todos teriam compreendido que isso só significaria paz se ele pudesse fazer o que quisesse. Porém, poucos parecem reconhecer que se os trapaceiros intelectuais reivindicam que liberdade, justiça ou direito seja tornado "positivo", trata-se de uma tentativa semelhante de desvirtuar e maltratar os ideais básicos. Como no caso de muitas outras coisas boas, como sossego, saúde, lazer, paz de espírito ou consciência tranquila, é a ausência de certos males, e não a presença de bens positivos, que constitui a condição prévia do sucesso dos esforços individuais.

A prática atual, que passou a empregar os termos "positivo" e "negativo" quase como equivalentes de "bom" e "mau", e faz as pessoas acharem que um "valor negativo" é o oposto de um valor, um desvalor ou um dano, cega muitas delas para o caráter decisivo dos grandes benefícios que a nossa sociedade pode nos oferecer.

Os três grandes valores negativos, especificamente Paz, Liberdade e Justiça, são, de fato, os únicos fundamentos indispensáveis da civilização que o governo deve prover. Eles estão necessariamente ausentes na condição "natural" do homem primitivo, e os instintos inatos do homem não os proporcionam aos seus semelhantes. Como veremos no Epílogo, eles são os produtos mais importantes, ainda que apenas imperfeitamente assegurados, das normas da civilização.

A coerção só pode ajudar os homens livres na busca dos seus fins por meio da aplicação de uma estrutura de normas universais que não os direcionem a fins específicos, mas que lhes permita criar para si mesmos um domínio protegido contra perturbações imprevisíveis provocadas por outros homens — inclusive agentes governamentais — ao perseguirem os seus próprios fins. E se a maior necessidade é de segurança contra a violação dessa esfera protegida por terceiros, inclusive o governo, a autoridade máxima necessária é uma capaz de simplesmente dizer "não" aos demais, mas sem ter ela mesma nenhum poder "positivo".

CAPÍTULO 18 • A CONTENÇÃO DO PODER E O DESTRONAMENTO DA POLÍTICA

A ideia de uma autoridade máxima que não possa emitir nenhuma prescrição parece estranha e até contraditória para nós, porque passou-se a acreditar que uma autoridade máxima deve ser uma autoridade abrangente e onipotente que abarca todos os poderes das autoridades subordinadas. Mas não há nenhuma justificativa para essa crença "positivista". Exceto quando em decorrência de forças externas humanas ou naturais a ordem autogeradora é perturbada e medidas de emergência são exigidas para restaurar as suas condições de funcionamento, não há necessidade desses poderes "positivos" da autoridade suprema. Com efeito, justifica-se plenamente desejar como autoridade máxima uma autoridade cujos poderes se baseiem no seu compromisso com o gênero de normas abstratas que, independentemente das consequências particulares, exigem que ela impeça a interferência nos direitos adquiridos dos indivíduos por órgãos governamentais ou privados. Essa autoridade — geralmente comprometida com certos princípios reconhecidos, podendo ordenar a aplicação dessas normas gerais, mas sem quaisquer outros poderes coercitivos enquanto a sociedade não estiver ameaçada por forças externas — pode mesmo assim estar acima de todos os poderes governamentais, e até ser o único poder comum de todo um território, enquanto os outros poderes propriamente governamentais poderiam ser separados entre as diferentes regiões.

Centralização e descentralização

O grau de centralização que admitimos como natural, e no qual o legislativo e o poder governamental supremos integram a mesma organização unitária do que chamamos de nação ou estado (e que é pouco reduzida mesmo em estados federativos), é basicamente o resultado da necessidade de fortalecer essa organização para a guerra. Mas agora, quando pelo menos na Europa Ocidental e na América do Norte acreditamos ter excluído a possibilidade de guerra entre as nações associadas e confiamos numa organização supranacional para a defesa (esperamos que eficaz), deveríamos aos poucos descobrir que podemos reduzir a centralização e deixar de confiar tantas tarefas ao governo nacional apenas para fortalecê-lo contra inimigos externos.

Por razões de clareza, no contexto deste livro, foi necessário discutir as alterações da estrutura constitucional necessárias à preservação da liberdade individual, no que diz respeito ao tipo mais conhecido de estado unitário. Porém, na verdade, elas são até mais adequadas a uma estrutura hierárquica descentralizada dentro dos moldes federativos. Só podemos mencionar aqui alguns aspectos mais importantes disso.

O sistema bicameral, geralmente considerado essencial a uma constituição federativa sob o esquema aqui proposto, foi previsto para outro propósito; mas a sua função numa federação poderia ser alcançada por outros meios, tal como um sistema de dupla contagem de votos, pelo menos na assembleia governamental: uma vez de acordo com o número de líderes e outra de acordo com o número dos estados representados na assembleia central. É provável que fosse desejável restringir os arranjos federativos ao governo propriamente dito, tendo uma única assembleia legislativa para toda a federação. Contudo, nem sempre é necessário ter assembleias legislativas e assembleias governamentais no mesmo nível hierárquico, desde que o poder governamental, independentemente de se estender a um território maior ou menor do que o poder legislativo, seja sempre limitado por este último. Isso parece tornar desejável que o poder legislativo se estendesse a um território maior do que o abrangido pelo poder governamental; porém, é óbvio que existem diversos casos (a Grã-Bretanha, com diferentes sistemas de direito privado na Inglaterra e na Escócia; os Estados Unidos, com o direito consuetudinário na grande maioria dos estados e o Código Napoleônico num deles) em que o executivo governamental central governa territórios com leis diferentes; e uns poucos casos (a Comunidade Britânica de Nações até certo ponto e por algum tempo) em que o poder supremo que determinava as leis (o tribunal de última instância) era comum a diversos governos, totalmente independentes em outras questões.

No entanto, as desejáveis restituições de poder são o mais importante para os nossos propósitos, que se tornariam possíveis quando o poder de uma autoridade supranacional de dizer "não" a ações prejudiciais a estados associados tivesse reduzido a necessidade de um governo nacional central forte para fins de defesa. Grande parte das atividades governamentais ligadas à prestação de serviços poderia então, de fato, ser delegada com vantagem a autoridades regionais ou locais, inteiramente limitadas em seus poderes coercitivos pelas normas estabelecidas por uma autoridade legislativa superior.

Naturalmente, não existe, nem ao nível nacional nem ao internacional, base moral para que as regiões mais pobres tenham o direito de explorar para

CAPÍTULO 18 • A CONTENÇÃO DO PODER E O DESTRONAMENTO DA POLÍTICA

os seus propósitos a riqueza das regiões mais abastadas. No entanto, a centralização avança não porque a maioria da população das regiões mais ricas está ansiosa para fornecer recursos para a assistência da população das regiões mais pobres, mas porque a maioria, para ser maioria, precisa dos votos adicionais das regiões que se beneficiam do compartilhamento da riqueza da unidade superior. E o que está acontecendo nas nações existentes começa a acontecer numa escala internacional, quando, por uma competição tola com a Rússia, as nações capitalistas, em vez de emprestar capital a empreendimentos em países que praticam políticas econômicas que consideram promissoras, estão, na verdade, subsidiando, em larga escala, os experimentos socialistas dos países subdesenvolvidos, em que sabem que os recursos que fornecem serão em grande medida desperdiçados.

O governo da maioria *versus* o governo das leis aprovadas pela maioria

Assim como a paz, a justiça e a liberdade, também a democracia é basicamente um valor negativo, uma norma processual que serve de proteção contra o despotismo e a tirania, e, sem dúvida, quase tão importante quanto os primeiros Três Grandes Valores Negativos — ou, em outras palavras, uma convenção que se destina sobretudo a impedir danos. Porém, do mesmo modo que a liberdade e a justiça, a democracia agora está sendo destruída por tentativas de lhe conferir um conteúdo "positivo". Tenho plena convicção de que os dias da democracia ilimitada estão contados. Se quisermos preservar os valores básicos da democracia, teremos de adotar uma forma diferente dela, ou perderemos completamente, mais cedo ou mais tarde, o poder de nos livrar de um governo opressor.

Como já vimos (Capítulos 12, 13 e 16), sob o sistema vigente não é a opinião comum de uma maioria que decide sobre questões comuns, mas sim uma maioria que deve a sua existência e o seu poder à satisfação dos interesses especiais de diversos pequenos grupos, que os representantes não podem se recusar a conceder se pretendem continuar a ser maioria. Todavia, embora a concordância da maioria de uma grande sociedade a respeito de normas gerais seja possível, a suposta aprovação pela maioria de um conglomerado de medidas que atendem a interesses particulares é uma farsa. A compra do apoio da maioria por meio de tratos com grupos organizados, ainda que seja o que a democracia contemporânea passou a significar, nada tem a ver com o ideal original da democracia, contrariando certamente a concepção moral fundamental de que todo o uso da força deve ser orientado e limitado pela opinião da maioria. O processo de compra de votos que passamos a aceitar como parte necessária da democracia que conhecemos, e que realmente é inevitável numa assembleia representativa com poder tanto de aprovar leis gerais como de emitir prescrições, é moralmente indefensável e gera tudo aquilo que parece desprezível na política para pessoas de fora do processo. Evidentemente, não é uma consequência necessária do ideal de que a opinião da maioria deve decidir, mas está em conflito com ele.

Esse erro está intimamente ligado ao equívoco de que a maioria deve ter liberdade para fazer o que quiser. Uma maioria dos representantes do povo, baseada na barganha relativa às reivindicações de grupos, nunca poderá representar a opinião da maioria do povo. Essa "liberdade do parlamento" significa a opressão do povo. Está totalmente em conflito com a ideia de uma limitação constitucional do poder governamental, sendo incompatível com o ideal de uma sociedade de homens livres. O exercício do poder numa democracia representativa, fora do alcance em que os eleitores conseguem compreender o significado das suas decisões, só poderá corresponder à opinião da maioria (ou ser controlada por ela) se, em todas as medidas coercitivas, o governo for limitado a normas aplicáveis igualmente a todos os membros da comunidade.

Enquanto persistir a forma atual da democracia, não poderá existir governo decente, mesmo que os políticos fossem anjos ou estivessem profundamente convencidos do valor supremo da liberdade individual. Não temos o direito de culpá-los pelo que fazem, porque somos nós que, ao manter as instituições atuais, os colocamos numa posição em que só podem obter poder para fazer algum bem caso se comprometam a assegurar benefícios especiais a diversos grupos. Isso resultou na tentativa de justificar essas medidas pela criação de uma pseudoética, denominada "justiça social", que fracassa em todas as provas que um sistema de normas morais deve satisfazer para garantir a paz e a cooperação voluntária entre homens livres.

A alegação crucial deste livro é que, numa sociedade de homens livres, a única justificativa para a coerção é uma opinião predominante sobre os princípios que devem reger e restringir a conduta individual. É evidente que uma sociedade pacífica e próspera só poderá existir se algumas dessas normas forem obedecidas em geral e, quando necessário, impostas. Isso nada tem a ver com qualquer "vontade" que vise um objetivo específico.

O que ainda parece estranho e até incompreensível para a maioria das pessoas é que, nessa sociedade, o poder supremo deve ser não um poder abrangente, mas sim um poder reduzido, limitado a restringir tanto o governo quanto as pessoas e as organizações pela aplicação das normas gerais de conduta. No entanto, pode ser que a condição de submissão que cria o estado seja que a única autorização quanto à coerção pela autoridade suprema se refira à imposição das normas gerais de conduta aplicáveis igualmente a todos. Esse poder supremo deverá a lealdade e o respeito que reivindica a seu compromisso com princípios gerais, e assegurar obediência a eles é a única tarefa para a qual pode usar a coerção. É para fazer esses princípios ficarem em conformidade com a opinião geral que o legislativo supremo deve ser representativo dos pontos de vista da maioria do povo.

Confusão moral e a deterioração da linguagem

Ao longo dos últimos cem anos, sob a influência da agitação socialista, o próprio sentido em que são usadas muitas das palavras-chaves que designam os ideais políticos mudou tanto que hoje devemos hesitar em empregar até palavras como "liberdade", "justiça", "democracia" ou "lei", porque já não transmitem o mesmo significado de outrora. Porém, como Confúcio teria dito, "quando as palavras perderem o seu significado, as pessoas perderão a sua liberdade". Lamentavelmente, não só propagandistas ignorantes, mas muitas vezes importantes filósofos sociais contribuíram para essa deterioração da linguagem distorcendo palavras bem definidas para incitar pessoas a servir o que imaginavam ser bons propósitos. Quando John Dewey define liberdade como "o poder eficaz de fazer coisas específicas",[2] pode parecer um ardil desonesto para enganar pessoas inocentes. Porém, quando outro filósofo social sustenta, ao discutir a democracia, que "a linha de abordagem mais promissora é afirmar que a democracia (...) é considerada boa porque, em geral, é o melhor instrumento para assegurar certos elementos de justiça social",[3] trata-se tão só, evidentemente, de um comentário de incrível ingenuidade.

Ao que tudo indica, a geração mais jovem de filósofos sociais nem sequer sabe o que significavam os conceitos básicos de antigamente. Só isso explica quando encontramos um jovem acadêmico afirmando seriamente que o costume de falar de um "estado de coisas justo (...) deve ser considerado básico, pois quando designamos um homem como justo queremos dizer que, em geral, ele procura agir de tal forma que resulte um estado de coisas justo",[4] e ainda acrescentando, algumas páginas mais adiante, que "parece [!] haver uma categoria de 'justiça privada' que diz respeito à conduta de um homem em relação aos seus semelhantes, quando ele não está agindo como participante de uma das principais instituições sociais".[5] Talvez isso se explique pelo fato de que hoje um jovem irá deparar pela primeira vez com o termo "justiça" em algum contexto semelhante, mas trata-se naturalmente de uma caricatura da evolução do conceito. Como vimos, um estado de coisas que não foi deliberadamente causado pelos homens não pode possuir inteligência, virtude, justiça ou qualquer outro atributo de valores humanos — nem mesmo se for o resultado imprevisível de um jogo que as pessoas tenham consentido em jogar, entrando, por interesse próprio, em relações de troca com os demais. Como seria de esperar, a justiça não é uma questão dos objetivos de uma ação, mas da sua obediência a normas.

Escolhidos quase ao acaso, esses exemplos do abuso atual em relação aos termos políticos — em que aqueles que possuem habilidade com as palavras, ao mudar o significado dos conceitos que talvez jamais tenham compreendido totalmente, aos poucos os esvaziaram de todo conteúdo claro — poderiam ser adicionados indefinidamente. É difícil saber o que fazer quando os inimigos da liberdade se definem como liberais, como é atualmente prática comum nos Estados Unidos — exceto chamá-los de forma persistente, como deveríamos, de pseudoliberais —, ou quando apelam para a democracia quando tem em mente o igualitarismo. Tudo isso faz parte daquela "Traição dos Intelectuais", que Julien Benda criticou há quarenta anos, mas que, desde então, conseguiu criar um reino de falsidade que se tornou habitual na discussão de questões de política "social" e na linguagem atual dos políticos, que habitualmente empregam esse faz de conta sem que eles mesmos se percebem como tal.[6]

Porém, não são apenas os socialistas confessos que nos conduzem por esse caminho. As ideias socialistas penetraram tão profundamente no pensamento geral que isso não envolve apenas os pseudoliberais, que simplesmente disfarçam o seu socialismo com a denominação que assumiram, mas também muitos conservadores que adotaram as ideias e a linguagem socialistas, empregando-as constantemente na crença de que são parte estabelecida do pensamento atual. Tampouco envolve unicamente pessoas com pontos de vista de peso sobre questões públicas ou que participam ativamente da sua discussão.[7] Na verdade, a disseminação mais ativa das ideais socialistas continua a ocorrer por meio do que David Hume chamou de a ficção dos poetas,[8] a dos literatos ignorantes que têm certeza de que as palavras atraentes que utilizam possuem um significado definido. Só porque estamos tão acostumados a isso é que se pode explicar que, por exemplo, centenas de milhares de homens de negócios do mundo inteiro ainda aceitem assinar publicações que, na seção literária, recorrem até à linguagem obscena (tal como "a abundância excrementícia da produção capitalista", mencionada na revista *Time* de 27 de junho de 1977) para ridicularizar o capitalismo.[9] Ainda que o princípio da liberdade exija que toleremos essas indecências escandalosas, poder-se-ia esperar que o bom senso dos leitores logo lhes informasse as publicações confiáveis.[10]

Procedimentos democráticos e objetivos igualitários

Nos últimos tempos, talvez a maior vítima desse processo de esvaziamento do significado das palavras tenha sido a própria palavra "democracia". O seu principal uso indevido consiste não em aplicá-la a um procedimento para se chegar a um acordo acerca de ações comuns, mas em dotá-la de um conteúdo substantivo que prescreve qual deve ser o objetivo dessas atividades. Por mais absurdo que isso seja, grande parte das atuais invocações da democracia equivalem a dizer aos legislativos democráticos o que eles devem fazer. Exceto no que tange à organização governamental, o termo "democrático" nada revela acerca dos objetivos específicos que o povo deve confirmar pelo voto.

O verdadeiro valor da democracia é servir como prevenção sanitária, protegendo-nos contra o abuso do poder e permitindo nos livrar de um governo e tentar substituí-lo por outro melhor. Ou, em outras palavras, trata-se da única convenção que já descobrimos para viabilizar uma mudança pacífica. Desse modo, constitui um alto valor pelo qual vale a pena lutar, já que qualquer governo do qual o povo não possa se livrar por meio desse processo consensual está fadado a cair, mais cedo ou mais tarde, em mãos erradas. Porém, está longe de ser o valor político mais elevado, e uma democracia ilimitada pode muito bem ser pior do que governos com poderes limitados de um tipo diferente.

Em sua atual forma ilimitada, a democracia perdeu em grande medida a sua capacidade de servir como proteção contra o poder arbitrário. Ela deixou de ser a salvaguarda da liberdade pessoal, uma restrição ao abuso do poder governamental que se esperava que fosse quando se acreditava ingenuamente que, quando todo o poder estivesse sujeito ao controle democrático, todas as demais restrições ao poder governamental poderiam ser dispensadas. Ao contrário, ela se tornou a principal causa de um aumento progressivo e acelerado do poder e da influência da máquina administrativa.

A onipotente e onicompetente assembleia democrática única, em que uma maioria capaz de governar só pode se manter pela tentativa de eliminar todas as fontes de descontentamento de qualquer apoiador dessa maioria, é assim levada a assumir o controle de todas as esferas da vida. É forçada a criar e impor, como justificativa relativa às medidas que deve tomar para manter o apoio majoritário, um código de justiça distributiva inexistente e, no sentido estrito da palavra, inconcebível. Em tal sociedade, ter influência política se torna muito mais recompensador do que adicionar meios de satisfazer as necessidades dos seus semelhantes. Como tudo tende a se converter numa questão política para a qual a interferência dos poderes coercitivos do governo pode ser invocada, uma parcela cada vez maior da atividade humana é desviada das iniciativas produtivas para as iniciativas políticas — não só por parte da própria máquina política, mas, pior ainda, por parte do aparelho paragovernamental em rápida expansão, concebido para pressionar o governo para favorecer interesses particulares.

O que ainda não se compreendeu é que a maioria de uma assembleia representativa com poderes ilimitados não é capaz nem obrigada a limitar as suas atividades aos objetivos desejados ou mesmo aprovados por todos os seus membros.[11] Se semelhante assembleia tem o poder de conceder benefícios especiais, uma maioria só pode se manter unida regularmente subornando cada um dos grupos especiais que a compõem. Em outras palavras, sob o nome falso de democracia, criamos uma máquina em que não é a maioria que decide, mas cada membro da maioria tem que consentir com diversos subornos para obter apoio majoritário para as suas próprias reivindicações especiais. Por mais admirável que seja o princípio das decisões majoritárias em relação a matérias que necessariamente interessam a todos, será vicioso o efeito de uma aplicação desse procedimento à repartição do butim que pode ser extorquido de uma minoria dissidente.

Parece ser inevitável que, se mantivermos a democracia na sua forma atual, o próprio conceito estará fadado a cair em descrédito de tal maneira que até a defesa legítima da decisão majoritária em questões de princípio será negligenciada. A democracia está em perigo porque as instituições particulares pelas quais temos procurado concretizá-la geraram efeitos que confundimos com os do artigo genuíno. Como sugeri antes, não tenho mais certeza de que a palavra "democracia" poderá ainda se livrar da aversão à qual um número crescente de pessoas, por bons motivos, passou a considerá-la, mesmo que poucas já tenham ousado expressar publicamente a sua desilusão.

Em suma, é óbvio que a raiz do problema é que, numa democracia ilimitada, os detentores dos poderes discricionários são forçados a usá-los, querendo ou não, para privilegiar determinados grupos de cujos votos decisivos dependem os seus poderes. Isso se aplica tanto ao governo quanto a instituições democraticamente organizadas, como os sindicatos. Mesmo que, no que se refere ao governo, alguns desses poderes possam servir para capacitá-lo a fazer muita coisa que possa ser desejável em si mesma, devemos abdicar de conferi-los, pois esses poderes discricionários colocam, inevitável e necessariamente, a autoridade numa situação em que ela será forçada a fazer ainda mais coisas que são prejudiciais.

"Estado" e "sociedade"

Se democracia significa manter uma sociedade de homens livres, certamente a maioria de um órgão político não deve ter o poder de "moldar" a sociedade ou de fazer os seus membros servirem a determinados fins — isto é, fins que não a ordem abstrata que ela só pode assegurar aplicando normas de conduta igualmente abstratas. A tarefa do governo é criar uma estrutura na qual indivíduos e grupos possam perseguir com êxito os seus respectivos objetivos, e às vezes usar os seus poderes coercitivos de arrecadar impostos para prestar serviços que, por uma razão ou outra, o mercado não pode prestar. Porém, a coerção só se justifica a fim de prover essa estrutura na qual todos podem usar as suas habilidades e os seus conhecimentos para os seus próprios fins desde que não interfiram nos domínios individuais igualmente protegidos dos outros. Exceto quando "atos de Deus ou dos inimigos do rei" obrigam a conferir a uma autoridade poderes temporários de emergência capazes de serem revogados a qualquer momento pelo órgão que os concedeu, ninguém precisa possuir poder de coerção discriminatória. (Nos casos em que esses poderes possam ter que ser usados para prevenir um crime presumível, a pessoa a quem foram aplicados por engano deve ter direito a plena indenização por todos os danos sofridos.)

Grande parte da confusão sobre essa questão se deve a uma tendência (especialmente forte na tradição da Europa continental, mas que, com a disseminação das ideias socialistas, também está em rápido crescimento no mundo anglo-saxão) a identificar "estado" e "sociedade". O estado, a organização da população de um território sob um governo único, ainda que condição indispensável para o desenvolvimento de uma sociedade avançada, ainda está muito longe de ser exatamente o mesmo que sociedade, ou melhor, o mesmo que a multiplicidade de estruturas grandes e autogeradoras de homens que têm alguma liberdade, que, por si só, merece o nome de sociedade. Numa sociedade livre, o estado é uma organização entre muitas — aquela que é requerida a fornecer uma estrutura externa eficaz na qual as ordens autogeradoras podem se formar, mas uma organização que se limita ao aparelho governamental e que não determina as atividades dos indivíduos livres. E embora essa organização relativa ao estado contenha diversas organizações voluntárias, é a rede que cresce espontaneamente referente às relações entre os indivíduos e as diversas organizações que eles criam que constitui as sociedades. As sociedades se formam, ao passo que os estados são feitos. É por isso que, na medida em que podem gerar os serviços necessários, ou estruturas autogeradoras, as sociedades são infinitamente preferíveis, ao mesmo tempo que as organizações baseadas no poder da coerção tendem a se tornar uma camisa de força que se revela nociva assim que utiliza os seus poderes além da aplicação das normas de conduta essencialmente abstratas.

Aliás, é enganoso demais identificar os habitantes ou cidadãos de determinada unidade política como o protótipo de uma sociedade. Sob as condições modernas, não existe normalmente nenhuma sociedade única à qual um indivíduo pertença, e é bastante desejável que não exista. Afortunadamente, cada um de nós é membro de muitas sociedades diferentes, sobrepostas e entrelaçadas, das quais podemos fazer parte de forma mais ou menos intensa e duradoura. A sociedade é uma rede de relações voluntárias entre indivíduos e grupos organizados e, em rigor, quase nunca há apenas uma sociedade à qual alguém pertença exclusivamente. Para efeitos práticos, num contexto específico, pode ser inócuo destacar alguma parte da ordem complexa de redes, muitas vezes hierarquicamente relacionadas, como especialmente relevante quanto ao tópico em discussão, e supor que se entenderá a que parte desse complexo se refere como "a sociedade" aquele que fala ou escreve. De todo modo, jamais deve ser esquecido que hoje muitas pessoas e organizações pertencem a redes que se estendem além das fronteiras nacionais, assim como, no interior de uma nação, qualquer um pode ser um elemento em diversas estruturas diferentes desse tipo.

De fato, a ação das forças ordenadoras espontâneas e das normas de conduta que possibilitam a formação dessas estruturas ordenadas que designamos como sociedade só se torna plenamente inteligível se temos consciência da multiplicidade dessas estruturas sobrepostas (e, ao mesmo tempo, deixa clara a nossa incapacidade de compreender o seu funcionamento em detalhes).

Qualquer pessoa ciente da natureza complexa dessa rede de relações que determinam os processos da sociedade também deveria reconhecer prontamente o equivocado antropomorfismo de conceber a sociedade como "agindo" ou "querendo" algo. Inicialmente, é claro, foi uma tentativa dos socialistas de disfarçar o fato de que as suas propostas equivaliam a um esforço de aumentar os poderes coercitivos do governo, preferindo falar de "socialização" em vez de "nacionalização" ou "politicalização" dos meios de produção etc. Contudo, isso os levou cada vez mais fundo na interpretação antropomórfica da sociedade — essa tendência de interpretar os efeitos dos processos espontâneos como sendo dirigidos por alguma "vontade", ou sendo produzidos ou produzíveis por desígnio, que estão tão profundamente arraigados na estrutura do pensamento humano primitivo.

A maioria dos processos de evolução social ocorre sem que ninguém os deseje ou preveja — é tão somente por causa disso que eles dão origem à evolução cultural. Como resultado de um processo dirigido, nada maior pode emergir do que aquilo que a mente diretora é capaz de prever. Ela será a única que poderá se beneficiar da experiência. Uma sociedade em desenvolvimento não progride por meio do governo lhe incutindo novas ideias, mas sim mediante novos meios e métodos que são constantemente experimentados num processo de tentativa e erro. Repetindo mais uma vez, as condições gerais que ajudam pessoas desconhecidas em circunstâncias desconhecidas é que geram o aperfeiçoamento que nenhuma autoridade suprema poderia promover.

Um jogo de acordo com normas nunca pode reconhecer justiça de tratamento

Com efeito, foi a descoberta de que disputar um jogo de acordo com normas melhorava as *possibilidades* de todos, mesmo com o risco de que o resultado para alguns pudesse ser pior do que seria normalmente, que fez com que o liberalismo clássico visasse a completa eliminação do poder na determinação dos rendimentos relativos obtidos no mercado. Em combinação com a disposição de amortecer o risco por meio da provisão de uma renda mínima uniforme *à margem* do mercado para todos os que, por alguma razão, fossem incapazes de ganhar pelo menos essa quantia no mercado, não deixa nenhuma justificativa moral para o emprego da força pelo governo ou qualquer outro grupo organizado a fim de determinar rendimentos relativos. De fato, tornou-se claro dever moral do governo não só se abster de qualquer interferência desse tipo no jogo como também impedir a arrogação desse poder por qualquer grupo organizado.

Em tal ordem em que o emprego da força para determinar condições materiais relativas ou absolutas está excluído por uma questão de princípio, nem o que uma pessoa deve ser induzida a fazer no interesse geral num dado momento, nem a quantia que lhe deve ser oferecida como remuneração são uma questão de justiça. A relativa utilidade social das diferentes atividades de uma pessoa, e mesmo das diversas atividades que diferentes pessoas podem praticar, não é, lamentavelmente, uma questão de justiça, mas sim o efeito dos eventos que não podem ser previstos ou controlados. O que o público e, receio, até muitos economistas renomados não conseguem compreender é que os preços oferecidos pelos serviços nesse processo atuam não como remunerações de diferentes pessoas pelo que fizeram, mas como sinais que lhes informam o que devem fazer, tanto no seu próprio interesse como no interesse geral.

É simplesmente tolice imaginar os diferentes prêmios que as diferentes pessoas ganharão no jogo que aprendemos a jogar porque assegura a máxima utilização dos conhecimentos e das habilidades dispersos, como se os participantes fossem "tratados" de maneira diferente pela sociedade. Mesmo que a posição inicial seja determinada pelas circunstâncias acidentais da história prévia, no decurso da qual o jogo nem sempre pode ter sido disputado com honestidade, se o objetivo é proporcionar o máximo de oportunidades aos homens como eles são, sem nenhuma coerção arbitrária, só podemos alcançá-lo tratando-os segundo as mesmas normas, independentemente de suas diferenças factuais, deixando que o resultado seja decidido pelas constantes reestruturações da ordem econômica, que são determinadas por circunstâncias que ninguém é capaz de prever.

A concepção básica do liberalismo clássico, que por si só pode possibilitar um governo decente e imparcial, é que o governo deve *considerar* todas as pessoas iguais, por mais desiguais que sejam, e que, da mesma maneira que o governo restrinja (ou ampare) a ação de uma delas, deve restringir (ou amparar), segundo as mesmas normas abstratas, as ações de todas as demais. Ninguém possui direitos especiais sobre o governo porque é rico ou pobre, além da garantia de proteção contra toda violência de qualquer pessoa e da garantia de uma certa renda mínima uniforme quando algo correr mal. Mesmo tomar conhecimento da desigualdade factual dos indivíduos e usá-la como pretexto para qualquer coerção discriminatória constitui uma violação das condições básicas pelas quais o homem livre se submete ao governo.

Esse jogo não está só a serviço do vencedor, porque o seu ganho por ter servido melhor os outros sempre é apenas parte do que ele agregou ao produto social; e só jogando conforme as normas desse jogo podemos assegurar esse alto grau de utilização dos recursos que nenhum outro método conhecido pode obter.

O paragoverno de grupos organizados e a hipertrofia do governo

Muitos dos defeitos mais graves do governo contemporâneo, sobejamente reconhecidos e lastimados, mas considerados consequências inevitáveis da democracia, são na verdade apenas consequências do caráter ilimitado da democracia atual. Ainda não se enxergou com clareza o fato básico de que, sob essa forma de governo, tudo o que o governo tiver poder constitucional para fazer ele poderá ser forçado a fazer, mesmo contra o seu melhor julgamento, se os beneficiários da medida forem grupos de cujo apoio decisivo dependa a maioria do governo. A consequência é que o mecanismo dos grupos organizados particulares, concebido exclusivamente para pressionar o governo, está se convertendo no pior dos pesadelos que força o governo a ser lesivo.

Não se pode levar a sério o pretexto de que todos esses traços de corporativismo incipiente que constituem o paragoverno são necessários para aconselhar o governo sobre os efeitos prováveis das suas decisões. Não tentarei avaliar aqui quão grande é a proporção dos membros mais capazes e mais bem informados da sociedade que já foram absorvidos por essas atividades essencialmente antissociais. Apenas enfatizarei que ambos os lados dos que agora são eufemisticamente chamados de "parceiros sociais" (*Sozialpartner*) costumam ser forçados a desviar alguns dos seus melhores homens da função de suprir o que o público precisa para a tarefa de anular as atividades uns dos outros. Tenho pouco a acrescentar à descrição magistral do mecanicismo desse processo de governo por meio de coalizões de grupos organizados realizada pelo professor Mancur Olson Jr., no seu livro *The Logic of Collective Action*,[12] e apenas recapitularei alguns pontos.

Claro que toda a pressão sobre o governo para fazê-lo usar os seus poderes coercitivos em benefício de determinados grupos é prejudicial à grande maioria. Porém, é imperdoável alegar que, a esse respeito, a situação é a mesma em todos os lados e que, em particular, a pressão que pode ser exercida pelas grandes empresas é comparável à das organizações dos trabalhadores que, na maioria dos países, foram autorizadas por lei ou jurisdição a empregar a coerção para obter apoio para as suas políticas. Ao conferir aos sindicatos, por razões supostamente "sociais", privilégios únicos, de que nem o próprio governo desfruta, as organizações dos trabalhadores foram habilitadas a explorar outros trabalhadores, privando-os completamente da oportunidade de um bom emprego. Mesmo que esse fato ainda seja tradicionalmente ignorado, os principais poderes dos sindicatos se baseiam hoje inteiramente em conseguirem usar a força para impedir que outros trabalhadores façam o trabalho que gostariam de fazer.

Porém, à parte o fato de que, pelo exercício desse poder, os sindicatos só podem obter uma melhoria relativa dos salários dos seus membros ao preço de reduzir a produtividade geral do trabalho e, portanto, o nível geral dos salários reais, juntamente com a necessidade de inflacionar a que pode levar um governo que controla a emissão de moeda, esse sistema está destruindo rapidamente a ordem econômica. Atualmente, os sindicatos podem pôr os governos numa situação em que a única opção que estes têm é causar inflação ou ser responsabilizados pelo desemprego provocado pela política salarial dos sindicatos (sobretudo a sua política de manter constantes as relações entre os salários das diferentes categorias). Essa situação não demorará muito para destruir toda a ordem de mercado, provavelmente por intermédio do controle de preços que a aceleração da inflação obrigará os governos a impor.

Só agora, neste momento, posso começar a discutir a ameaça criada pela expansão incessante da máquina governamental, isto é, a burocracia. A democracia, ao mesmo tempo que parece abarcar tudo, se torna uma impossibilidade ao nível governamental. É uma ilusão acreditar que o povo, ou os seus representantes eleitos, podem governar uma sociedade complexa detalhadamente. É evidente que o governo baseado no apoio geral de uma maioria ainda determinará os passos principais, desde que não tenha sido meramente compelido a dá-los pelo impulso dos seus procedimentos anteriores. Mas o governo já está se tornando tão complexo que é inevitável que os seus membros, como os chefes de diversos ministérios, se convertam cada vez mais em fantoches da burocracia, à qual continuam dando "orientações gerais", mas de cujo funcionamento depende a execução de todos os detalhes. Não é sem razão que os governos socialistas querem politizar essa burocracia, porque é por meio dela e não de qualquer órgão democrático que é tomado um número crescente de decisões fundamentais. Nenhum poder totalitário pode ser alcançado sem isso.

Democracia ilimitada e centralização

Em nenhum lugar, os efeitos da democracia ilimitada são mais claramente demonstrados do que no aumento generalizado do poder do governo central pela apropriação das funções anteriormente desempenhadas por autoridades regionais ou locais. Talvez com a única exceção da Suíça, o governo central, em quase todos os países, não só se tornou *o* governo por excelência, mas vem atraindo constantemente cada vez mais atividades à sua exclusiva competência. O fato de que uma nação seja governada principalmente da sua capital nacional e que esse poder central não só lhe dê uma estrutura jurídica comum (ou pelo menos assegura que haja uma lei determinável regulando as relações entre todos os seus habitantes), mas que também um número crescente de serviços prestados à população pelo governo seja supervisionado por um único centro de comando, passou a ser considerado inevitável e natural — ainda que recentemente, em diversas partes do mundo, tendências secessionistas revelem uma crescente indignação contra essa situação.

Ultimamente, o crescimento dos poderes do governo central também foi muito apoiado pelos planejadores centrais que, diante do fracasso dos seus esquemas em âmbito local ou regional, frequentemente alegavam que, para serem eficazes, tais esquemas deviam ser aplicados em maior escala. O insucesso em controlar até mesmo os problemas de alcance moderado foi muitas vezes usado como desculpa para a execução de esquemas ainda mais ambiciosos e ainda menos adequados em relação à administração central ou ao controle pela autoridade.

Contudo, nos tempos modernos, o motivo decisivo da crescente preponderância do governo central é que unicamente nesse nível, pelo menos nos estados unitários, o ato de legislar possuía o poder ilimitado que nenhuma legislação deve possuir e que lhe permitia moldar as suas "leis" de modo a autorizar a administração a usar as medidas discricionárias e discriminatórias necessárias à obtenção do controle desejado dos processos econômicos. Se o governo central pode ordenar várias coisas que um governo local não pode, fazer subir a decisão para a autoridade que possui esses poderes se torna a maneira mais fácil de satisfazer as reivindicações de grupos. Privar os legislativos nacionais (e nas federações, os estaduais) do poder de legislar para conferir poderes discricionários à administração equivaleria então a eliminar a principal causa da centralização progressiva de todo governo.

A devolução da política interna ao governo local[13]

Sem esses poderes arbitrários inadvertidamente conferidos aos "legislativos", sem dúvida toda a estrutura dos governos teria se desenvolvido em moldes muito diferentes. Se toda administração estivesse sujeita a uma lei uniforme que não pudesse ser alterada, e que ninguém pudesse modificar para fazê-la atender propósitos administrativos específicos, o abuso da legislação a serviço de grupos organizados deixaria de existir. A maior parte das atividades de prestação de serviços atualmente realizada pelo governo central poderia ser devolvida a autoridades regionais ou locais que teriam o poder de arrecadar impostos a uma taxa que poderiam determinar, mas que só poderiam impor e ratear conforme normas gerais estabelecidas por um legislativo central.

Acredito que o efeito seria a transformação dos governos locais e até regionais em empresas quase comerciais competindo por cidadãos. Eles teriam que oferecer uma combinação de benefícios e custos que tornasse a vida no seu território pelo menos tão atraente quanto em outros lugares ao alcance dos seus cidadãos em potencial. Supondo que os seus poderes fossem limitados pelas leis de modo a não restringir a livre migração, e que não pudessem discriminar na tributação, o seu interesse exclusivo seria atrair os que tivessem condições de dar, na sua condição específica, a maior contribuição ao produto comum.

Voltar a confiar a administração da maioria das atividades governamentais de prestação de serviços a unidades menores provocaria provavelmente o ressurgimento de um espírito comunitário que foi, em grande medida, sufocado pela centralização. A desumanidade bastante sentida da sociedade moderna não é tanto o resultado do caráter impessoal dos processos econômicos, em que, em geral, o homem da nossa época trabalha necessariamente para objetivos que ignora, quanto do fato de que centralização política o privou, em grande medida, da possibilidade de influenciar na conformação do ambiente que conhece. A Grande Sociedade só pode ser uma sociedade abstrata: uma ordem econômica da qual o indivíduo se beneficia obtendo os meios em prol de todos os seus fins e à qual ele deve dar a sua contribuição anônima. Isso não satisfaz as suas necessidades emocionais e pessoais. Para o indivíduo comum, é muito mais importante participar da administração dos assuntos da sua localidade atualmente retirada em grande parte das mãos das pessoas do seu conhecimento e em quem ele pode confiar, e transferida a uma burocracia mais distante que para ele é uma máquina desumana. E enquanto na esfera do conhecimento do indivíduo é benéfico despertar o seu interesse e induzi-lo a contribuir com o seu conhecimento e a sua opinião, só pode gerar desprezo por toda a política se ele for solicitado sobretudo a expressar pontos de vista sobre questões que não lhe digam respeito.[14]

A abolição do monopólio governamental da prestação de serviços

Claro que é desnecessário que o governo central decida quem deve ter o direito de prestar os diferentes serviços, e é extremamente indesejável que possua poderes compulsórios para fazê-lo. Com efeito, ainda que possa ser verdade em alguns casos, e até segunda ordem, que apenas órgãos governamentais com poderes compulsórios de arrecadar contribuições possam prestar certos serviços, não se justifica que um órgão governamental possua o direito exclusivo de fornecer um determinado serviço. Embora possa se revelar que o fornecedor estabelecido de alguns serviços esteja em condições muito melhores para prestá-lo do que qualquer possível concorrente da iniciativa privada, obtendo assim um monopólio *de facto*, não existe interesse social em lhe outorgar o monopólio legal de qualquer gênero de atividade. Naturalmente, isso significa que qualquer órgão governamental autorizado a utilizar o seu poder de tributação para financiar esses serviços deve ser obrigado a restituir as taxas cobradas para esses fins a todos os que prefiram obter os serviços de outro modo. Isso se aplica, sem exceção, a todos os serviços que hoje o governo possui ou do qual aspira um monopólio legal, com a única exceção de manter e fazer cumprir a lei e tendo, para esse fim (incluindo a defesa contra inimigos externos), uma força armada, ou seja, todos os serviços, desde a educação até os transportes e as comunicações, incluindo os correios, o telégrafo, o telefone, a radiodifusão, todos os chamados serviços de "utilidade pública", os diversos seguros "sociais" e, acima de tudo, a emissão de moeda. Por enquanto, alguns desses serviços talvez sejam prestados de forma mais eficiente por um monopólio *de facto*; mas não podemos garantir o seu aprimoramento nem nos proteger contra a extorsão, a menos que exista a possibilidade de outrem oferecer melhores serviços de quaisquer desses tipos.

Tal como acontece com grande parte dos tópicos abordados neste capítulo final, não posso entabular aqui uma reflexão mais detalhada das atividades de prestação de serviços hoje desempenhadas pelo governo; porém, em alguns casos, a questão de saber se o governo deve ter o direito exclusivo de prestá-los é de importância decisiva — não é apenas um problema de eficiência, mas de importância crucial para a preservação de uma sociedade livre. Nesses casos, a objeção contra quaisquer poderes monopolistas do governo deve preponderar, mesmo que tal monopólio prometa serviços de melhor qualidade. Talvez ainda descubramos, por exemplo, que o monopólio governamental de radiodifusão pode se revelar uma ameaça tão séria à liberdade política quanto seria a supressão da liberdade de imprensa. O sistema postal é outro exemplo em que o monopólio governamental vigente é fruto exclusivamente do empenho do governo pelo controle da atividade privada e tem produzido, na maior parte do mundo, um serviço em constante deterioração.

CAPÍTULO 18 • A CONTENÇÃO DO PODER E O DESTRONAMENTO DA POLÍTICA

Acima de tudo, no entanto, devo enfatizar que, no decorrer do trabalho neste livro, cheguei, pela confluência de fatores políticos e econômicos, à firme convicção de que um sistema econômico livre jamais voltará a funcionar satisfatoriamente e que nunca eliminaremos os seus defeitos mais graves ou interromperemos a expansão constante do governo se não retiramos dele o monopólio de emissão da moeda. Considerei necessário desenvolver esse argumento em outro livro,[15] e temo agora, na verdade, que todas as salvaguardas contra a opressão e outros abusos do poder governamental que a reestruturação do governo nos moldes sugeridos neste volume pretende obter sejam de pouca ajuda se, ao mesmo tempo, o controle do governo sobre a oferta de moeda não for eliminado. Como estou convencido de que atualmente já não existem normas rígidas factíveis que assegurem uma oferta monetária por parte do governo pela qual, ao mesmo tempo, as demandas legítimas por moeda sejam satisfeitas e o valor dessa moeda se mantenha estável, parece-me não existir nenhuma outra forma de conseguir isso a não ser pela substituição das atuais moedas nacionais por diferentes moedas concorrentes oferecidas pela iniciativa privada, dentre as quais o povo teria liberdade para escolher a mais adequada para as suas transações.

Considero isso tão importante que seria essencial à constituição de um povo livre consolidar esse princípio por meio de uma cláusula especial como: "O parlamento não fará nenhuma lei que restrinja o direito de qualquer pessoa de deter, comprar, vender ou emprestar, fazer e executar contratos, calcular e manter as suas contas em qualquer tipo de moeda que escolher". Embora isso esteja, na verdade, implícito no princípio básico de que o governo só pode impor ou proibir formas de ação por meio de normas gerais abstratas aplicáveis igualmente a todos, inclusive o próprio governo, essa aplicação específica do princípio ainda é demasiado incomum para supor que os tribunais compreendam que a antiquíssima prerrogativa do governo não deve ser mais reconhecida sem que a constituição a enuncie explicitamente.

O destronamento da política

Embora eu tivesse desejado ao final deste trabalho dar alguma indicação das implicações dos princípios desenvolvidos para assuntos internacionais, considero impossível fazê-lo sem deixar a exposição se alongar em demasia. Isso também exigiria pesquisas adicionais, que reluto em empreender a esta altura. Acredito que o leitor não terá dificuldade em perceber de que maneira o desmantelamento do estado monolítico e o princípio de que todo o poder supremo deve ser limitado a funções essencialmente negativas — poderes de dizer "não" —, bem como que todos os poderes positivos devem ser limitados a órgãos que devem atuar segundo normas que não podem alterar, terão extensas aplicações para organizações internacionais. Conforme sugeri anteriormente, tenho a impressão de que, neste século, as nossas tentativas de criar um governo internacional capaz de garantir a paz geralmente abordaram a tarefa pelo lado errado: criando numerosas autoridades especializadas visando regulamentações específicas, em vez de visar um verdadeiro direito internacional capaz de limitar os poderes dos governos nacionais de se prejudicarem mutuamente. Se os valores comuns supremos são negativos, não só as normas comuns supremas como também a autoridade suprema deviam ser basicamente limitadas a proibições.

Não se pode duvidar que, em geral, a política se tornou demasiadamente importante, dispendiosa e nociva demais, absorvendo um excesso de energia mental e de recursos materiais, e que, ao mesmo tempo, vem perdendo cada vez mais o respeito e o apoio do povo em geral, que passou a considerá-la como um mal necessário, mas incurável, que deve ser tolerado. No entanto, a atual magnitude, o distanciamento e, ainda, a onipresença de todo o aparato político não são algo que os homens escolheram, mas o resultado de um mecanismo obstinado que eles montaram sem prever os seus efeitos. Com certeza, atualmente, o governo não é um ser humano em quem se possa confiar, como o ideal que herdamos do bom governante ainda sugere à mente ingênua. Tampouco é a decorrência da sabedoria conjunta de representantes confiáveis, cuja maioria pode entrar em acordo sobre o que é melhor. É uma máquina orientada por "necessidades políticas", que são apenas remotamente influenciadas pelas opiniões da maioria.

Embora a legislação propriamente dita envolva uma questão de princípios de longo prazo e não de interesses particulares, todas as medidas específicas que o governo pode tomar acabam se tornando questões de política cotidiana. É ilusão acreditar que essas medidas específicas sejam normalmente determinadas por necessidades objetivas com as quais todas as pessoas sensatas são capazes de concordar. Há sempre custos a serem ponderados em relação ao objetivos almejados, e não existe nenhum teste real da importância relativa do que pode ser alcançado e do que terá de ser sacrificado. Esta é a grande diferença entre as leis gerais que objetivam melhorar as oportunidades de todos, assegurando uma ordem em que há boas perspectivas de se encontrar um parceiro para transações favoráveis para ambas as partes, e as medidas coercitivas destinadas a beneficiar determinadas pessoas ou grupos. Enquanto for legítimo o governo usar a força para efetuar uma redistribuição de benefícios materiais — e esse é o espírito do socialismo — não poderá existir nenhum freio aos instintos predatórios de todos os grupos que querem mais para si mesmos. Quando a política se converte numa disputa por fatias do bolo de renda, um governo decente é impossível. Isso exige que todo uso da coerção para assegurar um certo rendimento a determinados grupos (acima de um mínimo uniforme para todos os que não consigam ganhar mais no mercado) seja condenado como imoral e estritamente antissocial.

Atualmente, os únicos detentores de poder não controlados por nenhuma lei que os restrinja e movidos pelas necessidades políticas de uma máquina obstinada são os chamados legisladores. Porém, essa forma vigente de democracia é, em última análise, autodestrutiva, pois impõe aos governos incumbências acerca das quais uma opinião consensual da maioria não existe e não pode existir. Portanto, torna-se necessário conter esses poderes para proteger a democracia contra si mesma.

É evidente que uma constituição como a aqui proposta impossibilitaria todas as medidas socialistas com o intuito de redistribuição. Isso é tão justificável quanto quaisquer outras limitações constitucionais do poder destinadas a inviabilizar a destruição da democracia e a ascensão de governos totalitários. Pelo menos no momento, que acredito não estar muito distante, em que as crenças tradicionais do socialismo forem reconhecidas como ilusão, será necessário tomar precauções contra o contágio sempre recorrente dessas ilusões, fadado repetidas vezes a provocar uma recaída acidental no socialismo.

Para isso, não será suficiente deter os que desejam destruir a democracia com o propósito de alcançar o socialismo, ou mesmo apenas os que estão totalmente comprometidos com um programa socialista. O maior apoio da tendência ao socialismo vem hoje daqueles que afirmam que não querem nem o capitalismo, nem o socialismo, mas sim um "meio-termo" ou uma "terceira via". Segui-los é o caminho garantido para o socialismo, porque, quando permitimos aos políticos interferir na ordem espontânea do mercado em benefício de determinados grupos, eles não conseguem mais negar essas concessões a nenhum grupo de cujo apoio dependem. Assim, iniciam aquele processo cumulativo que os leva, por necessidade interna, se não ao que os socialistas imaginam, então a uma dominação cada vez maior dos processos econômicos pela política.

Não existe um terceiro princípio para a organização do processo econômico que possa ser escolhido racionalmente para atingir quaisquer fins desejáveis além de um mercado funcional em que ninguém pode determinar de modo conclusivo quão prósperos serão grupos ou indivíduos específicos, ou de uma administração central em que um grupo organizado em relação ao poder determina isso. Os dois princípios são incompatíveis, já que qualquer combinação impede a obtenção dos objetivos de ambos. E embora nunca possamos alcançar o que os socialistas imaginam, a permissão geral para os políticos concederem benefícios especiais àqueles de cujo apoio necessitam destruirá a ordem autogeradora do mercado que serve o bem geral, substituindo-a por uma ordem imposta pela força determinada por vontades humanas arbitrárias. Enfrentamos uma escolha inevitável entre dois princípios incompatíveis e, por mais distantes que sempre possamos estar da plena realização de ambos, não pode haver um meio-termo estável. Qualquer que seja o princípio que assumamos como fundamento dos nossos procedimentos, ele sempre nos impelirá para algo imperfeito, mas cada vez mais parecido com um dos dois extremos.

Uma vez que se perceba claramente que o socialismo, tanto quanto o fascismo ou o comunismo, leva inevitavelmente ao estado totalitário e à destruição da ordem democrática, torna-se evidentemente legítimo prevenir-se contra uma recaída acidental num sistema socialista por meio de disposições constitucionais que privam o governo de poderes discriminatórios de coerção, mesmo para o que no momento possa ser considerado um bom propósito.

Por menos verdadeiro que isso possa muitas vezes parecer, o mundo social é regido, a longo prazo, por certos princípios morais em que o povo como um todo acredita. O único princípio moral que já possibilitou o desenvolvimento de uma civilização avançada foi o da liberdade individual, significando que o indivíduo se orienta nas suas decisões por normas de conduta justa, e não por prescrições específicas. Nenhum princípio de conduta coletiva que sujeite o indivíduo pode existir numa sociedade de homens livres. Aquilo que já conquistamos devemos ao fato de ter assegurado aos indivíduos a possibilidade de criar para si mesmos um domínio protegido (a sua "propriedade"), na qual podem usar as suas habilidades para os seus próprios propósitos. O socialismo carece de quaisquer princípios de conduta individual, mas sonha com um estado de coisas que nenhuma ação moral de indivíduos livres pode produzir.

A batalha final contra o poder arbitrário ainda está por vir — a luta contra o socialismo e em prol da abolição de todo poder coercitivo de dirigir iniciativas individuais e distribuir deliberadamente os seus frutos. Aguardo com expectativa o momento em que esse caráter totalitário e basicamente arbitrário de todo socialismo seja tão globalmente compreendido quanto o do comunismo e do fascismo e em que, portanto, as barreiras constitucionais contra toda tentativa de obtenção desses poderes totalitários sob qualquer pretexto serão aprovadas universalmente.

O que pretendi com estes volumes (e com o estudo à parte sobre o papel da moeda numa sociedade livre) foi delinear um roteiro a partir do processo de degeneração da forma de governo existente, assim como elaborar um equipamento intelectual de emergência que esteja disponível quando não tivermos outra escolha além de substituir a estrutura cambaleante por uma construção melhor, em vez de recorrer, em desespero, a alguma forma de regime ditatorial. Um governo é necessariamente produto de desígnio intelectual. Se conseguirmos lhe dar um formato pelo qual forneça uma estrutura benéfica para o livre desenvolvimento da sociedade, sem entregar a ninguém o poder de controlar esse desenvolvimento em suas particularidades, será bem possível esperar ver a continuidade da evolução da civilização.

Deveríamos ter aprendido o suficiente para evitar destruir a nossa civilização pela asfixia do processo espontâneo de interação dos indivíduos confiando a sua direção a uma autoridade. Porém, para evitar isso, devemos perder a ilusão de que podemos "criar o futuro da humanidade" de modo deliberado, como o orgulho arrogante característico de um sociólogo socialista expressou recentemente.[16] Esta é a conclusão final dos quarenta anos que devotei ao estudo desses problemas, desde que me dei conta do processo de Abuso e Declínio da Razão, que se prolongou ao longo desse período.[17]

EPÍLOGO*

AS TRÊS FONTES DOS VALORES HUMANOS

Prophete rechts, Prophete links, das Weltkind in der Mitten.

J. W. GOETHE**

Os erros da sociobiologia

O desafio que me levou a reordenar os meus pensamentos sobre o presente assunto foi uma afirmação excepcionalmente explícita do que agora identifico como um erro comum subentendido em grande parte do debate atual. Encontrei-a num trabalho interessante e recente de uma área considerada a nova ciência norte-americana da sociobiologia: o livro *The Biological Origin of Human Values*,[1] do dr. G. E. Pugh, muito elogiado pelo conhecido líder dessa escola, o professor Edward O. Wilson, da Universidade de Harvard.[2] O surpreendente a respeito da obra é que toda a argumentação se baseia no pressuposto de que há apenas duas espécies de valores humanos, que o dr. Pugh designa como "primários" e "secundários". Os valores primários são os geneticamente determinados e, portanto, inatos, enquanto os valores secundários são os "produtos do pensamento racional".[3]

Naturalmente, a biologia social é fruto do que é uma evolução intelectual agora já bastante longa. Os membros mais antigos da London School of Economics lembrarão que, mais de quarenta anos atrás, uma cátedra de sociobiologia foi criada ali. Desde então, tivemos um grande avanço em relação ao fascinante estudo da etologia, fundado por Sir Julian Huxley,[4] Konrad Lorenz[5] e Niko Tinbergen,[6] e agora rapidamente desenvolvido por seus muitos e talentosos discípulos,[7] assim como por um grande número de estudiosos norte-americanos. Devo admitir que mesmo na obra do meu amigo vienense Lorenz, que acompanho de perto há cinquenta anos, senti-me às vezes incomodado com uma aplicação muito rápida das conclusões extraídas da observação dos animais para explicar a conduta humana. Contudo, nenhum desses autores se preocupou em enunciar como pressuposto básico e desenvolver sistematicamente com base no que na obra dos outros pareciam formulações descuidadas e ocasionais, especificamente que essas duas espécies de valores são as únicas espécies de valores humanos.

O que é tão surpreendente acerca dessa tese que ocorre tantas vezes entre os biólogos[8] é que se poderia esperar que eles fossem receptivos a esse processo análogo, embora diferente sob importantes aspectos, relativo à evolução seletiva à qual se deve a formação das estruturas culturais complexas. Na verdade, a ideia de evolução cultural é indubitavelmente anterior ao conceito biológico de evolução. É até provável que a sua aplicação à biologia por Charles Darwin derivasse, por meio do seu avô Erasmus, do conceito de evolução cultural de Bernard Mandeville e David Hume, se é que não tenha derivado mais diretamente das escolas históricas de direito e linguagem da época.[9] É verdade que, depois de Darwin, os "darwinistas sociais", que tinham precisado dele para aprender o que era uma tradição mais antiga no seu próprio campo de estudos, prejudicaram um tanto o argumento de evolução concentrando-se na seleção de indivíduos congenitamente mais aptos, cuja lentidão a torna relativamente pouco importante para a evolução cultural, negligenciando, ao mesmo tempo, a evolução seletiva de normas e práticas de importância decisiva. Porém, com certeza nada justificava que alguns biólogos tratassem a evolução como um processo exclusivamente genético,[10] esquecendo completamente o processo semelhante, mas muito mais rápido, da evolução cultural, que agora domina o cenário humano e apresenta à nossa inteligência problemas que ela ainda não aprendeu a resolver.

Eu não previ, porém, que um exame atento desse erro, comum entre alguns especialistas, levaria direto ao cerne de algumas das questões morais e políticas mais urgentes do nosso tempo. O que a princípio pode parecer um problema de interesse exclusivo dos especialistas se revela um paradigma de alguns dos mais graves equívocos vigentes. Embora eu espere que a maior parte do que vou dizer seja de certo modo familiar aos antropólogos culturais — e o conceito de evolução cultural foi, como se sabe, enfatizado por L. T. Hobhouse e os seus discípulos[11] e, mais recentemente, sobretudo por Sir

EPÍLOGO • AS TRÊS FONTES DOS VALORES HUMANOS

Julian Huxley,[12] Sir Alexander Carr-Saunders[13] e C. H. Waddington[14] na Grã-Bretanha, e ainda mais por G. G. Simpson, Theodosius Dobzhansky[15] e Donald T. Campbell[16] nos Estados Unidos —, considero necessário chamar a atenção dos filósofos da moral, cientistas políticos e economistas para a sua importância. É preciso que seja amplamente reconhecido que a atual ordem social não surgiu principalmente por desígnio, mas pela prevalência de instituições mais eficazes num processo de concorrência.

A cultura não é nem natural, nem artificial; nem geneticamente transmitida, nem racionalmente criada. Trata-se de uma tradição de normas de conduta aprendidas, que nunca foram "inventadas" e cujas funções os indivíduos atuantes geralmente não compreendem. Decerto existe tanta razão para falar da sabedoria da cultura quanto da sabedoria da natureza — exceto, talvez, pelo fato de que, por causa dos poderes do governo, os erros da primeira são menos facilmente corrigidos.

Foi nesse ponto que a abordagem construtivista cartesiana[17] fez os pensadores aceitarem por muito tempo como "boas" apenas normas que fossem inatas ou deliberadamente escolhidas, considerando todas as formações desenvolvidas como meros produtos de acidente ou capricho. Com efeito, a expressão "meramente cultural" tem agora para muitos a conotação do que pode ser mudado à vontade, do que é arbitrário, superficial ou dispensável. Na realidade, todavia, em grande medida, a civilização se tornou possível subjugando os instintos animais inatos aos costumes não racionais que permitiram a formação de grupos ordenados maiores em crescimento progressivo.

O processo de evolução cultural

O fato de que a evolução cultural não é o resultado da razão humana construindo instituições conscientemente e sim de um processo em que a cultura e a razão se desenvolveram simultaneamente está, talvez, começando a ser compreendido de maneira mais ampla. *Provavelmente não se justifica mais afirmar que o homem criou a sua cultura, assim como que a cultura criou a razão humana.*[18] Como já tive oportunidade de assinalar muitas vezes, a visão equivocada se entranhou profundamente no nosso pensamento por meio da falsa dicotomia entre o que é "natural" e o que é "artificial" que herdamos dos gregos antigos.[19] As estruturas formadas pelas práticas humanas não são nem naturais, no sentido de serem geneticamente determinadas, nem artificiais, no sentido de serem produto do desígnio inteligente, mas são sim o fruto de um processo de seleção ou triagem[20] dirigido pelas vantagens diferenciais obtidas pelos grupos a partir de práticas adotadas por razões desconhecidas e talvez puramente acidentais. Sabemos agora que não só entre os animais, como aves e sobretudo macacos, os hábitos aprendidos são transmitidos por imitação, e até mesmo que diferentes "culturas" podem se desenvolver entre diferentes grupos deles,[21] mas também que esses traços culturais adquiridos podem afetar a evolução fisiológica — como é evidente no caso da linguagem: sem dúvida, a sua aparição rudimentar tornou a capacidade física de articulação clara uma grande vantagem, favorecendo a seleção genética de um aparelho fonador adequado.[22]

Quase todos os textos sobre esse tópico enfatizam que aquilo que chamamos de evolução cultural ocorreu durante o último um por cento do tempo de existência do *Homo sapiens*. Com respeito ao que entendemos por evolução cultural num sentido mais restrito, ou seja, o desenvolvimento rápido e acelerado da civilização, isso é bastante verdadeiro. Como difere da evolução genética por depender da transmissão de propriedades adquiridas, a evolução cultural é muito rápida, e assim que predomina, sobrepuja a evolução genética. Porém, isso não justifica o equívoco de que foi a mente desenvolvida que, por sua vez, dirigiu a evolução cultural. Esta não se desenrolou só após o aparecimento do *Homo sapiens*, mas também durante a existência anterior, muito mais longa, do gênero *Homo* e dos seus ancestrais hominídeos. Repetindo: *a mente e a cultura se desenvolveram simultaneamente, e não sucessivamente*. Quando admitimos isso, descobrimos que sabemos tão pouco sobre como exatamente ocorreu essa evolução, da qual temos pouquíssimos fósseis identificáveis, que somos levados a reconstituí-la como uma espécie de história conjectural, no sentido dos filósofos da moral escoceses do século XVIII. Os fatos sobre os quais não sabemos quase nada são os relacionados à evolução das normas de conduta que regiam a estrutura e o funcionamento de diversos pequenos grupos humanos em que a espécie se desenvolveu. O estudo dos povos primitivos remanescentes pouco pode nos informar a esse respeito. Embora a concepção de história conjectural seja hoje um tanto suspeita, quando não conseguimos dizer exatamente como as coisas aconteceram, compreender a maneira pela qual elas poderiam ter se dado pode ser uma percepção importante. A evolução da sociedade e da linguagem, por um lado, e a evolução da mente, por outro, suscitam a esse respeito a mesma dificuldade: a parte mais importante da evolução cultural — a domesticação do selvagem — completou-se muito antes do início da história documentada. É essa evolução cultural que só o homem experimentou que o distingue hoje dos outros animais. Como Sir Ernest Gombrich afirmou em algum momento: "A história da civilização e da cultura foi a história da ascensão do homem de uma condição quase animal à sociedade educada, ao refinamento das artes, à adoção de valores civilizados e ao livre exercício da razão".[23]

Para compreender essa evolução, devemos descartar completamente a ideia de que o homem foi capaz de desenvolver a cultura porque foi dotado de razão. Ao que tudo indica, o que o distinguiu foi a capacidade de imitar e transmitir o que tinha aprendido. Provavelmente, o homem partiu de uma capacidade maior de aprender o que fazer — ou ainda maior do que não fazer — em diferentes circunstâncias. E muito, se não a maior parte do que descobriu sobre o que fazer, provavelmente descobriu ao aprender o significado das palavras.[24] As normas quanto à sua conduta, que o levavam a adaptar o que fazia ao seu ambiente, foram certamente mais importantes para ele que o "conhecimento" sobre o modo como outras coisas se comportavam. Em outras palavras: com certeza, o homem aprendeu com mais frequência a fazer a coisa certa sem compreender por que era a coisa certa, e ainda é muitas vezes melhor ajudado pelo costume do que pelo entendimento. Ou outros objetos se definiram basicamente para ele mediante o modo apropriado de conduta em relação a eles. Um repertório de normas aprendidas que o informavam sobre qual a maneira certa e a maneira errada de agir em diferentes circunstâncias foi o que lhe proporcionou a sua crescente capacidade de adaptação às condições em transformação — e sobretudo de cooperação com os demais membros do seu grupo. Assim, uma tradição de normas de conduta, existindo à parte de qualquer indivíduo que as tivesse aprendido, começou a reger a vida humana.[25] Quando essas normas aprendidas, envolvendo classificações de diferentes tipos de objetos, começaram a incluir uma espécie de modelo de ambiente que permitia ao homem prever e antecipar eventos externos na prática foi que surgiu o que chamamos de razão.[26] Então, *havia muito mais "inteligência" incorporada ao sistema de normas de conduta do que nos pensamentos do homem acerca do seu ambiente.*

Portanto, é equivocado representar o cérebro ou a mente individual como o ápice da hierarquia de estruturas complexas gerada pela evolução, que, em seguida, criou o que chamamos de cultura. A mente está inserida numa estrutura impessoal e tradicional de normas aprendidas, e a sua capacidade de ordenar a experiência é uma réplica adquirida dos padrões culturais transmitidos a cada mente individual. *O cérebro é um órgão que nos permite absorver a cultura, mas não criá-la.* Esse "mundo três", como Sir Karl Popper o denominou,[27] embora sempre mantido em existência por milhões de cérebros independentes que participam dele, é resultado de um processo de evolução distinto da evolução biológica do cérebro, cuja estrutura complexa se tornou útil quando havia uma tradição cultural a absorver. Ou, em outras palavras, a mente apenas pode existir como parte de outra estrutura ou ordem distinta de existência independente, embora essa ordem só possa persistir e se desenvolver porque milhões de cérebros absorvem e modificam constantemente partes dela. Para compreendê-la, devemos dirigir a nossa atenção ao processo de seleção de práticas que a sociobiologia sistematicamente ignora. Ele é a terceira e mais importante fonte do que chamei, no título dessa conferência, de valores humanos, e a respeito do qual sabemos necessariamente pouco, mas ao qual ainda quero dedicar grande parte do que tenho a dizer. No entanto, antes de me voltar para as questões específicas de como tais estruturas sociais evoluíram, talvez seja útil examinar brevemente alguns dos problemas metodológicos surgidos em todas as tentativas de analisar essas estruturas complexas desenvolvidas.

A evolução das estruturas complexas automantenedoras

Atualmente, compreendemos que *todas* as estruturas duradouras acima do nível dos átomos mais simples, e até o cérebro e a sociedade, são fruto de processos de evolução seletiva,[28] só explicáveis em função deles, e que as mais complexas se mantêm por meio de constante adaptação dos seus estados internos às mudanças no ambiente. "Onde quer que olhemos, descobrimos processos evolucionários que dão origem à diversificação e à crescente complexidade." (Nicolis e Prigogine; ver nota 33.) Essas mudanças na estrutura são provocadas pelo fato de seus elementos possuírem tal regularidade de conduta, ou tal capacidade de cumprir normas, que o resultado das suas ações individuais será a restauração da ordem do todo se esta for perturbada por influências externas. Portanto, o que chamamos numa ocasião anterior de conceitos gêmeos de evolução e ordem espontânea[29] nos permitem explicar a persistência dessas estruturas complexas, não por meio de uma concepção simples de leis unidirecionais de causa e efeito, mas por uma complexa interação de padrões que o professor Donald Campbell designou como "causação descendente".[30]

Essa percepção alterou muito a nossa abordagem para explicação desses fenômenos complexos, assim como as nossas concepções acerca do escopo alcançável dos nossos esforços para explicá-los. Em particular, já não há hoje nenhuma razão para se acreditar que a busca de relações quantitativas, que se revelaram tão eficazes na explicação da interdependência de duas ou três variáveis diferentes, possa ser muito útil na explanação das estruturas automantenedoras que existem somente graças aos seus atributos automantenedores.[31] Uma das mais importantes dessas ordens autogeradoras é a abrangente divisão do trabalho, que implica o mútuo ajuste das atividades das pessoas que não se conhecem. Esse fundamento da civilização moderna foi compreendido primeiramente por Adam Smith em função do funcionamento do mecanismo de *feedback*, antecipando assim o que hoje conhecemos como cibernética.[32] As populares interpretações organísmicas dos fenômenos sociais de outrora, que procuravam esclarecer uma ordem não explicada por analogia com outra igualmente não explicada, foram agora substituídas pela teoria dos sistemas, originalmente desenvolvida por outro amigo vienense, Ludwig von Bertalanffy, e os seus numerosos discípulos.[33] Essa teoria revelou as características comuns dessas diversas ordens complexas, que também são abordadas pelas teorias da informação e comunicação e pela semiótica.[34]

Em particular, para explicar os aspectos econômicos dos grandes sistemas sociais, temos de explicar o curso de um fluxo corrente, que se adapta constantemente, como um todo, a mudanças nas circunstâncias das quais cada participante só pode conhecer uma pequena fração, e não um hipotético estado de equilíbrio determinado por um conjunto de dados verificáveis. E as mensurações numéricas das quais a maioria dos economistas ainda se ocupa hoje podem ser interessantes como fatos históricos, mas, para a explicação teórica desses padrões que se restauram a si mesmos, os dados quantitativos são quase tão importantes quanto seriam para a biologia humana se esta se dedicasse a elucidar os diferentes tamanhos e formas de órgãos humanos, como estômagos e fígados de diferentes indivíduos, que por acaso apresentam na sala da dissecação tamanhos ou formas muitos diferentes dos expostos nos manuais, só raramente se assemelhando a eles.[35] É evidente que, em relação às funções do sistema, essas grandezas têm muito pouco a ver.

A estratificação das normas de conduta[36]

Mas, voltando ao meu tema central: as diferenças entre as normas que se desenvolveram por meio de cada um dos três processos distintos provocaram uma *sobreposição não apenas de três camadas de normas, mas de muitas mais*, na medida em que se preservaram as tradições das sucessivas etapas pelas quais passou a evolução cultural. A consequência é que o homem moderno se vê assolado pelos conflitos que o atormentam e o forçam a outras mudanças cada vez mais aceleradas. É óbvio que, em primeiro lugar, há a base sólida, isto é, pouco mutável, dos impulsos "instintivos", geneticamente herdados, que são determinados pela sua estrutura fisiológica. Em seguida, apresentam-se todos os remanescentes das tradições adquiridas nos sucessivos tipos de estruturas sociais pelos quais ele passou — normas que não escolheu deliberadamente, mas que se difundiram porque algumas práticas potencializaram a prosperidade de certos grupos e acarretaram a sua expansão, talvez menos pela procriação mais rápida do que pela atração de forasteiros. E há, em terceiro lugar, além de tudo isso, a fina camada de normas deliberadamente adotadas ou modificadas para atender propósitos conhecidos.

A transição do pequeno bando para a comunidade sedentária e finalmente para a sociedade aberta, e com ela para a civilização, se deveu ao fato de os homens aprenderem a obedecer às mesmas normas abstratas, em vez de serem guiados por instintos inatos na busca de objetivos comuns perceptíveis. Os desejos naturais inatos eram apropriados à condição de vida do pequeno bando, ao longo da qual o homem desenvolveu a estrutura neural que ainda é característica do *Homo sapiens*. Essas estruturas inatas, incorporadas à organização humana no decorrer de talvez cinquenta mil gerações, eram adequadas a uma vida totalmente diferente da que o homem construiu para si durante as últimas quinhentas gerações, ou para a maioria de nós, apenas cem, aproximadamente. Talvez fosse mais correto associar esses instintos "naturais" com instintos "animais", e não com instintos caracteristicamente humanos ou bons. Com efeito, o uso genérico de "natural" como termo elogioso está ficando bastante enganoso, porque uma das principais funções das normas aprendidas posteriormente foi refrear os instintos inatos ou naturais da maneira que foi necessária para tornar possível a Grande Sociedade. Ainda tendemos a considerar que o que é natural deve ser bom; mas pode estar muito longe de ser bom na Grande Sociedade. O que tornou os homens bons não foi nem a natureza, nem a razão, mas sim a tradição. Não há muita humanidade comum na dotação biológica da espécie. Contudo, a maior parte dos grupos precisou adquirir certos traços semelhantes para criar sociedades maiores; ou, mais provavelmente, os que não o fizeram foram exterminados por aqueles que o fizeram. E embora ainda partilhemos grande parte dos traços emocionais do homem primitivo, ele não partilha de todos os nossos, nem das restrições que tornaram a civilização possível. Em vez da busca direta da satisfação das necessidades sentidas ou de objetos percebidos, a obediência a normas aprendidas se tornou necessária para conter os instintos naturais que não se encaixavam na ordem da sociedade aberta. É contra essa "disciplina" (um dos significados léxicos dessa palavra é "sistema de normas de conduta") que o homem até hoje se revolta.

Os princípios morais que preservam a sociedade aberta não contribuem para satisfazer as emoções humanas — o que nunca foi um objetivo da evolução —, mas serviram apenas como sinais que informavam o indivíduo do que ele deveria fazer no tipo de sociedade em que vivia no passado obscuro. O que ainda se avalia de modo imperfeito é que a seleção cultural das novas normas aprendidas se tornou necessária sobretudo para a repressão de algumas das normas inatas que eram adequadas para a vida de caça e coleta dos pequenos bandos de quinze a quarenta pessoas, guiadas por um chefe e defendendo um território contra todos os forasteiros. A partir dessa etapa, quase todo avanço precisou ser obtido por meio da infração ou da repressão de algumas das normas inatas e da sua substituição por novas que possibilitaram a coordenação das atividades de grupos maiores. Grande parte desses passos da evolução cultural foi viabilizada por alguns indivíduos que violaram normas tradicionais e praticaram novas formas de conduta — não porque percebessem que estas últimas eram melhores, mas porque os grupos que agiam de acordo com elas prosperavam mais do que os outros e se desenvolviam.[37] Não devemos nos surpreender que essas normas costumassem a assumir a forma de magia ou de ritual. As condições de admissão para o grupo envolviam a aceitação de todas as suas normas, embora poucos entendessem do que dependia a observância de qualquer uma em particular. Em cada grupo, havia apenas uma maneira aceitável de agir, com um mínimo de esforço para distinguir entre eficácia e conveniência moral.

Normas costumeiras e ordem econômica

Seria interessante, mas não posso tentar aqui explicar a sucessão de diferentes ordens econômicas pelas quais a civilização passou em função de mudanças das normas de conduta. Elas possibilitaram a evolução sobretudo por meio do relaxamento das proibições: uma evolução da liberdade individual e um desenvolvimento das normas de proteção ao indivíduo em vez das que ordenavam que fizesse coisas específicas. Não resta dúvida de que a tolerância do escambo com o forasteiro, o reconhecimento da propriedade privada delimitada, sobretudo da terra, o cumprimento das obrigações contratuais, a concorrência com artesãos do mesmo ofício, a variação dos preços inicialmente costumeiros, o empréstimo de dinheiro, especialmente a juros, foram todos inicialmente violações das normas costumeiras — muitas caídas em desgraça. E os infratores da lei, que viriam a ser desbravadores de caminhos, decerto não introduziram as novas normas porque consideraram benéficas para a comunidade, mas simplesmente iniciaram algumas práticas vantajosas para eles que, em seguida, se revelaram benéficas para o grupo em que prevaleciam. Por exemplo, não resta dúvida de que o dr. Pugh tem razão ao constatar que:

> (...) na sociedade humana primitiva, "partilhar" é um modo de vida. (...) A partilha não se limita ao alimento, mas se estende a todos os tipos de recursos. O resultado prático é que os recursos escassos são partilhados na sociedade na proporção da necessidade, aproximadamente. Esse comportamento pode refletir alguns valores inatos e exclusivamente humanos, que evoluíram durante a transição para uma economia de caça.[38]

É muito provável que tenha sido isso o que aconteceu nessa etapa de desenvolvimento. No entanto, por outro lado, esses hábitos tiveram que ser abandonados para possibilitar a transição para a economia de mercado e para a sociedade aberta. Todos os passos dessa transição foram violações — que continuam a ser objeto de mágoa — da "solidariedade" que regia o pequeno grupo. Todavia, foram os passos para quase tudo o que atualmente chamamos de civilização. A maior mudança, até agora só parcialmente assimilada pelo homem, veio com a transição da sociedade face a face[39] para o que Sir Karl Popper chamou apropriadamente de sociedade abstrata:[40] uma sociedade em que a ação em relação aos estranhos é orientada não mais pelas necessidades conhecidas de pessoas conhecidas, mas unicamente por normas abstratas e sinais impessoais. Isso possibilitou uma especialização muito além do alcance que qualquer homem é capaz de contemplar.

Mesmo hoje em dia, a maioria esmagadora das pessoas, incluindo, receio, um bom número de pretensos economistas, ainda não compreende que essa ampla divisão social do trabalho, baseada em informação bastante dispersa, só se tornou possível pelo uso desses sinais pessoais que emergem do processo do mercado e informam às pessoas o que devem fazer para adaptar as suas atividades a eventos dos quais não dispõem de conhecimento direto. O que a maioria ainda se recusa a aceitar é que numa ordem econômica que envolve uma ampla divisão de trabalho não há mais espaço para a busca de fins comuns perceptíveis, mas apenas para normas abstratas de conduta — e toda a relação entre essas normas de conduta individual e a formação de uma ordem é o que procurei esclarecer nos volumes anteriores desta obra. Que o mais benéfico para o funcionamento da sociedade não é nem o que é instintivamente reconhecido como certo, nem o que é racionalmente reconhecido como servindo a determinados propósitos, mas sim normas tradicionais herdadas, ou seja, o que não é nem instinto, nem razão, é uma verdade que a perspectiva construtivista dominante nos nossos tempos se nega a admitir. Ainda que o homem moderno considere que os seus instintos inatos nem sempre o conduzem na direção certa, mesmo assim ele se engana que foi a sua razão que o fez perceber que outro tipo de conduta atenderia melhor os seus valores inatos. No entanto, a ideia de que o homem criou uma ordem social a serviço dos seus desejos inatos é equivocada, porque sem a evolução cultural que se situa entre o instinto e a capacidade de criação racional ele não possuiria a razão que atualmente faz com que tente realizar isso.

O homem não adotou novas normas de conduta porque era inteligente. Ele se tornou inteligente ao se submeter a novas normas de conduta. Continua sendo necessário enfatizar a percepção mais importante, aquela a que tantos racionalistas ainda resistem e até tendem a estigmatizar como superstição, ou seja: a de que o homem nunca inventou as suas instituições mais benéficas, desde a linguagem até a moral e o direito, e ainda hoje não entende por que as deveria preservar quando já não satisfazem nem os seus instintos nem a sua razão. As ferramentas básicas da civilização — a linguagem, a moral, o direito e a moeda — são todas fruto do desenvolvimento espontâneo, e não de desígnio, e em relação às duas últimas, o poder organizado se apossou delas e as perverteu completamente.

Embora a Esquerda continue sendo propensa a tachar todos esses esforços como apologéticos, ainda pode ser uma das tarefas mais importantes da nossa inteligência descobrir o significado das normas que nunca fizemos deliberadamente, e cuja obediência cria ordens mais complexas do que somos capazes de compreender. Já assinalei que o prazer que o homem é levado a buscar não é, evidentemente, o fim a que serve a evolução, mas apenas o sinal que, em condições primitivas, incitou o indivíduo a fazer o que era, em geral, necessário para a preservação do grupo, mas que, nas condições atuais, talvez já não o seja. As teorias construtivistas do utilitarismo que explicam as normas hoje válidas a partir do seu atendimento ao prazer individual estão, portanto, completamente erradas. Na verdade, as normas que o homem contemporâneo aprendeu a obedecer viabilizaram uma imensa proliferação da raça humana. Não tenho tanta certeza de que isso também tenha aumentado o prazer de diferentes indivíduos.

A disciplina da liberdade

O homem não se desenvolveu em liberdade. O membro do pequeno bando ao qual ele tinha que aderir para sobreviver não era livre. *A liberdade é um produto da civilização* que libertou o homem dos grilhões do pequeno grupo, cujo estado de ânimo momentâneo até o chefe tinha que obedecer. A liberdade se tornou possível pela evolução gradual da *disciplina da civilização que é, ao mesmo tempo, a disciplina da liberdade.* Ela protege o homem por meio de normas abstratas impessoais contra a violência arbitrária dos outros e permite que cada indivíduo procure construir para si um domínio protegido no qual ninguém mais pode interferir, e dentro do qual ele pode usar o próprio conhecimento em busca dos próprios propósitos. Devemos a nossa liberdade às restrições da liberdade. "Pois quem poderia ser livre se o capricho de qualquer outro homem pudesse tiranizá-lo?", questiona Locke (2º Tratado, seção 57).

A grande mudança que gerou uma ordem social que se tornou cada vez mais incompreensível para o homem, e para cuja preservação ele teve que se submeter a normas aprendidas, muitas vezes contrárias aos seus instintos inatos, foi a transição da sociedade face a face, ou pelo menos de grupos compostos por membros conhecidos e identificáveis, para a sociedade abstrata e aberta, que já não mantinha a coesão por meio de fins concretos e comuns, mas unicamente por meio da obediência às mesmas normas abstratas.[41] Provavelmente, o que o homem considerou mais difícil de compreender foi que os únicos valores comuns de uma sociedade aberta e livre não eram objetivos concretos a serem alcançados, mas apenas aquelas normas de conduta abstratas e comuns que asseguravam a manutenção constante de uma ordem igualmente abstrata que garantia ao indivíduo melhores perspectivas de alcançar os seus fins individuais, mas sem lhe dar nenhum direito a coisas específicas.[42]

A conduta necessária à preservação de um pequeno bando de caçadores e coletores e aquela pressuposta por uma sociedade aberta baseada na troca são muito diferentes. Mas ao passo que a humanidade teve centenas de milhares de anos para adquirir e incorporar geneticamente as respostas necessárias em relação ao pequeno bando, foi necessário para a ascensão da sociedade aberta que ela não só aprendesse a adquirir novas normas, mas que algumas delas servissem justamente para reprimir as reações instintivas não mais apropriadas à Grande Sociedade. Essas novas normas não foram apoiadas pela consciência de que eram mais eficazes. *Nunca concebemos o nosso sistema econômico. Não éramos bastante inteligentes para isso.* Nós nos deparamos com ele, que nos transportou a alturas inesperadas e deu origem a ambições que podem, todavia, nos levar a destruí-lo.

Essa evolução deve ser totalmente ininteligível para todos os que só reconhecem impulsos inatos, por um lado, e sistemas de normas deliberadamente concebidos, por outro. Porém, o certo é que ninguém que já não estivesse familiarizado com o mercado poderia ter concebido a ordem econômica capaz de sustentar os números atuais da humanidade.

Essa sociedade baseada na troca e a orientação da coordenação de uma ampla divisão de trabalho por preços variáveis de mercado foram viabilizadas pela difusão de certas crenças morais que evoluíram aos poucos e que, posteriormente a esta difusão, a maioria das pessoas do mundo ocidental aprendeu a aceitar. Essas normas eram inevitavelmente aprendidas por todos os membros da população, constituída sobretudo por agricultores independentes, artesãos e negociantes, assim como os seus servos e aprendizes, que partilhavam as experiências cotidianas dos seus senhores. Elas tinham um *ethos* que prezava o homem prudente, o bom agricultor e o provedor, que cuidava do futuro da sua família e dos seus negócios acumulando capital, guiado menos pelo desejo de poder consumir mais do que pelo anseio de ser considerado bem-sucedido pelos seus próximos que acalentavam objetivos semelhantes.[43] Foram os milhares de indivíduos que exerceram a nova rotina mais do que os ocasionais inovadores bem-sucedidos, a quem imitavam, que mantiveram a ordem de mercado. Entre os seus costumes, incluía-se sonegar aos vizinhos carentes aquilo que eles próprios talvez precisassem para atender as necessidades desconhecidas de milhares de outros desconhecidos. Em vez da busca de um bem comum conhecido, o ganho financeiro tornou-se não só a base da aprovação, mas também a causa do aumento da riqueza geral.

O ressurgimento dos instintos primordiais reprimidos

Atualmente, no entanto, parcelas cada vez maiores da população do mundo ocidental se desenvolvem como membros de grandes organizações e, assim, alheias às normas do mercado que viabilizaram a grande sociedade aberta. Para elas, em grande medida, a economia de mercado é incompreensível; nunca praticaram as normas em que ela se baseia, e seus resultados lhes parecem irracionais e imorais. Costumam ver nela apenas uma estrutura arbitrária mantida por um poder sinistro. Em consequência, os instintos inatos submersos há muito tempo voltaram novamente à tona. A sua demanda por uma distribuição justa, em que o poder organizado deve ser usado para reservar a cada um o que merece, é, portanto, estritamente um *atavismo* baseado em emoções primordiais. E é a esses sentimentos amplamente predominantes que os profetas, os filósofos da moral e os construtivistas apelam com o seu plano de criação deliberada de um novo tipo de sociedade.[44]

Todavia, embora todos apelem para as mesmas emoções, os seus argumentos assumem formas muito diferentes e, sob alguns aspectos, quase contraditórias. Um primeiro grupo propõe o retorno às antigas normas de conduta que prevaleceram no passado remoto e continuam sendo caras aos sentimentos humanos. Um segundo quer formular novas normas que atendam melhor os desejos inatos dos indivíduos. Naturalmente, os profetas religiosos e os filósofos da ética de todas as épocas foram quase todos reacionários, defendendo os velhos princípios em oposição aos novos. Com efeito, na maior parte do mundo, o desenvolvimento de uma economia de mercado aberta foi por muito tempo impedida pelos princípios morais pregados pelos profetas e filósofos, antes mesmo que as medidas governamentais o fizessem. *Temos que admitir que a civilização moderna se tornou possível em grande medida pelo desprezo às injunções desses moralistas indignados.* Como bem disse o historiador francês Jean Baechler, "*a expansão do capitalismo deve as suas origens e razão de ser à anarquia política*".[45] Isso vale bastante em relação à Idade Média, que, no entanto, podia recorrer aos ensinamentos dos antigos gregos, que — até certo ponto também como resultado da anarquia política — tinham descoberto não só a liberdade individual e a propriedade privada[46] como também a inseparabilidade de ambas,[47] criando assim a primeira civilização de homens livres.

Quando os profetas e os filósofos, de Moisés a Plantão e Santo Agostinho, de Rousseau a Marx e Freud, protestaram contra a moral vigente, sem dúvida nenhum deles tinha a mínima ideia de até que ponto as práticas que condenavam haviam viabilizado a civilização de que faziam parte. Eles não tinham a menor noção de que o sistema de preços e remunerações competitivos, que sinalizava ao indivíduo o que fazer, possibilitara essa ampla especialização, informando aos indivíduos a melhor forma de servir os outros cuja existência talvez ignorassem — e se valer dessas oportunidades disponíveis de que também não tinham conhecimento direto. Tampouco compreendiam que as crenças morais condenadas eram menos o efeito do que a causa da evolução da economia de mercado.

Porém, a mais grave deficiência dos antigos profetas foi a sua crença de que os valores éticos intuitivamente percebidos, revelados nas profundezas do coração humano, eram imutáveis e eternos. Isso os impediu de reconhecer que todas as normas de conduta atendiam um tipo específico de ordem social, e que, ainda que uma sociedade considere necessário aplicar as suas normas de conduta para se proteger contra rupturas, não é a sociedade com uma determinada estrutura que cria as normas apropriadas a ela, mas as normas que foram praticadas por alguns e depois imitadas por muitos que criaram uma ordem social de um tipo específico. A tradição não é algo constante, e sim fruto de um processo de seleção orientado não pela razão, mas pelo sucesso. Ela se modifica, mas raramente pode ser deliberadamente modificada.

A seleção cultural não é um processo racional; não é orientada pela razão, mas cria a razão.

Naturalmente, a crença na imutabilidade e continuidade das nossas normas morais ganha algum apoio pelo reconhecimento de que assim como não criamos nosso sistema moral como um todo, tampouco está em nosso poder modificá-lo na sua totalidade.[48] Realmente, não entendemos como ele mantém a ordem de ações de que depende a coordenação das atividades de milhões de pessoas.[49] E como devemos a ordem da nossa sociedade a uma tradição de normas que só compreendemos imperfeitamente, *todo o progresso precisa se basear na tradição*. Devemos aproveitar a tradição e só podemos remendar os seus produtos.[50] A nossa rejeição de uma norma estabelecida só pode ser justificada identificando o conflito entre ela e as nossas outras crenças morais. Mesmo o sucesso de uma inovação de um transgressor de uma norma e a confiança dos que o seguem precisam ser ganhos pelo respeito que ele conquistou por meio da observância escrupulosa da maioria das normas existentes. Para obter legitimidade, as novas normas têm que obter a aprovação da sociedade em geral — não por um voto formal, mas por aceitação que se difunde aos poucos. E embora devamos reexaminar constantemente as nossas normas e estar prontos para questionar cada uma delas, só poderemos fazê-lo em termos da sua coerência ou compatibilidade com o restante do sistema, da perspectiva da sua eficácia em contribuir para a formação do mesmo tipo de ordem geral de ações a que servem todas as demais normas.[51] Há, portanto, certamente espaço para o aprimoramento, mas não podemos recriar, mas apenas aperfeiçoar o que não compreendemos plenamente.

Portanto, as sucessivas mudanças da moral não representaram um declínio dela, embora muitas vezes tenham ferido sentimentos herdados, mas sim uma condição necessária para a ascensão da sociedade aberta de homens livres. A confusão vigente a esse respeito se revela com melhor clareza na identificação comum dos termos "altruísta" e "moral",[52] e no uso constante e abusivo do primeiro, sobretudo pelos sociobiólogos,[53] para designar toda ação desagradável ou nociva para o agente, mas benéfica para a sociedade. A ética não é uma questão de escolha. Não a concebemos e não somos capazes de concebê-la. E talvez tudo o que seja inato seja o medo de cara feia e outros sinais de desaprovação exibidos pelos nossos semelhantes. As normas que aprendemos a observar são fruto da evolução cultural. Podemos procurar aprimorar o sistema de normas visando conciliar os seus conflitos internos ou os seus conflitos com as nossas emoções. Porém, nem o instinto nem a intuição nos autorizam a rejeitar uma exigência específica do código moral vigente, e só um esforço responsável para avaliá-la como parte do sistema de outras exigências pode dar legitimidade moral à infração de determinada norma.

No entanto, no que concerne à sociedade vigente, não há "bondade natural", porque com os seus instintos inatos o homem jamais poderia ter construído a civilização de que a humanidade atual depende para sobreviver. Para ser capaz disso, ele teve que abdicar de muitos sentimentos que eram bons para o pequeno bando e se submeter a sacrifícios exigidos pela disciplina da liberdade, mas que ele odeia. A sociedade abstrata se baseia em normas aprendidas, e não na busca por objetivos comuns desejáveis e perceptíveis: e o querer fazer bem a pessoas conhecidas não obterá o máximo para a comunidade, mas somente a observância das suas normas abstratas e aparentemente despropositadas. No entanto, isso satisfaz pouco os nossos sentimentos profundamente arraigados, ou só satisfaz na medida em que nos traz a estima dos nossos semelhantes.[54]

Evolução, tradição e progresso

Até agora, evitei cuidadosamente afirmar que evolução é sinônimo de progresso, mas quando se torna evidente que foi a evolução de uma tradição que viabilizou a civilização, podemos pelo menos afirmar que a evolução espontânea é uma condição necessária, se não suficiente, do progresso. E embora também gere, sem dúvida, muita coisa que não previmos e que não gostamos quando vemos, proporciona a um número sempre crescente de pessoas aquilo pelo qual elas mais se esforçaram. Costumamos não gostar do progresso porque as novas possibilidades também sempre trazem uma nova disciplina. *O homem foi civilizado muito a contragosto.* Foi o preço que teve que pagar para ser capaz de criar um número maior de filhos. Em particular, as disciplinas econômicas nos desagradam, e os economistas são muitas vezes acusados de superestimar a importância dos aspectos econômicos do processo. As normas indispensáveis da sociedade livre exigem de nós muita coisa desagradável, como sofrer a concorrência dos outros, ver os outros enriquecer mais do que nós etc., etc. Contudo, há um equívoco quando se aventa que os economistas querem que tudo esteja a serviço dos objetivos econômicos. Em rigor, nenhum objetivo final é econômico, e as supostas metas econômicas que perseguimos são, no máximo, metas intermediárias que nos dizem como servir os outros para fins que, em última análise, são não econômicos.[55] E é a disciplina do mercado que nos obriga a calcular, isto é, a sermos responsáveis pelos meios que utilizamos na busca dos nossos fins.

Lamentavelmente, a utilidade social não se distribui conforme qualquer princípio de justiça — e só poderia ser distribuída por alguma autoridade que atribua tarefas específicas a determinados indivíduos, recompensando-os por quão diligente e fielmente cumpriram as ordens, mas privando-os, ao mesmo tempo, do uso do seu próprio conhecimento em relação aos próprios valores. Qualquer tentativa de fazer com que a remuneração dos diferentes serviços corresponda à nossa concepção atávica de justiça distributiva deve destruir a utilização eficaz do conhecimento individual disperso e o que conhecemos como sociedade pluralista.

Não nego que o progresso talvez seja mais rápido do que gostaríamos, e que poderíamos ser mais capazes de assimilá-lo se fosse mais lento. Porém, infelizmente, *o progresso não pode ser dosado* (tampouco, aliás, o crescimento econômico!). Tudo o que podemos fazer é criar condições favoráveis para isso e, então, esperar pelo melhor.[56] Pode ser estimulado ou atenuado pela política, mas ninguém consegue prever com exatidão os efeitos dessas medidas; fazer de conta que se sabe a direção desejável do progresso me parece o máximo da presunção. O progresso orientado não seria progresso. Contudo, felizmente, a civilização superou a possibilidade do controle coletivo; caso contrário, provavelmente a sufocaríamos.

Já posso ouvir os nossos intelectuais modernos lançando contra tal importância da tradição a sua diatribe fatal de "pensamento conservador". Porém, para mim, não resta dúvida de que foram as tradições morais positivas, ao fortalecerem grupos específicos, e não o desígnio intelectual, que possibilitaram o progresso no passado e o possibilitarão no futuro. Limitar a evolução ao que podemos prever seria deter o progresso; e é devido à estrutura favorável propiciada por um mercado livre, que não posso descrever aqui mais detalhadamente, que o novo, que é melhor, tem a possibilidade de surgir.

A construção de uma nova moral para satisfazer os velhos instintos: Marx

Como seria de esperar, os verdadeiros líderes entre os filósofos sociais reacionários são todos os socialistas. De fato, todo o socialismo é fruto desse ressurgimento dos instintos primordiais, ainda que os seus teóricos sejam, na sua maioria, sofisticados demais para se iludir que, na Grande Sociedade, esses velhos instintos possam ser satisfeitos por meio do restabelecimento das normas de conduta que regeram o homem primitivo. Assim, esses reincidentes se associam à ala oposta e se esforçam para construir uma nova moral para atender os anseios instintivos.

O total desconhecimento de Karl Marx, em particular, da maneira pela qual as normas adequadas de conduta individual induzem a formação de uma ordem na Grande Sociedade revela-se quando questionamos o que o levou a falar do "caos" da produção capitalista. O que o impediu de compreender que a função dos preços como sinais que informam as pessoas do que devem fazer foi a sua teoria da mais-valia. A sua busca inútil de uma causa física do valor o levou a considerar os preços como definidos pelos custos do trabalho, isto é, do que as pessoas fizeram no passado, e não como um sinal que as informa do que devem fazer para conseguirem vender os seus produtos. Em consequência, até hoje todo marxista é absolutamente incapaz de compreender aquela ordem autogeradora ou de perceber como uma evolução seletiva que não conhece nenhuma lei que determina a sua direção consegue gerar uma ordem que se autodirige. Além da impossibilidade de promover uma divisão social eficiente por meio de uma direção central induzindo a constante adaptação à consciência, em permanente mudança, relativa aos eventos retidos por milhões de pessoas, todo o seu esquema sofre da ilusão de que numa sociedade de homens livres, em que a remuneração oferecida informa às pessoas sobre o que fazer, os produtos poderiam ser distribuídos conforme certos princípios de justiça.

Porém, se a ilusão da justiça social deve ser frustrada mais cedo ou mais tarde,[57] o mais destrutivo em relação aos princípios morais construtivistas é o igualitarismo — pelo qual Karl Marx certamente *não* pode ser responsabilizado. É totalmente destrutivo porque não só priva os indivíduos dos únicos sinais que lhes podem dar a oportunidade de escolher a direção dos seus esforços, mas ainda mais porque elimina o único incentivo pelo qual os homens livres podem ser levados a observar quaisquer normas morais: a estima diferenciada dos seus semelhantes. Não disponho de tempo para analisar aqui a terrível confusão que parte do pressuposto fundamental de uma sociedade livre, ou seja, de que todos devem ser julgados e tratados pelos demais segundo as mesmas normas (a igualdade perante a lei), e leva à exigência de que o governo deveria tratar diferentes pessoas de maneira distinta a fim de colocá-las nas mesmas condições materiais. Na verdade, esta talvez seja a única norma "justa" para qualquer sistema socialista, em que o poder de coerção deve ser usado para determinar tanto a atribuição de tipos de trabalho quanto a distribuição dos rendimentos. Uma distribuição igualitária eliminaria necessariamente toda a base quanto à decisão do indivíduo de como ele deve se adaptar ao padrão das atividades gerais, deixando apenas as prescrições diretas como fundamento de toda ordem.

Contudo, assim como os pontos de vista morais criam instituições, as instituições também criam pontos de vista morais e, sob a forma vigente de democracia ilimitada, em que o poder de beneficiar determinados grupos cria a necessidade de fazê-lo, o governo é levado a ceder a reivindicações cuja satisfação destrói todos os princípios morais. Enquanto a concretização do socialismo faria definhar o escopo da conduta moral privada, a necessidade política de satisfazer todas as demandas de grupos numerosos deve acarretar a degeneração e destruição de todos os princípios morais.

Todos os princípios morais se baseiam na diferente estima de que desfrutam diferentes pessoas junto aos seus semelhantes segundo se conformem aos padrões morais aceitos. É isso o que torna a conduta moral um valor social. Como todas as normas de conduta vigentes numa sociedade, e cuja observância faz de um indivíduo um membro da sociedade, a sua aceitação exige igual aplicação a todos. Isso implica que os princípios morais são preservados pela discriminação entre pessoas que os observam e as que não os observam, independentemente do motivo pelo qual determinadas pessoas possam infringi-los. *A moral pressupõe uma busca pela excelência e o reconhecimento de que nessa busca alguns têm mais sucesso que outros*, sem inquirir pelas razões, que nunca saberemos. Os que observam as normas são considerados melhores no sentido de terem mais valor do que aqueles que não as observam e que, em consequência, os outros podem não estar dispostos a admitir na sua companhia. Sem isso, a moral não persistiria.

Duvido que alguma norma moral possa ser preservada sem a exclusão dos que a infringem regularmente de uma companhia decente — ou mesmo sem que os pais proíbam os seus filhos de se misturar com crianças que têm maus modos. É por meio da separação de grupos e dos princípios característicos de admissão a eles que funcionam as sanções ao comportamento moral. Os princípios morais democráticos podem exigir a presunção de que uma pessoa se comportará de maneira honesta e decente até prova em contrário — mas não podem exigir que suspendamos essa disciplina essencial sem destruir as crenças morais.

Em raras ocasiões, um homem consciencioso e corajoso pode decidir enfrentar a opinião geral e desprezar uma norma específica que considera errada, desde que demonstre o seu respeito geral pelas normas morais vigentes com a observância atenta das demais. Todavia, não pode haver desculpa ou perdão para o desprezo sistemático das normas morais aceitas porque elas não têm justificativa compreensível. A única base para o julgamento de normas específicas é a sua compatibilidade ou conflito com a maioria das outras normas geralmente aceitas.

Com certeza, é lamentável que os homens possam se tornar maus por causa do seu ambiente, mas isso não altera o fato de que são maus e devem ser tratados como tais. O pecador arrependido pode merecer o perdão, mas enquanto continuar violando as normas morais, deve continuar sendo um membro da sociedade com menos valor. O crime não é necessariamente fruto da pobreza, e o ambiente não o justifica. Há muitos pobres muito mais honestos do que muitos ricos, e os princípios morais da classe média são talvez melhores, em geral, do que os da classe alta. Porém, moralmente, uma pessoa que viole as normas deve ser considerada má mesmo que não saiba como fazer melhor. E o fato de que muitas vezes as pessoas terão muito que aprender para serem aceitas num outro grupo é muito bom. Mesmo o louvor moral não se baseia na intenção, mas na atuação, e assim deve ser.

Numa cultura formada pela seleção grupal, a imposição do igualitarismo deve impedir novas evoluções. Naturalmente, o igualitarismo não é um ponto de vista majoritário, mas um produto da necessidade, no âmbito de uma democracia ilimitada, de solicitar o apoio até dos piores membros da sociedade. E enquanto um dos princípios indispensáveis de uma sociedade livre é o de que avaliemos as pessoas de maneira diferente conforme a moralidade da sua conduta manifesta, independentemente das razões nunca plenamente conhecidas das suas falhas, o igualitarismo prega que ninguém é melhor do que ninguém. O argumento é que não é culpa de ninguém ser como é, cabendo toda a responsabilidade à "sociedade". Foi com o slogan de que "a culpa não é sua" que a demagogia da democracia ilimitada, com a ajuda de uma psicologia cientificista, veio em apoio dos que reivindicam uma parcela da riqueza da nossa sociedade sem se submeter à disciplina a que se deve essa riqueza. Não é concedendo "um direito a igual consideração e respeito"[58] aos que violam o código que se mantém a civilização. Tampouco podemos, para o propósito de preservar a nossa sociedade, aceitar todas as crenças morais que são mantidas com igual convicção como se fossem igualmente legítimas, admitindo o direito à vendeta familiar, ao infanticídio ou até ao roubo, ou quaisquer outras crenças morais contrárias àquelas em que se funda o funcionamento da nossa sociedade. O que torna um indivíduo um membro da sociedade e lhe dá direitos é que ele obedece às suas normas. Pontos de vista totalmente opostos podem lhe conferir direitos em outras sociedades, mas não na nossa. Para a antropologia, todas as culturas ou princípios morais talvez sejam igualmente bons, mas preservamos a nossa sociedade considerando as demais como inferiores.

A nossa civilização progride aproveitando ao máximo a infinita variedade de indivíduos da espécie humana, ao que tudo indica maior do que a de quaisquer espécies selvagens,[59] que tiveram em geral que se adaptar a um nicho ecológico específico. A cultura propiciou uma grande variedade de nichos culturais em que grande diversidade de dons humanos inatos ou adquiridos pode ser utilizada. E para fazer uso do conhecimento factual distinto dos indivíduos que habitam diferentes lugares do mundo devemos permitir que eles sejam informados pelos sinais impessoais do mercado de como melhor utilizar esses dons, tanto em benefício próprio como no interesse geral.

Com efeito, seria uma trágica ironia da história se o homem, que deve o seu rápido progresso sobretudo à excepcional variedade de dons individuais, viesse a cessar a sua evolução impondo a todos um esquema igualitário compulsório.

A destruição dos valores essenciais pelo erro científico: Freud

Chego finalmente ao que há muitos anos vem se tornando cada vez mais uma das minhas principais preocupações e um dos meus maiores motivos de apreensão: a destruição progressiva de valores insubstituíveis pelo erro científico.[60] Nem todos os ataques provêm do socialismo, ainda que a maioria dos erros que vou avaliar levem a ele, encontrando apoio em erros puramente intelectuais cometidos nos campos relacionados da filosofia, da sociologia, do direito e da psicologia. Nos três primeiros, esses erros decorrem sobretudo do cientificismo cartesiano e do construtivismo como concebidos por Auguste Comte.[61] O positivismo lógico tem procurado demonstrar que todos os valores morais são "desprovidos de sentido", puramente "emotivos"; ele despreza completamente a noção de que mesmo as reações emocionais selecionadas pela evolução biológica *ou* cultural podem ser da maior importância para a coesão da sociedade avançada. A sociologia do conhecimento, resultante das mesmas fontes, procura do mesmo modo desacreditar todos os pontos de vista morais alegando motivos de interesse por parte de seus defensores.

Devo confessar aqui que, por mais gratos que devamos ser pelo trabalho descritivo dos sociólogos, para o qual, no entanto, talvez os antropólogos e os historiadores estivessem igualmente qualificados, ainda me parece não haver mais justificativa para uma disciplina teórica de sociologia do que haveria para uma disciplina teórica de naturologia à parte das disciplinas teóricas que tratam de classes específicas de fenômenos naturais ou sociais. Tenho certeza absoluta, contudo, de que a sociologia do conhecimento, com o seu anseio de que a humanidade se aprimore por esforço próprio (crença reafirmada tipicamente agora pelo behaviorista B. F. Skinner), entendeu de maneira totalmente errada o processo de desenvolvimento do conhecimento. Procurei mostrar anteriormente nesta obra o motivo pelo qual o positivismo jurídico, com a sua crença de que toda norma jurídica resulta de um ato consciente de legislação e de que todas as concepções de justiça decorrem de determinados interesses, está errado tanto de forma conceitual quanto de acordo com a história.[62]

Porém, os efeitos mais devastadores do ponto de vista cultural provieram da tentativa dos psiquiatras de curar pessoas mediante a liberação dos seus instintos inatos. Após ter enaltecido anteriormente os meus amigos vienenses Popper, Lorenz, Gombrich e Bertalanffy, receio que agora tenho que admitir que o positivismo lógico de Carnap e o positivismo jurídico de Kelsen estão longe de ser as piores coisas que saíram de Viena. Mediante os seus profundos impactos sobre a educação, Sigmund Freud se tornou provavelmente o maior destruidor da cultura. Ainda que na sua velhice, na sua obra *Civilization and its Discontents* [*O mal-estar na civilização*],[63] ele próprio pareça ter ficado bastante perturbado por alguns dos efeitos dos seus ensinamentos, o seu objetivo básico de reverter as repressões culturalmente adquiridas e liberar os impulsos naturais suscitou o ataque mais fatal contra os fundamentos de toda a civilização. O movimento alcançou o seu auge cerca de trinta anos atrás, e em grande medida a geração criada desde então foi educada com base nas suas teorias. Desse período, apresentarei uma única manifestação obtusa das ideias fundamentais de Freud, de autoria de um influente psiquiatra canadense, que, posteriormente, se tornou primeiro diretor-geral da Organização Mundial da Saúde. Em 1946, o falecido dr. G. B. Chisholm, num trabalho elogiado por eminente autoridade jurídica norte-americana, preconizou:

> (...) a erradicação do conceito de certo e errado, que tem sido a base da educação infantil, a substituição da fé nas certezas dos velhos pelo pensamento inteligente e racional [uma vez que] a maioria dos psiquiatras e psicólogos, além de muitas outras pessoas respeitáveis, libertaram-se desses grilhões morais e são capazes de observar e pensar livremente.

Em sua opinião, era atribuição dos psiquiatras libertar a humanidade do "fardo paralisante do bem e do mal" e dos "conceitos irracionais de certo e errado", e assim decidir o seu futuro imediato.[64]

Atualmente, estamos colhendo os frutos dessas sementes. Os selvagens não domesticados que se apresentam como alienados de algo que nunca aprenderam, e até se comprometem a criar uma "contracultura", são o resultado necessário da educação permissiva, que não consegue transmitir a carga da cultura e confia nos *instintos naturais, que são os instintos do selvagem*. Não me surpreendeu nem um pouco quando, segundo um artigo do *Times*, durante recente conferência internacional, oficiais graduados da polícia e outros especialistas confirmaram que uma proporção significativa dos terroristas atuais estudaram sociologia ou ciências políticas e da educação.[65] O que podemos esperar de uma geração que cresceu nesses cinquenta anos em que o cenário intelectual inglês foi dominado por uma figura que havia declarado publicamente que sempre fora e continuaria sendo um imoralista?

Temos que agradecer que, antes que esse dilúvio finalmente destrua a civilização, esteja ocorrendo uma reviravolta mesmo no campo em que ele se originou. Três anos atrás, o professor Donald Campbell, da Universidade Northwestern, em seu discurso como presidente da American

Psychological Association sobre "Os conflitos entre a evolução biológica e social", declarou que:

> (...) se, como afirmo, existe hoje na psicologia um pressuposto básico geral de que os impulsos humanos propiciados pela evolução biológica são justos e ideais, tanto individualmente quanto socialmente, e que as tradições morais repressivas e inibitórias são más, então, em minha opinião, esse pressuposto pode agora ser visto como cientificamente errado com base na perspectiva científica mais ampla proveniente da consideração conjunta de genética populacional e evolução do sistema social. (...) A psicologia pode estar contribuindo para solapar a conservação de sistemas inibitórios socioevolucionários que podem ser valiosíssimos e que ainda não compreendemos plenamente.[66]

E ele acrescentou um pouco mais adiante: "O recrutamento de intelectuais para as áreas de psicologia e psiquiatria pode ser tal que selecione pessoas extraordinariamente dispostas a desafiar a ortodoxia cultural".[67] A partir do furor que essa conferência provocou,[68] podemos avaliar o quanto as ideias freudianas ainda estão profundamente entranhadas na teoria psicológica contemporânea. Há iniciativas salutares semelhantes realizadas pelo professor Thomas Szasz, da Universidade de Syracuse, nos Estados Unidos,[69] e pelo professor H. J. Eysenck, na Inglaterra.[70] Portanto, nem toda a esperança está perdida.

O mundo dá voltas

Se a nossa civilização sobreviver, o que só acontecerá se renunciar a esses erros, acredito que homens relembrarão a nossa época como um tempo de superstição, associado sobretudo com os nomes de Karl Marx e Sigmund Freud. Acredito que os homens descobrirão que as ideias mais difundidas que dominaram o século XX — a de uma economia planejada com uma justa distribuição, a de nos libertarmos das repressões e dos princípios morais convencionais, a da educação permissiva como caminho para a liberdade, e a da substituição do mercado por um arranjo racional de um órgão com poderes coercitivos — basearam-se todas em superstições no sentido estrito da palavra. Uma época de superstições é um tempo em que as pessoas supõem saber mais do que realmente sabem. Nesse sentido, sem dúvida, o século XX se sobressai como uma época de superstição, e a causa é uma superestimação das conquistas científicas — não no campo dos fenômenos relativamente simples, em que a ciência foi, é lógico, extraordinariamente bem-sucedida, mas no campo dos fenômenos complexos, em que a aplicação das técnicas que se mostraram tão úteis no caso de fenômenos basicamente simples se revelou bastante enganosa.

Por ironia, em grande medida, essas superstições são consequência da herança do Iluminismo, o grande inimigo de tudo o que *ele* considerava superstição. Se o Iluminismo descobriu que o papel atribuído no passado à razão humana na construção inteligente fora pequeno demais, estamos descobrindo agora que a tarefa que a nossa era atribui à construção racional das novas instituições é grande demais. O que a era do racionalismo — e o positivismo moderno — nos ensinou a considerar como organizações sem sentido, fruto do acaso ou da inconstância humana, revela-se em muitos casos como o alicerce da nossa capacidade de pensamento racional. *O homem não é e nunca será o senhor do seu destino: a sua própria razão sempre avança levando-o ao desconhecido e ao imprevisto onde ele aprende coisas novas.*

Ao concluir este Epílogo, dou-me conta cada vez mais de que ele deveria ser, pelo contrário, um novo começo. Porém, não me atrevo a esperar que possa ser assim para mim.

NOTAS

Capítulo 12

* Xenofonte, *Helênicas*, I, vii, 12-16. Uma tradução para o alemão de uma versão anterior do que agora são os capítulos 12 e 13 foi publicada, já em 1965, sob o título "Anschauungen der Mehrheit und zeitgenössische Demokratie", em *Ordo* XV/XVI (Düsseldorf e Munique, 1965), e reeditada no meu *Freiburger Studien* (Tübingen, 1969).

1. Um sintoma significativo foi um artigo de Cecil King, intitulado "The Declining Reputation of Parliamentary Democracy", publicado no *Times* (Londres), edição de 16 de setembro de 1968, em que ele sustentava:

   > Em minha opinião, o mais preocupante é o declínio em todo o mundo da autoridade e do respeito pelas instituições democráticas. Um século atrás, nos países avançados, era consenso geral que o governo parlamentar era a melhor forma de governo. Porém, atualmente, a insatisfação com o governo parlamentar é generalizada. Ninguém pode afirmar a sério que os parlamentos da Europa ou dos Estados Unidos estão contribuindo para o seu prestígio. (...) A reputação do governo parlamentar caiu tanto que agora ele é defendido com o argumento de que, por pior que seja, as outras formas de governo são ainda piores.

   Quanto à bibliografia em constante crescimento sobre esse tópico, alguns dos livros mais recentes são: Robert Moss, *The Collapse of Democracy* (Londres, 1975); K. Sontheimer, G. A. Ritter *et al.*, *Der Überdruss an der Demokratie* (Colônia, 1970); C. Julien, *La Suicide de la democratie* (Paris, 1972); e Lord Hailsham, *The Dilemma of Democracy* (Londres, 1978).
2. Harold D. Lasswell, *Politics — Who get What, When, How* (Nova York, 1936).
3. J. A. Schumpeter, *Capitalism, Socialism and Democracy* (Nova York, 1942; 3ª ed., 1950).
4. Demóstenes, *Against Leptines*, 92, ed. Loeb Classical Library, tradução para o inglês de J. H. Vince, p. 552-3. Cf. também sobre o episódio a que se refere a passagem de Xenofonte citada na epígrafe deste capítulo, Lord Acton, *History of Freedom* (Londres, 1907), p. 12:

   > Num evento inesquecível, os atenienses reunidos em assembleia afirmaram ser monstruoso que fossem impedidos de fazer o que quisessem; nenhuma força existente poderia contê-los; eles resolveram que nenhum dever os imobilizaria; e que não se submeteriam a nenhuma lei que não fosse da sua própria autoria. Assim o povo emancipado de Atenas se transformou em tirano.
5. Aristóteles, *Politics*, IV, iv, 7, ed. Loeb Classical Library, tradução para o inglês de H. Rackham (Cambridge, Mass. e Londres, 1932), p. 304-5.
6. Giovanni Sartori, *Democratic Theory* (Nova York, 1965), p. 312. Toda a seção 7 do capítulo 13, p. 306-14 desse livro é bastante pertinente ao presente tema.
7. Richard Wollheim, "A Paradox in the Theory of Democracy", em Peter Laslett e W. G. Runciman (eds.), *Philosophy, Politics and Society*, 2a série (Oxford, 1962), p. 72.

8. George Burdeau, como citado anteriormente no volume I.
9. Parece, e M. J. C. Vile confirma em *Constitutionalism and the Separation of Powers* (Oxford, 1967), p. 217, que James Mill foi o principal culpado a esse respeito, embora seja difícil encontrar no seu *Essay on Government* um enunciado preciso nesse sentido. Porém, podemos identificar claramente a sua influência no seu filho quando, por exemplo, J. S. Mill sustenta, em *On Liberty*, que "a nação não precisa ser protegida contra a sua própria vontade" (ed. Everyman, p. 67).
10. Na época da revolução, os norte-americanos compreenderam plenamente esse defeito da Constituição britânica, e James Wilson, um dos seus pensadores mais argutos sobre questões constitucionais, como relata M. J. C. Vile, *op. cit.*, p. 158:

> (...) rejeitou como obsoleta a doutrina da soberania parlamentar de Blackstone. Os britânicos [ele sustentou] não entendem a ideia de uma constituição que limita e supervisiona as atividades do legislativo. Esse foi um aperfeiçoamento na ciência do governo reservado aos norte-americanos.

Cf. também o artigo "An Enviable Freedom", em *The Economist*, 2 de abril de 1977, p. 38:

> Portanto, o sistema norte-americano pode representar o que talvez tivesse se desenvolvido se a Grã-Bretanha não houvesse se voltado para a doutrina da soberania parlamentar absoluta — com o seu corolário, agora místico em grande medida, de que o cidadão alvo de abuso pode recorrer ao parlamento para reivindicar os seus direitos.

Todavia, duvido que conseguiram resolver o problema com mais sucesso. De fato, examinados atentamente, os dois paradigmas de governo democrático, a Grã-Bretanha e os Estados Unidos, são realmente duas monstruosidades e caricaturas do ideal de separação dos poderes, já que, no primeiro, o corpo governante casualmente também legisla quando convém aos seus objetivos momentâneos, mas considera a sua principal tarefa a supervisão da condução do governo vigente, ao passo que, no segundo, a administração não é responsável perante a maioria da assembleia representativa, em grande medida ocupada com problemas governamentais, e o presidente, como chefe do executivo durante todo o seu mandato, pode não ter o apoio dessa assembleia. Por um longo tempo, esses defeitos puderam ser ignorados com base em que os sistemas "funcionavam", mas não mais.

O poder do Parlamento britânico pode ser ilustrado pelo fato de que, até onde eu sei, ele poderia, se me considerasse suficientemente importante, ordenar o meu confinamento na Torre por desacato em virtude do que afirmo neste texto!

11. Cf. J. L. Talmon, *The Origins of Totalitarian Democracy* (Londres, 1952) e R. R. Palmer, *The Age of Democratic Revolution* (Princeton, 1959).
12. E. Heimann, "Rationalism, Christianity and Democracy", *Festgabe für Alfred Weber* (Heidelberg, 1949), p. 175.
13. Cf. Wilhelm Hennis, *Demokratisierung: Zur Problematik eines Begriffs* (Colônia, 1970); também J. A. Schumpeter, *op. cit.*, p. 242.
14. Cf. Ludwig von Mises, *Human Action* (Yale University Press, 1949; 3a ed. rev., Chicago, 1966), p. 150: a democracia "fornece um método para o ajustamento pacífico do governo à vontade da maioria"; também K. R. Popper, *The Open Society and its Enemies* (Londres, 1945; 4a ed., Princeton, 1963), volume I, p. 124: "Sugiro o termo 'democracia' como rótulo abreviado para (...) governos dos quais podemos nos livrar sem derramamento de sangue — por exemplo, por meio de eleição gerais; ou seja, as instituições sociais fornecem os meios pelos quais os governantes podem ser destituídos pelos governados"; também J. A. Schumpeter, *op. cit.*, *passim*; também as referências no meu livro *The Constitution of Liberty* (Londres e Chicago, 1960), p. 444, nota 9. Lamento que, nessa obra (p. 108), entusiasmado além da conta por Tocqueville, tenha considerado o terceiro dos três argumentos em favor da democracia que mencionei — especificamente que é o único método eficaz de educar a maioria em questões políticas — como o argumento "mais poderoso". É muito importante, mas naturalmente não tanto quanto o que eu tinha então mencionado como o primeiro argumento: sua função como instrumento de mudança pacífica.
15. Esses perigos do governo democrático foram bastante bem compreendidos pelos Velhos Whigs. Ver, por exemplo, a discussão nas importantíssimas *Cato's Letters,* de John Trenchard e Thomas Gordon,

que foram publicadas na imprensa londrina entre 1720 e 1722, e depois reeditadas diversas vezes em conjunto (agora mais convenientemente acessíveis no livro *The English Libertarian Heritage*, ed. David L. Jacobson, Indianápolis, 1965), em que a carta de 13 de janeiro de 1721 (p. 124 da edição mencionada) sustenta que "quando o peso da infâmia é dividido entre muitos, ninguém soçobra sob o seu próprio fardo". Também é verdade que, enquanto uma tarefa encarada como uma distinção também é comumente sentida como uma obrigação imposta, uma tarefa que é direito de todos é facilmente encarada como regida legitimamente pelo capricho pessoal de um indivíduo.

16. Cf. J. A. Schumpeter, *op. cit.*, p. 258, sobre:

> (...) o pequeno campo que a mente do cidadão pode abranger com um pleno sentido da sua realidade. Em termos gerais, esse campo consiste nas coisas que dizem respeito diretamente a ele, à sua família, às suas relações comerciais, aos seus passatempos, aos seus amigos e inimigos, à sua comarca ou distrito, à sua classe, igreja, sindicato ou qualquer outro grupo social do qual ele é um membro ativo — as coisas sob a sua observação pessoal, as coisas que lhe são familiares independentemente do que lhe digam os seus jornais, que ele pode influenciar ou gerenciar diretamente, e para as quais ele desenvolve o tipo de responsabilidade que é induzida por uma relação direta com os efeitos favoráveis ou desfavoráveis de uma linha de ação.

17. Cf. *Cato's Letters*, carta no 60 de 6 de janeiro de 1721, *op. cit.*, p. 121. Cf. a citação de William Paley. Sobre a influência das *Cato's Letters* no desenvolvimento dos ideais políticos norte-americanos, Clinton Rossiter escreve em *Seedtime of the Republic* (Nova York, 1953), p. 141:

> Ninguém pode passar algum tempo nos jornais, inventários de bibliotecas e panfletos da América colonial sem se dar conta de que as *Cato's Letters*, mais do que o *Civil Government* de Locke, eram a fonte mais popular, citável e conceituada das ideias políticas do período colonial.

18. Ver *Cato's Letters*, carta no 62 de 20 de janeiro de 1721, p. 128:

> No governo, trata-se de uma opinião equivocada que a maioria está interessada apenas em ser consultada, pois, na sociedade, todo homem tem direito à ajuda de todos os homens no desfrute e na defesa da sua propriedade privada; caso contrário, os grupos maiores podem trapacear os grupos menores, e dividir os bens destes entre si; e assim, em vez de uma sociedade onde todos os homens pacíficos estão protegidos, transforma-se em uma conspiração de muitos contra a maioria. Com tanta equidade um homem pode querer dispor de tudo, e a violência pode ser santificada pelo mero poder.

19. Quanto a essas questões, ver em particular R. A. Dahl, *A Preface to Democratic Theory* (Chicago, 1950), e R. A. Dahl e C. E. Lindblom, *Politics, Economics and Welfare* (Nova York, 1953).
20. Para o texto completo e a referência dessa citação de Immanuel Kant, ver a epígrafe do Capítulo 9 do volume II e nota.
21. Ou na Áustria, onde o líder da associação de sindicatos é indiscutivelmente o homem mais poderoso do país, e apenas o seu bom senso geral torna a situação tolerável, por enquanto.
22. C. A. R. Crossland, *The Future of Socialism* (Londres, 1956), p. 205.
23. Ver E. E. Schattschneider, *Politics, Pressure, and the Tariff* (Nova York, 1935) e *The Semi-Sovereign People* (Nova York, 1960).
24. Cf. Mancur Olson Jr., *The Logic of Collective Action* (Harvard, 1965).
25. A autora mais coerente desse ponto de vista é Lady Wootton (sra. Barbara Wootton). Ver o seu último livro acerca do assunto, *Incomes Policy* (Londres, 1974).
26. Na língua inglesa, falta uma palavra adequada para designar esses desenvolvimentos que podem ser pelo menos aproximadamente referidos pelo termo alemão *Bildungen*, isto é, estruturas que surgiram de um processo de evolução espontânea. O termo "instituições", que costumamos ser tentados a usar, é enganoso, pois sugere que essas estruturas foram "instituídas" ou deliberadamente estabelecidas.
27. Ver a passagem de C. R. A. Crossland citada na nota 22.
28. A esse respeito, ver a discussão de grande relevância acerca do caráter abstrato da sociedade em K. R. Popper, *op. cit.*, p. 175.

Capítulo 13

* W. H. Hutt, *Politically Impossible...?* (Londres, 1971), p. 43; cf. também H. Schoeck, *Was heisst politisch unmöglich?* (Zurique, 1959), e R. A. Dahl e C. E. Lindblom, *Politics, Economics and Welfare* (Nova York, 1953), p. 325: "(...) talvez o limite mais decisivo da capacidade norte-americana de ação racional nas questões econômicas seja a proporção gigantesca em que a barganha molda todas as nossas decisões governamentais".

1. M. J. C. Vile, *Constitutionalism and the Separation of Powers* (Oxford, 1967), p. 43. Ver também a importante conclusão, *op. cit.*, p. 347: "Acima de tudo, foi o interesse pela justiça social que abalou a tríade anterior, de funções e órgãos governamentais, e acrescentou uma nova dimensão ao governo moderno".
2. *Ibid.*, p. 63.
3. John Trenchard e Thomas Gordon, *Cato's Letters* (1720-2), reeditado em D. L. Jacobsen (ed.), *The English Libertarian Heritage* (Indianápolis, 1965), p. 121.
4. William Paley, *The Principles of Moral and Political Philosophy* (1785: ed. de Londres, 1824), p. 348 e segs. Cf. também Thomas Day, "Speech at the general meeting of the freeholders of the county of Cambridge", 20 de março de 1782 (citado em Diana Spearman, *Democracy in England*, Londres, 1957, p. 12): "Entre nós, nenhum poder discriminatório capaz de afetar a vida, a propriedade ou a liberdade de um indivíduo é permitido ao próprio soberano".
5. M. J. C. Vile, *op. cit.*, p. 158. Cf. também os interessantes argumentos de James Iredell num artigo de 1786 citado em Gerald Stourzh, *Vom Widerstandsrecht zur Verfassungsgerichtsbarkeit: Zum Problem der Verfassungswidrigkeit im 18 Jahrhundert* (Graz, 1974), p. 31. No artigo de 1786, reeditado em Griffith J. McRee, *Life and Correspondence of James Iredell*, volume II (Nova York, 1857; reeditado em Nova York, 1949), de que o professor Stourzh gentilmente me forneceu uma cópia, Iredell defende (p. 145-8) a "subordinação do Legislativo à autoridade da Constituição". Protesta contra todo "abuso do poder ilimitado, que não era confiável" e, em particular, contra "o poder onipotente do Parlamento britânico (...) a teoria *da necessidade de o legislativo ser absoluto em todos os casos*, porque ela foi o grande fundamento das pretensões britânicas". Posteriormente, ele fala do "princípio do *poder legislativo ilimitado* (...) que a nossa Constituição reprova. Na Inglaterra, estão nessa situação. Na Inglaterra, portanto, são menos livres do que nós". E ele conclui: "Suponho que não se negará que a constituição é uma *lei do estado*, assim como um *ato da Assembleia*, com a única diferença de que é *a lei fundamental*, e inalterável pelo legislativo, que deriva dela todo o seu poder".

Essas ideias sobreviveram por muito tempo entre os radicais norte-americanos e foram finalmente utilizadas por eles como argumentos contra as restrições da democracia. Com efeito, a maneira pela qual a Constituição norte-americana foi concebida foi corretamente exposta, embora numa intenção não muito crítica, na obra póstuma do professor J. Allen Smith, *Growth and Decadence of Constitutional Government* (Nova York, 1931; reedição em Seattle, 1972). Na sua Introdução a esse livro, Vernon Louis Parrington se refere à obra anterior de J. A. Smith sobre *The Spirit of American Government* (Nova York, 1907), cuja "contribuição mais sugestiva para o liberalismo de 1907 foi a demonstração, a partir dos discursos e escritos da época [quando a Constituição foi redigida], de que o sistema foi criado deliberadamente para fins antidemocráticos". Não surpreende que o capítulo final deste último livro, em que o risco para a liberdade individual relativo à retirada dessas barreiras à onipotência democrática é claramente assinalado, tenha sido muito menos apreciado pelos pseudoliberais norte-americanos. A exposição de Smith de como "A eficácia das nossas garantias constitucionais relativas à liberdade individual foi bastante prejudicada quando o governo, e sobretudo o ramo dele que estava mais afastado da influência popular, a Suprema Corte, adquiriu o direito reconhecido de interpretá-las" (p. 279), e como "a liberdade individual não está necessariamente assegurada quando a maioria se encontra no comando" (p. 282), e a sua descrição de como "a liberdade individual nos Estados Unidos neste momento não só carece do apoio de uma opinião pública ativa e inteligente, mas costuma se deparar com um grau de hostilidade pública que torna as

garantias constitucionais completamente ineficazes" (p. 284) dá muito a impressão de ser uma crítica dos efeitos das ideias que ele anteriormente tinha defendido, e ainda vale a pena ler.
6. Quanto ao reconhecimento deste fato por alguns autores alemães anteriores, como o filósofo G. W. F. Hegel e o historiador das instituições políticas W. Hasbach, ver o volume I, notas 17 e 18.
7. Sobre o apoio sistemático desse desenvolvimento pelo positivismo jurídico, ver o volume III, Capítulo 8.
8. Cf. G. Sartori, *Democratic Theory* (Nova York, 1965), p. 312:

> Enquanto a lei, como outrora entendida, servia efetivamente como uma barreira sólida contra o poder arbitrário, a legislação, como agora entendida, pode não ser ou pode deixar de ser qualquer garantia. (...) Quando o primado da lei se desfaz no domínio dos legisladores, o caminho está aberto, pelo menos em princípio, para uma opressão "em nome da lei" que não tem precedentes na história da humanidade.

9. Edmund Burke ainda pôde descrever um partido como uma associação íntegra de homens "unidos para promover por meio dos seus esforços conjuntos o interesse nacional segundo algum princípio com o qual todos estão de acordo" (*Thoughts on the Causes of the Present Discontents*, (Londres, 1779)).
10. Ver volume I.
11. Courtenay Ilbert, *Legislative Methods and Forms* (Oxford, 1901), p. 210.
12. Em *Cato's Letters*, 9 de fevereiro de 1722, na edição de D. L. Jacobson citada na nota 3 acima.
13. Ver Gerald Abrahams, *Trade Unions and the Law* (Londres, 1968).
14. Robert Moss, *The Collapse of Democracy* (Londres, 1975), p. 102: "Assim, os liberais que despreocupadamente aprovaram um projeto de lei elaborado pela primeira geração de parlamentares trabalhistas em cumprimento a uma promessa eleitoral não tinham a menor ideia do que estavam fazendo".
15. Cf. a citação de P. Vinogradoff no volume I, nota 32, e a passagem de A. V. Dicey, Lord McDermot e J. A. Schumpeter citada no meu livro *The Constitution of Liberty* (Londres e Chicago, 1960), p. 506, nota 3.
16. Cf. a última seção do Capítulo 1 do volume I e o Capítulo 8 do volume II desta obra, e também K. R. Popper, *The Open Society and its Enemies* (Londres, 1945; 6a ed., 1966), volume I, p. 121.
17. Em C. H. McIlwain, *The High Court of Parliament* (Yale University Press, 1910).
18. Ver a esse respeito Wilhelm Hennis, *Demokratisierung: Zur Problematik eines Begriffs* (Colônia, 1970).
19. Desde que sugeri pela primeira vez o termo "demarquia" (em um artigo sobre *The Confusion of Language in Political Thought*, Occasional Paper 20 of the Institute of Economic Affairs (Londres, 1968)), constatei que o problema terminológico foi examinado com algum detalhe na literatura alemã. Ver, em particular, os estudos de Christian Meier: "Drei Bemerkungen zur Vor — und Frühgeschichte des Begriffes Demokratie", em *Discordia Concors, Festschrift für Edgar Bonjour* (Basileia, 1968); *Die Entstehung des Begriffes "Demokratie"* (Frankfurt, 1970); e a sua contribuição para o verbete *"Demokratie"*, em O. Brunner, W. Conze e R. Kosselek (eds.), *Geschichtliche Grundbegriffe, Historisches Lexikon zur politisch-sozialen Sprache in Deutschland* (Stuttgart, volume I, 1972), que trazem referências adicionais à discussão.

Capítulo 14

* A epígrafe foi retirada de uma fala de William Pitt à Câmara dos Comuns em 14 de janeiro de 1766, *Parliamentary History of England* (Londres, 1813), volume XVI. É digno de nota que, naquele momento, parecia para Pitt que, entre os assuntos apresentados ao parlamento, apenas medidas tributárias envolviam a coerção de pessoas físicas, pois as demais normas obrigatórias de conduta justa consistiam sobretudo em direito comum e não em direito estatutário, e, portanto, aparentavam estar fora da preocupação normal de um organismo ocupado sobretudo em governar, e não em fazer leis.
1. Mancur Olson Jr., *The Logic of Collective Action* (Harvard University Press, 1965).

2. Sobre a recente e importante discussão do "estado mínimo" em Robert Nozik, *Anarchy, State, and Utopia* (Nova York, 1974), ver o Prefácio do presente volume.
3. Ver Mancur Olson Jr., *op. cit.*, e os diversos e importantes estudos de R. H. Coase sobre esse assunto.
4. Milton Friedman, *Capitalism and Freedom* (Chicago, 1962).
5. *Ibid.*
6. No entanto, no Japão, os museus e as instituições similares são mantidos pela iniciativa privada de maneira considerável.
7. Cf. Martin Anderson, *The Federal Bulldozer* (Cambridge, Mass., 1964); Jane Jacobs, *The Economy of Cities* (Nova York, 1969); e Edward C. Banfield, *The Unheavenly City* (Boston, 1970) e *Unheavenly City Revisited* (Boston, 1974).
8. Richard C. Cornuelle, *Reclaiming the American Dream* (Nova York, 1965). Cornuelle conclui (p. 40):

> Se plenamente mobilizado, acredito que o setor independente poderia: (1) Colocar para trabalhar todos os que estão dispostos e aptos a trabalhar. (2) Acabar com a miséria. (3) Identificar e resolver o problema agrícola. (4) Dar a todos assistência médica de qualidade. (5) Impedir a delinquência juvenil. (6) Renovar as nossas cidades e transformar bairros degradados e anônimos em comunidades humanas. (7) Pagar aposentadorias razoáveis a todos. (8) Substituir centenas de regulamentações governamentais por códigos de conduta mais eficazes, resolutamente aplicados por cada profissão e por uma imprensa alerta. (9) Conduzir a totalidade das iniciativas de pesquisa do país. (10) Transformar a nossa política externa numa cruzada mundial pelo bem-estar humano e pela dignidade pessoal. (11) Fomentar uma distribuição mais ampla da propriedade de ações. (12) Impedir a poluição do ar e da água. (13) Oferecer a todos a educação necessária, desejada e proveitosa. (14) Propiciar canais culturais e educacionais para todos que os desejem. (15) Acabar com a segregação racial. O setor independente tem poder para realizar essas difíceis ações. Porém, curiosamente, à medida que a sua força aumentou, nós lhe demos cada vez menos o que fazer e atribuímos um número crescente de tarefas comuns ao governo.

> Reproduzo essa notável proposição para incitar o maior número possível de leitores a consultar esse livro indevidamente desprezado.

9. J. K. Galbraith, *The Affluent Society* (Boston, 1969).
10. Adolf Wagner, *Finanzwissenschaft* (1873; 3a ed., Leipzig, 1883), Parte I, p. 67, e cf. H. Timm, "Das Gesetz der wachsenden Staatsaufgaben", *Finanzarchiv*, N. F. 21, 1961, assim como H. Timm e R. Haller (eds), *Beiträge zur Theorie der öffentlichen Ausgaben. Schriften des Vereins für Sozialpolitik*, N. F. 47, 1967. Enquanto no que concerne às atividades coercitivas do governo já foi dito com razão que devemos ser gratos por não termos tanto governo quanto pagamos, em termos de serviços que ele presta o oposto provavelmente é verdade. Evidentemente, o montante do gasto governamental não é uma medida do valor dos serviços realmente prestados pelo governo. A necessidade técnica de avaliar, em todas as estatísticas de renda nacional, os serviços governamentais pelo custo fornece provavelmente uma visão enganosa da dimensão real da contribuição do governo ao fluxo de serviços prestados ao povo.
11. J. K. Galbraith, *op. cit.*, e cf. também Anthony Downs, "Why Government Budget is too Small in a Democracy", *World Politics*, volume XII, 1966.
12. Ver Arthur Seldon, *Taxation and Welfare*, I. E. A. Research Monograph no 14 (Londres, 1967), sobretudo a tabela na p. 18.
13. Quanto ao fato de que em todos os estados europeus avançados existiram, mesmo no auge do chamado período do *laissez-faire*, disposições para a assistência dos pobres, cf, volume II, nota 8.
14. Ver o meu livro *The Constitution of Liberty* (Londres e Chicago, 1960), capítulo 19.
15. Cf. R. H. Coase, "The British Post Office and the Messenger Companies", *Journal of Law and Economics*, volume IV, 1961, e a declaração do secretário-geral do Sindicato dos Trabalhadores dos Correios Britânicos realizada em Bournemouth, em 24 de maio de 1976, e divulgada no dia seguinte no *Times*, Londres, de que "os governos de ambas as complexões políticas reduziram um serviço público outrora notável ao nível de uma piada de teatro de variedades".

16. Ver o meu livro *Denationalization of Money* (Institute of Economic Affairs, 2a ed., Londres, 1978).
17. Ver *The Constitution of Liberty* (Londres e Chicago, 1960), capítulo 24.
18. Ver a nota 4 acima.
19. Ver o livro de R. C. Cornuelle citado na nota 8 acima.
20. Cf. F. A. Mann, "Outlines of a History of Expropriation", *Law Quarterly Review*, 75, 1958.
21. Cf. Alan F. Westin, *Privacy and Freedom* (Nova York, 1968). As apreensões que manifestei em *The Constitution of Liberty* (p. 300) a respeito do efeito de um serviço nacional de saúde de acesso universal foram confirmadas de maneira deprimente por um artigo de D. Gould, "To Hell with Medical Secrecy", publicado em *New Statesman*, de 3 de março de 1967, no qual ele afirma que:

> (...) de preferência, os nossos prontuários médicos deveriam ser enviados ao Ministério da Saúde, por exemplo, uma vez por ano, e todas as informações neles contidas seriam arquivadas em um computador. Além disso, esses prontuários (...) deveriam listar os nossos empregos passados e atuais, as nossas viagens, os nossos parentes, se e o que fumamos e bebemos, o que comemos e não comemos, quanto ganhamos, que tipo de exercício fazemos, quanto pesamos, que altura temos, talvez até os resultados de testes psicológicos regulares e muitos outros detalhes íntimos. (...)
>
> Registros adequados e analisados por computador (...) poderiam até revelar as pessoas que não deveriam poder dirigir um automóvel ou ocupar um posto no gabinete ministerial! Ah! E quanto à questão da sagrada liberdade do indivíduo? Liberdade, uma ova! Sobrevivemos como uma comunidade ou não sobrevivemos, e os médicos são hoje tanto servidores do estado quanto os seus pacientes. Basta de tapeação, admitamos que todos os segredos são tenebrosos.

Capítulo 15

* Ludwig von Mises, *Human Action: A Treatise on Economics* (Yale University Press, 1949), p. 239.
1. Este capítulo, escrito mais ou menos na forma atual há cerca de dez anos e parcialmente publicado, após ter sido usado para conferências públicas em Chicago e Kiel, como "Der Wettbewerb als Entdeckungsverfahren", em *Kieler Vorträge*, no 56 (Kiel, 1969), e mais recentemente em inglês nos meus *New Studies in Philosophy, Politics, Economics and the History of Ideas* (Londres e Chicago, 1977), deixei-o praticamente inalterado, visto que já ocupa uma quantidade excessiva de espaço no presente contexto e qualquer tentativa de tratar com evoluções mais recentes teria sido inadequada nesse lugar. No entanto, devo me referir pelo menos a algumas obras que desenvolveram substancialmente as concepções aqui esboçadas, como as de Murray Rothbart, *Power and Market* (Menlo Park, 1970), John S. MacGee, *In Defence of Industrial Concentration* (Nova York, 1971), D. T. Armentano, *The Myth of Antitrust* (New Rochelle, N.Y., 1972) e, em particular, Israel Kirzner, *Competition and Entrepreneurship* (Chicago, 1973), além de vários ensaios em alemão de Erich Hoppmann, sobretudo "Missbrauch der Missbrauchaufsicht", *Mitteilungen der List Gesellschaft*, maio de 1976, e "Preisunelastizität der Nachfrage als Quelle von Marktbeherrschung", em H. Gutzler e J. H. Kaiser (eds.), *Wettbewerb im Wandel* (Baden-Baden, 1976).
2. Entre os poucos que vislumbraram isso, destaca-se o sociólogo Leopold von Wiese. Ver a sua conferência sobre "Die Konkurrenz, vorwiegend in soziologisch-systematischer Betrachtung", *Verhandlungen des 6. Deutschen Soziologentages*, 1929.
3. Isso parece ter ficado confuso para J. A. Schumpeter, *Capitalism, Socialism, and Democracy* (Nova York, 1942), p. 101, onde ele sustenta que:

> (...) há métodos superiores disponíveis ao monopolista que ou não estão ao alcance de um grande número de concorrentes ou não são acessíveis a eles tão facilmente: pelas suas vantagens que, embora não estejam estritamente disponíveis ao nível empresarial competitivo, estão na verdade asseguradas ao nível de monopólio, por exemplo, porque a monopolização pode aumentar a parcela de influência dos melhores cérebros e diminuir a dos inferiores.

De fato, essa situação pode dar origem ao monopólio; mas não seria o monopólio e sim talvez o tamanho da empresa que daria maior influência aos melhores cérebros.

4. Quando, em ambos os casos, devemos contabilizar os produtos alternativos que a pessoa ou a empresa em particular poderia produzir como parte desses custos de produção. Portanto, seria compatível com essas condições que uma pessoa que conseguisse produzir uma mercadoria mais barata que qualquer outra de fato não produzisse, produzindo qualquer outra coisa em relação à qual a sua vantagem comparativa sobre os outros produtores fosse ainda maior.

5. Pode ser instrutivo se eu ilustrar o tipo de obstáculos que alguém que acredita ter descoberto uma possibilidade de aprimorar as rotinas existentes tenderá a encontrar nas condições atuais. O exemplo dessa frustração que tive a oportunidade de observar em detalhes durante muitos anos foi o caso de um empreiteiro norte-americano que, depois de analisar os preços e os aluguéis de casas, os salários e os preços de materiais de construção numa cidade europeia, convenceu-se de que poderia fornecer casas melhores a um preço consideravelmente mais baixo e ainda obter um lucro substancial. O que finalmente o fez desistir do seu plano foi o fato de que o código de obras, as regras sindicais, os preços cartelizados do equipamento específico para construção e o custo do processo burocrático para obtenção de todas as autorizações e aprovações impossibilitavam as economias na produção em que ele baseara os seus cálculos. Não posso dizer agora se os obstáculos mais decisivos foram os criados diretamente pelo governo ou aqueles devidos à tolerância às práticas restritivas por parte de produtores e sindicatos. O que ficou claro foi que as possibilidades bem testadas de reduzir os custos das casas não puderam ser aplicadas porque aqueles que sabiam utilizá-las não podiam fazê-lo.

6. Merece ser observado que uma economia em que é fácil obter grandes lucros rapidamente, embora seja uma em que existem possibilidades de rápido crescimento porque há muito que pode ser prontamente corrigido, é uma que quase com certeza tem estado em uma situação bastante insatisfatória e em que o objetivo de explorar as oportunidades óbvias será logo alcançado. Isso demonstra, aliás, quão absurdo é avaliar o desempenho relativo por meio da taxa de crescimento, que muitas vezes é prova não de uma realização atual, mas de uma negligência no passado. Sob muitos aspectos, é mais fácil e não mais difícil para um país subdesenvolvido crescer rapidamente uma vez que uma estrutura adequada tenha sido assegurada.

7. Mesmo a enunciação do problema enquanto um de utilização do conhecimento disperso entre centenas de milhares de indivíduos ainda simplifica demais o seu caráter. Não se trata apenas do uso de informações acerca de fatos concretos específicos que os indivíduos já possuem, mas de empregar as suas habilidades de descobrir os fatos que serão pertinentes para os seus propósitos numa determinada situação. É por isso que toda a informação acessível aos indivíduos (em vez daquela que já possuem) nunca pode ser posta à disposição de algum outro órgão, mas só pode ser usada se aqueles que sabem onde a informação pertinente pode ser encontrada forem solicitados a tomar as decisões. Cada pessoa só descobrirá o que sabe ou será capaz de descobrir ao enfrentar um problema em que isso sirva de ajuda, mas nunca poderá transmitir todo o conhecimento que domina, e muito menos todo o conhecimento que sabe como adquirir, se outra pessoa precisar dele.

8. Cf. W. Mieth, "Unsicherheitsbereiche beim wirtschaftspolitischen Sachurteil als Quelle volkswirtschaftlicher Vorurteile", em W. Strzelewicz (ed.), *Das Vorurteil als Bildungsbarriere* (Göttingen, 1965), p. 192.

9. Isso foi seguidamente enfatizado por Milton Friedman; ver, por exemplo, o seu livro *Capitalism and Freedom* (Chicago, 1962).

10. W. L. Letwin, *Law and Economic Policy in America* (Nova York, 1965), p. 281.

11. A *Gesetz gegen Wettbewerbsbeschränkungen* de 27 de julho de 1957.

12. A respeito de tudo isso e as questões discutidas nos parágrafos seguintes, ver Mancur Olson Jr., *The Logic of Collective Action* (Harvard University Press, 1933).

13. Gunnar Myrdal, *An International Economy* (Nova York, 1956), e J. K. Galbraith, *The Affluent Society* (Boston, 1969).

14. J. K. Galbraith, *op. cit.*

15. Mancur Olson Jr., *op. cit.*

Capítulo 16

* Conde Axel Oxenstierna (1583-1654) numa carta ao seu filho em 1648: "Você não sabe, meu filho, com quão pouca sabedoria o mundo é governado?". Como grande parte da argumentação que dá origem à proposta apresentada no próximo capítulo foi escrita e também parcialmente publicada — e, portanto, consultada por muitos leitores — há muito tempo, introduzo aqui uma breve exposição na qual acredito ter conseguido, muito recentemente, reapresentar os pontos principais de maneira mais sucinta. Trata-se de uma versão apenas ligeiramente revisada de um esboço publicado na *Encounter* em março de 1978.
1. Câmara dos Comuns, 17 de maio de 1977. De fato, não haveria necessidade de uma lista dos direitos protegidos, mas apenas de uma única restrição em relação a todos os poderes governamentais de que nenhuma coerção era permissível, exceto para impor a obediência às leis, como definidas anteriormente. Isso abarcaria todos os direitos fundamentais reconhecidos e muito mais.

Capítulo 17

* David Hume, *Essays*, Parte II, Ensaio XVI, "The Idea of a Perfect Commonwealth".
1. A proposta para a restauração das assembleias representativas já me ocupa há muito tempo e a esbocei por escrito em diversas ocasiões anteriores. Creio que a primeira vez foi uma palestra intitulada "New Nations and the Problem of Power", publicada na *Listener*, nº 64, Londres, 10 de novembro de 1960. Ver também "Libertad bayo la Ley", em *Orientacion Economica*, Caracas, abril de 1962; "Recht, Gesetz und Wirtschaftsfreiheit", *Hundert Jahre Industrie — und Handelskammer zu Dortmund 1863-1963* (Dortmund, 1963; reeditado em *Frankfurter Allgemeine Zeitung*, 1-2 de maio de 1963, e nos meus *Freiburger Studien* (Tübingen, 1969)); "The Principles of a Liberal Social Order", *Il Politico*, dezembro de 1966, e reeditado em *Studies in Philosophy, Politics and Economics* (Londres e Chicago, 1967); "Die Anschauungen der Mehrheit und die zeitgenössische Demokratie", *Ordo* 15/16 (Düsseldorf, 1963); "The Constitution of a Liberal State", *Il Politico* 31, 1967; *The Confusion of Language in Political Thought* (Institute of Economic Affairs, Londres, 1968); e *Economic Freedom and Representative Government* (Institute of Economic Affairs, Londres, 1973). Grande parte desses últimos textos foi reeditada nos meus *New Studies in Philosophy, Politics, Economics and the History of Ideas* (Londres e Chicago, 1977). O último artigo está publicado em *Three Lectures on Democracy, Justice and Socialism* (Sydney, 1977), também disponível em traduções para o alemão, o espanhol e o português.
2. Z. Giacommetti, *Der Freiheitskatalog als Kodifikation der Freiheit* (Zurique, 1955).
3. Cf. A. R. W. Harris, "Law Making at Athens at the End of the Fifth Century B.C.", *Journal of Hellenic Studies*, 1955, e referências adicionais aí fornecidas.
4. E. G. Philip Hunton, *A Treatise on Monarchy* (Londres, 1643), p. 5.
5. J. S. Mill, *Considerations on Representative Government* (Londres, 1861), capítulo 5.
6. Ao passo que para propósitos legislativos uma divisão da assembleia em linhas partidárias é totalmente indesejável, para o propósito governamental um sistema bipartidário é obviamente desejável. Portanto, não há em nenhum dos casos uma justificativa em favor da representação proporcional. Os argumentos gerais contra esse tipo de representação foram vigorosamente reunidos numa obra que, devido à data da sua publicação, não recebeu a devida atenção: F. A. Hermens, *Democracy or Anarchy* (Notre Dame, Indiana, 1941).
7. Carl Schmitt, "Soziologie des Souverainitätsbegriffes und politische Theologie", em M. Palyi (ed.), *Hauptprobleme der Soziologie, Erinnerungsgabe für Max Weber* (Munique, 1923), II, p. 5.
8. Ver o meu livro *The Constitution of Liberty* (Londres e Chicago, 1960), capítulo 20.

Capítulo 18

* A citação usada como epígrafe deste capítulo foi traduzida da versão original em alemão de Albert Schweitzer, *Kultur und Ethik, Kulturphilosophie*, volume II (Berna, 1923), p. xix. Na tradução para o inglês, publicada com o título *Civilization and Ethics* (Londres, 1923), a passagem correspondente se encontra na p. xviii.

1. Cf. K. R. Popper, *The Open Society and its Enemies* (5a ed., Londres, 1974), volume I, p. 124:

   > Pois podemos distinguir dois tipos principais de governo. O primeiro tipo consiste em governos dos quais podemos nos livrar sem derramamento de sangue — por exemplo, por meio de eleições gerais; ou seja, as instituições sociais fornecem os meios pelos quais os governantes podem ser destituídos pelos governados, e as tradições sociais asseguram que essas instituições não serão facilmente destruídas por aqueles que estão no poder. O segundo tipo consiste em governos dos quais os governados não podem se livrar, exceto por meio de uma revolução bem-sucedida — ou seja, na maioria dos casos, de maneira nenhuma. Sugiro o termo "democracia" como rótulo abreviado para um governo do primeiro tipo, e o termo "tirania" ou "ditadura" para o segundo. Creio que isso corresponda ao uso tradicional.

   Em relação com o que vem a seguir acerca do caráter negativo dos valores políticos mais elevados, compare também com K. R. Popper, *Conjectures and Refutations* (2a ed., Londres, 1965), p. 230.
2. John Dewey, "Liberty and social control", *Social Frontier*, novembro de 1935, e cf. os comentários mais completos no meu livro *The Constitution of Liberty*, nota 21 do capítulo 1.
3. Morris Ginsberg, em W. Ebenstein (ed.), *Modern Political Thought: The Great Issues* (Nova York, 1960).
4. David Miller, *Social Justice* (Oxford, 1976), p. 17. Cf. também M. Duverger, *The Idea of Politics* (Indianápolis, 1966), p 171: "A definição de justiça (...) quase sempre se concentra na distribuição da riqueza e dos benefícios sociais". Começamos a nos perguntar se esses autores já ouviram falar de John Locke, David Hume ou até mesmo de Aristóteles. Ver, por exemplo, John Locke, *Essays Concerning Human Understanding*, IV, iii, 18:

   > Onde não existe propriedade, não existe injustiça. Trata-se de uma proposição tão garantida quanto qualquer demonstração de Euclides: pois com a ideia de propriedade sendo um direito a algo, e com a ideia a que se dá o nome de "injustiça" sendo a invasão ou a violação desse direito, é evidente que com essas ideias sendo assim estabelecidas, e tendo esses nomes a elas anexados, posso saber que a proposição é verdadeira tão certamente quanto que um triângulo possui três ângulos iguais a dois ângulos retos.

5. D. Miller, *op. cit.*, p. 23.
6. J. A. Schumpeter, *History of Economic Analysis* (Nova York, 1954), p. 394: "Como um elogio supremo, ainda que acidental, os inimigos do sistema da iniciativa privada consideraram sensato se apropriar do seu rótulo".
7. Como um amigo observou recentemente, se entre os socialistas contarmos todos que acreditam no que chamam de "justiça social" — como convém, porque o que eles entendem por isso só poderia ser alcançado pelo uso do poder governamental —, teremos de admitir que provavelmente cerca de noventa por cento da população atual das democracias ocidentais são socialistas.
8. David Hume, *A Treatise of Human Nature*, livro III, seção 2, ed. L. A. Selby-Bigge (Oxford, 1958), p. 495.
9. A seção literária dessa revista é repleta de constantes referências errôneas à suposta injustiça da nossa ordem econômica. Por exemplo, qual deve ser o nexo causal quando um pouco antes (16 de maio de 1977) um crítico de televisão escreve acerca de "quanta miséria custa manter aqueles arbustos do duque em elegância tão bem aparada"?
10. Em relação à seção precedente, ver o meu livreto sobre *The Confusion of Language in Political Thought* (Occasional Paper 20 of the Institute of Economic Affairs, Londres, 1968).

11. Essa debilidade do governo de uma democracia onipotente foi vislumbrada com muita clareza pelo extraordinário cientista político alemão Carl Schmitt, que, na década de 1920, compreendeu o caráter da forma de governo em desenvolvimento provavelmente melhor do que a maioria das pessoas e, em seguida, bandeou-se para o que me parece ser o lado errado do ponto de vista moral e intelectual. Cf., por exemplo, no seu ensaio sobre "Legalität und Legitimität", de 1932 (reeditado no seu *Verfassungsrechtliche Aufsätze*, Berlim, 1958, p. 342):

> *Ein pluralistischer Parteienstaat wird nicht aus Stärke und Kraft, sondern aus Schwäche "total"; er interveniert in alle Lebensgebiete, weil er die Ansprüche aller Interessenten erfüllen muss. Insbesondere muss er sich in das Gebiet der bisher staatsfreien Wirtschaft begeben, auch wenn er dort auf jede Leitung und politischen Einfluss verzichtet.*

Muitas dessas importantes conclusões já tinham sido apresentadas em 1926, no seu *Die geistesgeschichtliche Lage des Parlamentarismus*.

12. Harvard University Press, 1965. Cf. também a minha introdução à tradução para o alemão deste livro realizada pelos membros do meu seminário de Freiburg e publicada como *Die Logik des kollektiven Handelns* (Tübingen, 1968).
13. Claro que existem muitos problemas advindos dessas situações, que foram intensamente discutidas pelos liberais ingleses do século XIX a propósito da sua luta contra as leis de assentamento. Muito conhecimento sobre essas questões ainda poderá ser encontrado em Edwin Cannan, *The History of Local Rates in England* (2ª ed., Londres, 1912).

Nesse caso, um dos problemas mais difíceis é talvez a maneira pela qual o desejo de atrair ou manter residentes deve e pode ser combinado com a liberdade de escolha de quem aceitar e de quem rejeitar como membro de uma determinada comunidade. A liberdade de migração é um dos princípios do liberalismo amplamente aceitos e absolutamente admirável. Porém, isso deveria dar ao estrangeiro em geral o direito de se estabelecer em uma comunidade na qual ele não é bem-vindo? Ele tem o direito a que lhe seja dado um emprego ou que lhe vendam uma casa se nenhum residente está disposto a fazê-lo? Sem dúvida, ele deveria ter o direito de aceitar um emprego ou comprar uma casa se lhe oferecessem. Contudo, os habitantes individuais têm o dever de lhe oferecer uma coisa ou outra? Ou deveria ser uma ofensa se eles concordassem voluntariamente em não fazê-lo? Alguns povoados suíços e tiroleses têm um jeito de manter afastados os estranhos que nem infringe nem se baseia em nenhuma lei. Isso é antiliberal ou moralmente justificável? Quanto a comunidades antigas e estabelecidas, não tenho respostas certas para essas questões. Porém, como sugeri em *The Constitution of Liberty*, p. 349-53, futuros desenvolvimentos parecem possíveis em termos de empreendimentos imobiliários com uma divisão dos direitos de propriedade entre uma incorporadora detentora dos direitos livres e alodiais sobre o conjunto dos lotes e os proprietários desses lotes que podem arrendá-los por um longo período, assegurando-lhes certa proteção contra mudanças indesejáveis da região. Sem dúvida, essa incorporadora deveria ser livre para decidir a quem está disposta a arrendar os lotes.

14. Cf. a passagem de J. A. Schumpeter citada acima, no Capítulo 12, nota 16.
15. *Denationalization of Money — The Argument Refined* (2a ed. ampliada, Institute of Economic Affairs, Londres, 1978).
16. Torgny F. Segerstedt, "Wandel der Gesellschaft", *Bild der Wissenschaft*, VI/5, maio de 1969.
17. Este foi o título que tive a intenção de dar a uma obra planejada em 1939, em que uma parte sobre a "Arrogância da Razão" seria seguida por outra sobre "A Nêmesis da Sociedade Planificada". Apenas um fragmento desse plano foi realizado, e as partes escritas foram publicadas primeiro em *Economica* 1941-5 e, posteriormente, reeditadas num livro intitulado *The Counter-Revolution of Science* (Chicago, 1952), para cuja tradução para o alemão dei mais tarde o título *Missbrauch und Verfall der Vernunft* (Frankfurt, 1959), quando ficou claro que eu nunca concluiria a obra de acordo com o plano original. *The Road to Serfdom* (Londres e Chicago, 1944) foi um esboço prévio do que eu tinha a intenção de fazer na segunda parte. Contudo, precisei de quarenta anos para refletir acerca da ideia original.

213

Epílogo

* Embora originalmente concebido como Posfácio a este volume, considerei mais simples escrever as páginas a seguir como uma conferência que foi apresentada a respeito da obra de Hobhouse na London School of Economics em 17 de maio de 1978. Para não protelar ainda mais a publicação do último volume desta obra, decidi então incluí-lo aqui sob a forma que foi dada como conferência. A conferência também foi publicada em separado pela London School of Economics em 1978.
** J. W. Goethe, *Dichtung und Wahrheit*, livro XIV. Essa passagem é de 1774.
1. Nova York, 1977, e Londres, 1978.
2. Ver a sua monumental *Sociobiology: The New Synthesis* (Cambridge, Massachusetts, 1975, e Londres, 1976) e, para uma exposição mais popular, David P. Barash, *Sociobiology and Behavior* (Nova York etc., 1977).
3. G. E. Pugh, *op. cit.*, p. 33 e 341; cf. também, na primeira página mencionada, a afirmação: "(...) os valores primários determinam que tipos de critérios secundários serão motivados a adotar".
4. A obra pioneira de Huxley sobre *The Courtship of the Great Crested Grebe*, de 1914, foi reeditada (Londres, 1968) com um prefácio de Desmond Morris.
5. O livro mais conhecido de K. Z. Lorenz é *King Solomon's Ring* (Londres, 1952).
6. N. Tinbergen, *The Study of Instinct* (Oxford, 1951).
7. Ver, sobretudo, I. Eibl-Eibesfeld, *Ethology* (2ª ed., Nova York, 1975), e, em particular, Wolfgang Wickler e Uta Seibt, *Das Prinzip Eigennutz* (Hamburgo, 1977), que não era do meu conhecimento quando o texto deste livro foi concluído. As obras originais e subestimadas de Robert Ardrey, especialmente as mais recentes, *The Territorial Imperative* (Londres e Nova York, 1966) e *The Social Contract* (Londres e Nova York, 1970), também devem ser mencionadas.
8. Ver, por exemplo, também Desmond Morris, *The Naked Ape* (Londres, 1967). Na Introdução, ele escreve: "Os impulsos primitivos [do homem] estiveram com ele por milhões de anos; os novos, por apenas alguns milhares, no máximo". Provavelmente, a transmissão das normas aprendidas remonta a algumas centenas de milhares de anos!
9. Ver o meu ensaio "Dr Bernard Mandeville", *Proceedings of the British Academy*, LII, 1967, e reeditado em *New Studies in Philosophy, Politics, Economics and the History of Ideas* (Londres e Chicago, 1978).
10. Como tive oportunidade de apontar em relação a C. D. Darlington, *The Evolution of Man and Society* (Londres, 1969), em *Encounter*, fevereiro de 1971, reeditado em *New Studies* etc., como na nota 9 acima.
11. L. T. Hobhouse, *Morals in Evolution* (Londres, 1906), e M. Ginsberg, *On the Diversity of Morals* (Londres, 1956).
12. J. S. Huxley, *Evolutionary Ethics* (Londres, 1943).
13. A. M. Carr Saunders, *The Population Problem, A Study in Human Evolution* (Oxford, 1922).
14. C. H. Waddington, *The Ethical Animal* (Londres, 1960).
15. G. G. Simpson, *The Meaning of Evolution* (Yale University Press, 1949), e T. H. Dobzhansky, *Mankind Evolving: The Evolution of the Human Species* (Yale University Press, 1962), e "Ethics and values in biological and cultural evolution", *Zygon*, 8, 1973. Ver também Stephen C. Pepper, *The Sources of Value* (University of California Press, 1953), p. 640-56.
16. D. T. Campbell, "Variation and selective retention in socio-cultural evolution", em H. R. Barringer, G. I. Blankstein e R. W. Mack (eds.), *Social Change in Developing Areas: A reinterpretation of Evolutionary Theory* (Cambridge, Massachusetts, 1965); "Social attitudes and other acquired behavior dispositions", em S. Koch (ed.), *Psychology: A Study of a Science*, volume VI, *Investigations of Man as Socius* (Nova York, 1963).
17. A minha convicção de longa data de que a influência cartesiana foi o principal obstáculo para uma melhor compreensão dos processos auto-ordenadores de estruturas complexas duradouras foi inesperadamente confirmada pelo relato de um biólogo francês de que foi o racionalismo cartesiano que gerou uma "oposição persistente" à evolução darwiniana na França. Ver Ernest Boesiger,

NOTAS

"Evolutionary theory after Lamarck", em F. J. Ayala e T. Dobzhansky (eds.), *Studies in the Philosophy of Biology* (Londres, 1974), p. 21.
18. A tese de que a cultura criou o homem foi enunciada pela primeira vez por L. A. White nas suas obras *The Science of Culture* (Nova York, 1949) e *The Evolution of Culture* (Nova York, 1959), mas foi prejudicada pela sua crença nas "leis da evolução". No entanto, a crença na evolução seletiva nada tem a ver com a crença nas leis da evolução. Postula apenas o funcionamento de um mecanismo cujos resultados dependem inteiramente das condições marginais desconhecidas em que opera. Não acredito que existam leis da evolução. As leis tornam possível a previsão, mas o efeito do processo de seleção depende sempre de circunstâncias imprevisíveis.
19. Ver o meu ensaio sobre "Dr Bernard Mandeville" citado na nota 9 acima, p. 253-4 da reedição, e o Volume I desta obra.
20. Cf. Richard Thurnwald (conhecido antropólogo e ex-aluno do economista Carl Menger), "Zur Kritik der Gesellschaftsbiologie", *Archiv für Sozialwissenschaften*, 52, 1924, e "Die Gesaltung der Wirtschaftsentwicklung aus ihren Anfängen heraus", em *Die Hauptprobleme der Soziologie, Erinnerungsgabe für Max Weber* (Tübingen, 1923), que fala sobre *Siebung*, em contraste com a seleção biológica, ainda que a aplique apenas à seleção de indivíduos, e não à de instituições.
21. Ver a referência feita no Volume I desta obra, nota 7.
22. Acho difícil de acreditar que, como é normalmente dito, Sir Alister Hardy, em seu esclarecedor livro *The Living Stream* (Londres, 1966), tenha sido o primeiro a mostrar esse efeito inverso da cultura sobre a evolução biológica. Porém, se isso fosse correto, representaria uma reviravolta de importância decisiva.
23. E. H. Gombrich, *In Search of Cultural History* (Oxford, 1969), p. 4, e cf. Clifford Geertz, *The Interpretation of Cultures* (Nova York, 1973), p. 44: "O homem é justamente o animal mais dependente dos mecanismos de controle em grande parte extragenéticos e extracorpóreos, como programas culturais, para organizar o seu comportamento"; e *ibid.*, p. 49: "(...) não existe uma natureza humana independente da cultura. (...) o nosso sistema nervoso central (...) desenvolveu-se em grande parte em interação com a cultura. (...) Em suma, somos animais incompletos ou inacabados, que nos completamos ou concluímos a nós mesmos por meio da cultura".
24. Ver B. J. Whorf, *Language, Truth, and Reality, Selected Writings*, ed. J. B. Carroll (Cambridge, Massachusetts, 1956), e E. Sapir, *Language: an Introduction to the Study of Speech* (Nova York, 1921); e *Selected Writings in Language, Culture and Personality*, ed. D. Mandelbaum (Berkeley e Los Angeles, 1949); assim como F. B. Lenneberg, *Biological Foundations of Language* (Nova York, 1967).
25. Naturalmente, a primazia genética das normas de conduta não significa, como parecem crer os behavioristas, que *nós* possamos, apesar disso, reduzir os padrões do mundo que hoje em dia orientam o nosso comportamento a normas de conduta. Se o que orienta a conduta são hierarquias de classificação de complexos que afetam os nossos processos mentais em curso, de modo a pôr em prática um determinado padrão de comportamento, ainda teríamos que explicar grande parte do que chamamos de processos mentais antes de podermos prever reações comportamentais.
26. Via de regra, os meus colegas das ciências sociais consideram o meu estudo sobre *The Sensory Order. An Inquiry into the Foundations of Theoretical Psychology* (Londres e Chicago, 1952) desinteressante ou indigesto. Mas a sua elaboração me ajudou muito a aclarar as ideias sobre grande parte do que é relevante para a teoria social. Em grande medida, as minhas concepções quanto à evolução de uma ordem espontânea e dos métodos e limites das nossas tentativas de explicar fenómenos complexos se moldaram ao longo da escrita desse livro. Como eu estava usando o trabalho que havia feito nos meus tempos de estudante sobre psicologia teórica na formação dos meus pontos de vista sobre a metodologia da ciência social, então a elaboração das minhas ideias anteriores sobre psicologia, juntamente com o auxílio do que tinha aprendido na ciência social, ajudou-me consideravelmente em todo o meu desenvolvimento científico posterior. Envolveu a espécie de afastamento radical do ensinamento recebido, do qual somos mais capazes ao vinte e um anos do que mais tarde, mas, quando publiquei essas ideias anos depois, elas receberam uma recepção respeitosa, porém não muito compreensiva por parte dos psicólogos. Após vinte e cinco anos, eles parecem estar descobrindo o

livro (ver W. B. Weimer e D. S. Palermo (eds.), *Cognition and Symbolic Processes*, volume II (Nova York, 1978)). Certamente, eu não esperava ser descoberto pelos behavioristas, mas ver agora Rosemary Agonito, "Hayek revisited: Mind as a process of classification", em *Behaviorism. A Forum for Critical Discussion*, III/2 (University of Nevada, 1975).

27. Ver, mais recentemente, Karl R. Popper e John C. Eccles, *The Self and Its Brain. An Argument for Interactionism* (Berlim, Nova York e Londres, 1977).
28. Cf., em particular, Carsten Bresch, *Zwischenstufe Leben. Evolution ohne Ziel?* (Munique, 1977), e M. Eigen e R. Winkler, *Das Spiel, Naturgesetze steuern den Zufall* (Munique, 1975).
29. Ver o meu ensaio sobre "Dr Bernard Mandeville" citado na nota 9 acima, p. 250 da reedição.
30. Donald T. Campbell, "Downward Causation in Hierarchically Organised Biological Systems", em F. J. Ayala e T. Dobzhansky, como citado na nota 17 acima. Ver também Karl Popper e John C. Eccles, como citado na nota 27 acima.
31. Quanto à limitada aplicabilidade do conceito de lei na explicação das estruturas complexas automantenedoras, ver o posfácio do meu artigo sobre "The Theory of Complex Phenomena", nos meus *Studies in Philosophy, Politics and Economics* (Londres e Chicago, 1967), p. 40 e segs.
32. Cf. Garret Hardin, "The cybernetics of competition", em P. Shepard e D. McKinley, *The Subversive Science: Essays towards an Ecology of Man* (Boston, 1969).
33. Ludwig von Bertalanffy, *General System Theory: Foundations, Development, Applications* (Nova York, 1969), e cf. H. von Foerster e G. W. Zopf Jr. (eds.), *Principles of Self-Organization* (Nova York, 1962); G. J. Klir (ed.), *Trends in General System Theory* (Nova York, 1972); e G. Nicolis e I. Prigogine, *Self-organization in Nonequilibrium Systems* (Nova York, 1977).
34. Ver Colin Cherry, *On Human Communication* (Nova York, 1961), e Noam Chomsky, *Syntactic Structures* (Haia, 1957).
35. Roger Williams, *You are Extraordinary* (Nova York, 1967), p. 26 e 37. As pessoas que estudam estatística, mesmo assuntos tão importantes como demografia, não estudam a sociedade. A sociedade é uma estrutura, não um fenômeno de massa, e todos os seus atributos característicos são os de uma ordem ou sistema em constante transformação, e a respeito dessas ordens ou sistemas não temos um número suficiente de espécimes para tratar estatisticamente o comportamento dos conjuntos. A crença de que podem ser descobertas relações quantitativas constantes nessas estruturas observando-se o comportamento de determinados agregados ou médias é hoje o maior obstáculo a uma real compreensão desses fenômenos complexos dos quais só podemos estudar poucos casos. Os problemas com os quais a explicação dessas estruturas precisa lidar nada têm a ver com a lei dos grandes números.

    Os verdadeiros mestres da matéria já se deram conta disso muitas vezes. Ver, por exemplo, G. Udney Yule, *British Journal of Psychology*, XII, 1921-2, p. 107:

    > Ao fracassar a possibilidade de medir o que você deseja, a vontade de medir pode resultar, por exemplo, em você simplesmente medir outra coisa — e talvez esquecer a diferença — ou em ignorar algumas coisas simplesmente porque não podem ser medidas.

    Infelizmente, as técnicas de pesquisa podem ser rápida e facilmente aprendidas, levando homens que entendem pouco do assunto investigado a cargos docentes. Então, o seu trabalho costuma ser confundido com ciência. Porém, sem uma concepção clara dos problemas suscitados pela condição da teoria, o trabalho empírico constitui, em geral, um desperdício de tempo e recursos.

    As tentativas pueris de propiciar uma base para a ação "justa" mediante a mensuração das utilidades ou satisfações relativas de diferentes pessoas simplesmente não podem ser levadas a sério. Para mostrar que essas iniciativas são absurdas seria necessário entabular uma discussão algo abstrusa, cujo lugar não é este. Porém, a maioria dos economistas parece começar a perceber que toda a chamada "economia do bem-estar social", que alega basear os seus argumentos em comparações interpessoais de utilidades determináveis, carece de qualquer fundamentação científica. O fato de muitos de nós acreditarmos que os economistas são capazes de julgar quais das diversas necessidades de duas ou mais pessoas conhecidas são mais importantes não prova nem que exista qualquer

base objetiva para isso, nem que possamos formar essas concepções acerca de pessoas que não conhecemos individualmente. A ideia de basear ações coercitivas do governo em tais fantasias é um evidente absurdo.
36. A obra *The Stratification of Behaviour* (Londres, 1965), de D. S. Shwayder, deve conter muitas informações úteis sobre esse assunto das quais ainda não consegui fazer uso.
37. Ainda que hoje em dia o conceito de seleção de grupos possa não parecer tão importante quanto se pensava após a sua apresentação por Sewall Wright em "Tempo and Mode in Evolution: A Critical Review", *Ecology*, 26, 1945, e V. C. Wynne-Edwards, *Animal Dispersion in Relation to Social Behaviour* (Edimburgo, 1966) — cf. E. O. Wilson, *op. cit.*, p. 106-12, 309-16, e George C. Williams, *Adaptation and Natural Selection, A Critique of Some Current Evolutionary Thought* (Princeton, 1966), e, publicado sob a direção do mesmo, *Group Selection* (Chicago/Nova York, 1976) —, não resta dúvida de que é da maior importância para a evolução cultural.
38. G. E. Pugh, *op. cit.*, p. 267, e ver agora Glynn Isaac, "The Food-sharing Behaviour of Protohuman Hominids", *Scientific American*, abril de 1978.
39. Claro que esse processo nem sempre foi pacífico. É muito provável que ao longo dessa evolução uma população urbana e comercial mais abastada tenha muitas vezes imposto leis a populações rurais mais numerosas que eram contrárias aos costumes destas últimas, assim como, na Idade Média, depois da conquista por um grupo militar, uma aristocracia fundiária militar impôs leis à população urbana as quais remanesceram de uma etapa mais primitiva da evolução econômica. Também é uma forma do processo pelo qual a sociedade mais poderosamente estruturada, capaz de atrair indivíduos pelos chamarizes que tem a oferecer sob a forma de pilhagens, pode sobrepujar uma sociedade de nível civilizatório mais elevado.
40. K. R. Popper, *The Open Society and its Enemies* (5a ed., Londres, 1966), volume I, p. 174-6.
41. O caráter nostálgico desses anseios foi particularmente bem definido por Bertrand de Jouvenel na passagem do seu *Sovereignty* (Chicago, 1957, p. 136) citado no Volume II desta obra, nota 38.
42. Diante da última artimanha da Esquerda — transformar a antiga tradição liberal dos direitos humanos no sentido de limites dos poderes tanto do governo quanto de outras pessoas sobre o indivíduo em direitos positivos para benefícios específicos (como a "liberdade de viver sem penúria" inventada pelo maior demagogo da nossa época) —, devemos enfatizar aqui que, numa sociedade de homens livres, os objetivos da ação coletiva só podem visar invariavelmente a criação de oportunidades para pessoas desconhecidas, meios dos quais todos podem se valer em prol dos seus propósitos, mas não objetivos nacionais concretos que todos sejam obrigados a cumprir. A finalidade da política governamental deveria ser oferecer a todos maior possibilidade de encontrar uma situação que, por sua vez, proporcione uma melhor chance a cada um de alcançar os seus fins do que teriam normalmente.
43. Cf. David Hume, *A Treatise of Human Nature*, III, ii, ed. L. A. Selby-Bigge, p. 501: "Não há nada que nos toque mais de perto do que a nossa reputação, e não há nada de que a nossa reputação dependa mais do que a nossa conduta em relação à propriedade alheia". Este talvez seja um lugar tão bom quanto qualquer outro para mostrar que a nossa compreensão atual da determinação evolutiva da ordem econômica se deve numa grande medida a um importante estudo de Armen Alchian, "Uncertainty, Evolution and Economics Theory", *Journal of Political Economy*, 58, 1950, e posteriormente reeditado numa versão aprimorada no livro *Economic Forces at Work* (Indianápolis, 1977), do mesmo autor. Atualmente, a concepção se difundiu amplamente para além do círculo em que teve início, e um bom levantamento da discussão posterior desses problemas e uma bibliografia bastante completa pode ser encontrada na importante e especializada obra de Jochem Roepke, *Die Strategie der Innovation* (Tübingen, 1977), que ainda não consegui assimilar totalmente.
44. Muito antes de Calvino, as cidades comerciais italianas e holandesas já praticavam as normas — e mais tarde, os escolásticos espanhóis as codificaram — que tornaram possível a moderna economia de mercado. A esse respeito, ver, em particular, H. M. Robertson, *Aspects of the Rise of Economic Individualism* (Cambridge, 1933), livro que, se não tivesse sido publicado numa época em que permaneceu praticamente desconhecido na Alemanha, teria dado cabo definitivamente do mito weberiano

da origem protestante da ética capitalista. Robertson demonstra que se existiu alguma influência religiosa, foram muito mais os jesuítas do que os calvinistas que contribuíram para a ascensão do "espírito capitalista".

45. Jean Baechler, *The Origin of Capitalism*, tradução para o inglês de Barry Cooper (Oxford, 1975), p. 77 (o grifo é do original).
46. Cf. M. I. Finley, *The Ancient Economy* (Londres, 1975), p. 28-9, e "Between Slavery and Freedom", *Comparative Studies in Society and History*, 6, 1964.
47. Ver o dispositivo da antiga constituição cretense mencionado como epígrafe do Capítulo 5 do Volume I desta obra.
48. Se as normas são adotadas, não porque os seus efeitos específicos sejam compreendidos, mas porque os grupos que as praticam são bem-sucedidos, não surpreende que, na sociedade primitiva, a magia e o ritual se destaquem. A condição de admissão no grupo era a aceitação de todas as suas normas, ainda que poucos compreendessem o que dependia da observância de qualquer uma em particular. Havia apenas uma maneira aceita de fazer as coisas, sem grande esforço para distinguir entre eficácia e conveniência moral. Se há algo em que a história fracassou quase de todo foi na explicação das mudanças das causas da moralidade, entre as quais a pregação foi provavelmente a menos importante, e que podem ter sido um dos fatores mais importantes na determinação do rumo da evolução humana. Ainda que a moralidade atual tenha evoluído por seleção, essa evolução não se viabilizou por uma permissão para a realização de experimentos, mas, ao contrário, por restrições rigorosas que impossibilitaram alterações do conjunto do sistema e que concederam tolerância ao transgressor das normas aceitas, que talvez acabasse sendo um pioneiro, apenas quando ele fez isso por sua conta e risco, tendo obtido essa autorização por sua estrita observância da maior parte das normas que, por si só, podiam granjear-lhe o respeito que legitimava a experimentação numa determinada direção. A suprema superstição de que a ordem social é criada pelo governo é, sem dúvida, apenas uma manifestação flagrante do erro construtivista.
49. Ver a minha conferência sobre "Rechtsordnung und Handelnsordnung", em *Zur Einheit der Rechts — und Staatswissenschaften*, ed. E. Streissler (Karlsruhe, 1967), reeditado nos meus *Freiburger Studien* (Tübingen, 1969).
50. Evidentemente, a ideia é igual àquela que Karl Popper chama de "engenharia social gradual" (*The Open Society* etc., como citado na nota 40 acima, volume II, p. 222), com a qual concordo inteiramente, ainda que a expressão em particular me desagrade.
51. Cf. Ludwig von Mises, *Theory and History* (Yale University Press, 1957), p. 54:

    O derradeiro parâmetro da justiça é a causa referente à preservação da cooperação social. A conduta apropriada para a preservação da cooperação social é justa, ao passo que a conduta prejudicial para a preservação da sociedade é injusta. Não se pode aceitar a organização da sociedade conforme o postulado de uma ideia de justiça arbitrária e preconcebida. O problema é organizar a sociedade para a melhor realização dos fins que os homens querem alcançar por meio da cooperação social. A utilidade social é o único padrão de justiça. É o guia exclusivo da legislação.

    Embora isso seja formulado de uma maneira mais racionalista do que eu gostaria de fazer, expressa claramente uma ideia essencial. Contudo, Mises foi sem dúvida um utilitarista racionalista, por cuja orientação, pelas razões já apresentadas, não posso segui-lo.

52. Essa confusão se origina, nos tempos modernos, pelo menos de Emile Durkheim, cuja célebre obra *The Division of Labour in Society* (tradução para o inglês de George Simpson, Londres, 1933, ver sobretudo p. 228) não demonstra compreensão da maneira pela qual as normas de conduta provocam uma divisão do trabalho e que tende, como os sociobiólogos, a chamar de "altruísta" toda ação que beneficia os outros, independentemente de a pessoa atuante pretender isso ou mesmo ter conhecimento disso. Mas compare isso com a posição sensata exposta no compêndio *Evolution* de T. Dobzhansky, F. J. Ayala, G. L. Stebbins e J. W. Valentine (São Francisco, 1977), p. 456 e segs.:

    Certos tipos de comportamento encontrados em animais seriam éticos ou altruístas, e outros antiéticos e egoístas, *se esses comportamentos fossem exibidos pelos homens*. (...) ao contrário de qualquer outra espécie, cada geração humana herda e também transmite um conjunto de conhecimentos, costumes e crenças que não está codificado nos genes. (...) o modo de transmissão é bastante diferente do da hereditariedade biológica. (...) Por talvez dois milhões de anos, as mudanças culturais foram preponderando cada vez mais sobre as genéticas; (...)

E também a passagem citada por eles nesse contexto de G. G. Simpson, *This View of Life* (Nova York, 1964):

> Não faz sentido falar de ética em relação a qualquer animal que não o homem. (...) Não há realmente nenhuma razão em discutir ética; podemos mesmo dizer que o conceito de ética é absurdo, a menos que existam as seguintes condições: (a) há modos alternativos de ação; (b) o homem é capaz de julgar as alternativas em termos éticos; e © ele é livre para escolher o que julga ser eticamente bom. Além disso, vale a pena repetir que o funcionamento evolutivo da ética depende da capacidade do homem, única ao menos em grau, de prever os resultados das suas ações.

53. Ver E. O. Wilson, *op. cit.*, p. 117:

> Quando uma pessoa (ou animal) aumenta a adaptação de outro ser da espécie à custa da sua própria adaptação, pode-se dizer que realizou um ato de *altruísmo*. O sacrifício pessoal em benefício da prole é altruísmo no sentido convencional, mas não no sentido genético estrito, porque a adaptação individual é calculada pelo número da prole sobrevivente. Porém, o sacrifício pessoal em favor de primos de segundo grau é altruísmo verdadeiro em ambos os níveis, e quando dirigido a pessoas totalmente desconhecidas esse comportamento abnegado é tão surpreendente (isto é, "nobre") que exige algum tipo de explicação teórica.

Cf. também D. P. Barash, *op. cit.*, que descobre até mesmo "vírus altruístas" (p. 77), e R. Trivers, "The evolution of reciprocal altruism", *Q. Rev. Biol.*, 46, 1971.

54. Se atualmente a preservação da ordem vigente da economia de mercado dependesse, como Daniel Bell e Irving Kristol (eds.), *Capitalism Today* (Nova York, 1970), efetivamente sustentam, de o povo compreender racionalmente que certas normas são indispensáveis para a conservação da divisão social do trabalho, tal preservação poderia muito bem estar condenada. Sempre será apenas uma pequena parcela da população que se dará a esse trabalho, e as únicas pessoas que poderiam ensinar o povo, ou seja, os intelectuais que escrevem e lecionam para o público em geral, certamente quase nunca procuram fazê-lo.

55. Ver Lionel C. Robbins, *An Essay on the Nature and Significance of Economic Science* (Londres, 1932).
56. Será talvez lamentável que a cultura seja inseparável do progresso, mas as mesmas forças que sustentam a cultura também nos conduzem ao progresso. O que é válido para a economia também é válido para a cultura em geral: ela não pode permanecer estacionária, e quando fica estagnada, logo entra em declínio.
57. Ver, em particular, H. B. Acton, *The Morals of the Market* (Londres, 1971).
58. Ronald Dworkin, *Taking Rights Seriously* (Londres, 1977), p. 180.
59. Ver Roger J. Williams, *Free and Unequal: The Biological Basis of Individual Liberty* (University of Texas Press, 1953), p. 23 e 70; também J. B. S. Haldane, *The Inequality of Men* (Londres, 1932), P. B. Medawar, *The Uniqueness of the Individual* (Londres, 1957), e H. J. Eysenck, *The Inequality of Man* (Londres, 1973).
60. O problema certamente me ocupou por algum tempo antes que eu usasse pela primeira vez a expressão impressa na conferência sobre "The Moral Element in Free Enterprise" (1961), reeditado nos meus *Studies in Philosophy* etc. (Londres e Chicago, 1967), p. 232.
61. Sobre a história do cientificismo no século XIX e os pontos de vista relacionados, que agora prefiro chamar de construtivismo, ver o meu livro *The Counter-Revolution of Science. Studies in the Abuse of Reason* (Chicago, 1952).
62. Ver o Capítulo 8 do Volume II desta obra. O contraste entre o positivismo jurídico e o seu oposto, "as teorias clássicas do direito natural", que, na definição de H. L. A. Hart (*The Concept of Law*, Oxford University Press, 1961, p. 182), sustentavam que "certos princípios da conduta humana,

aguardando descoberta pela razão humana, aos quais a lei feita pelo homem deve se conformar para ser válida" [grifo nosso], é de fato um dos exemplos mais claros da falsa dicotomia entre "natural" e "artificial". Evidentemente, o direito não é nem um fato inalterável da natureza, nem um produto do desígnio intelectual, mas fruto de um processo de evolução em que um sistema de normas se desenvolveu em constante interação com uma ordem de ações humanas em permanente transformação que é distinta dele.

63. Sigmund Freud, *Civilisation and its Discontents* (Londres, 1957), e cf. Richard La Pierre, *The Freudian Ethic* (Nova York, 1959). Se um estudioso de longa data da teoria monetária que travou as suas lutas intelectuais com o marxismo e o freudismo na Viena da década de 1920 e se interessou depois pela psicologia precisasse ainda de alguma prova de que eminentes psicólogos, incluindo Sigmund Freud, pudessem falar disparates completos sobre fenômenos sociais, ela me foi fornecida pela seleção de alguns dos seus ensaios, editados por Ernest Borneman sob o título *The Psychoanalysis of Money* (Nova York, 1976, tradução de *Die Psychoanalyse des Geldes*, Frankfurt, 1973), que também explica numa grande medida a estreita associação entre a psicanálise e o socialismo, sobretudo o marxismo.
64. G. B. Chisholm, "The re-establishment of a peace-time society", *Psychiatry*, volume VI, 1946. Característico das concepções literárias dessa época também é um título como o da obra de Herbert Read: *To Hell with Culture. Democratic Values are New Values* (Londres, 1941).
65. *The Times*, 13 de abril de 1978.
66. Donald T. Campbell, "On the conflicts between biological and social evolution", *American Psychologist*, 30 de dezembro de 1975, p. 1120.
67. *Ibid.*, p. 1121.
68. A edição de maio de 1975 de *American Psychologist* publicou quarenta páginas de reações, quase todas críticas, à conferência do professor Campbell.
69. Além de *The Myth of Mental Illness* (Nova York, 1961), de Thomas Szasz, ver também, em particular, a sua obra *Law, Liberty and Psychiatry* (Nova York, 1971).
70. H. J. Eysenck, *Uses and Abuses of Psychology* (Londres, 1953).

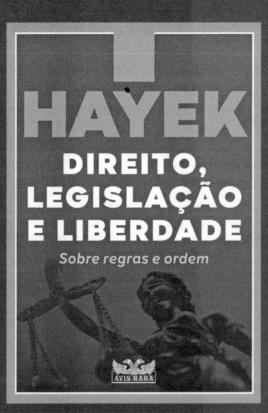

TAMBÉM DE F. A. HAYEK:

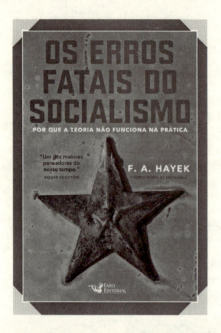

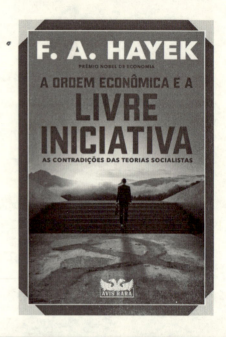

Neste livro, Friedrich A. Hayek apresenta um exame fundamental e crítico das ideias centrais do socialismo. Ele argumenta que o socialismo, desde as suas origens, foi confundido com algo embasado em fundamentos científicos e factuais, e mesmo lógicos, mas que seus repetidos fracassos, nas muitas e diferentes aplicações práticas que o mundo testemunhou, foram o resultado direto desse equívoco conceitual. Sempre contundente e controverso, marca de seus escritos, este manifesto traz um relato acessível às principais vertentes do pensamento de Hayek e explica a rede de erros em que todas as sedutoras e idealistas propostas socialistas se encerram.

Nesta coleção de ensaios, o Prêmio Nobel Friedrich A. Hayek discute tópicos da filosofia moral e das ciências sociais aplicados à teoria econômica como diferentes aspectos de uma questão central: mercados livres *versus* economias socialistas.

Esta edição inclui as análises do autor sobre a ordem econômica liberal, os problemas enfrentados por economias socialistas, bem como suas derivações surgidas nas últimas décadas, mas que se estruturam pelos mesmos pilares: governos interventores, coletivismo, burocracia estatal, assistencialismo e sustentabilidade global.

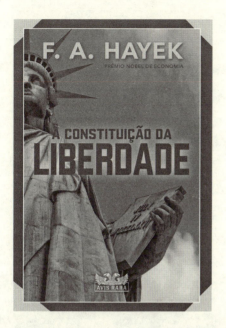 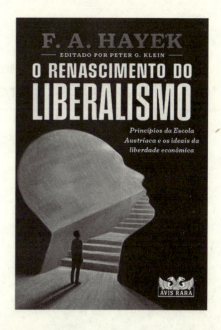

Nesta obra, Hayek defende os princípios de uma sociedade livre, lançando um olhar cético sobre a criação de muitas leis em prol de elevado bem-estar social e examinando os desafios à liberdade colocados por um Estado em constante expansão – bem como seu efeito corrosivo na criação, preservação e utilização de conhecimento. Contrariando aqueles que exigem que o poder público desempenhe um papel maior na sociedade, Hayek apresenta argumentos para a prudência. Guiado por essa qualidade, ele demonstra como um sistema de livre mercado em uma política democrática representa a melhor chance para a existência contínua da liberdade.

Aqui ele traça as raízes intelectuais para a Escola Austríaca, a tradição centenária fundada na Universidade de Viena e o renascimento do pensamento liberal clássico. Hayek continua a fornecer lições inestimáveis para o desenvolvimento do mundo.

Por décadas, seus vaticínios foram ignorados e a academia escolheu pautar o Ocidente pela proposta de Keynes, onde havia a defesa da atuação forte do Estado na Economia. Milton Friedman, apesar de conciliar em seus estudos as atuações de ambos, Keynes e Hayek, identificava-se com o liberalismo de Hayek, avaliando que a intervenção do Estado reduzia a capacidade do mercado de criar riqueza.

ASSINE NOSSA NEWSLETTER E RECEBA INFORMAÇÕES DE TODOS OS LANÇAMENTOS

www.faroeditorial.com.br

CAMPANHA

Há um grande número de pessoas vivendo com HIV e hepatites virais que não se trata. Gratuito e sigiloso, fazer o teste de HIV e hepatite é mais rápido do que ler um livro.

FAÇA O TESTE. NÃO FIQUE NA DÚVIDA!

ESTA OBRA FOI IMPRESSA EM ABRIL DE 2023